Couverture inférieure manquante.

Original en couleur
NF Z 43-120-8

1872

LA MORALE

L'ART ET LA RELIGION

ŒUVRES DE M. GUYAU

LA MORALE D'ÉPICURE ET SES RAPPORTS AVEC LES DOCTRINES CONTEMPORAINES.
5e édition. 1 vol. in-8°. 7 fr. 50 c.
LA MORALE ANGLAISE CONTEMPORAINE. 1 vol. in-8°. 5e édition. 7 fr. 50 c.
LES PROBLÈMES DE L'ESTHÉTIQUE CONTEMPORAINE. 1 vol. in-8°. 6e édit. 5 fr.
ESQUISSE D'UNE MORALE SANS OBLIGATION NI SANCTION. 1 vol. in-8°. 5e édition, revue et corrigée. 5 fr.
L'IRRÉLIGION DE L'AVENIR, étude de sociologie. 1 vol. in-8°. 7e édition. 7 fr. 50 c.
VERS D'UN PHILOSOPHE. 1 vol. in-18. 3e édition. 3 fr. 50 c.
L'ART AU POINT DE VUE SOCIOLOGIQUE. 1 vol. in-8°. 5e édition. 7 fr. 50 c.
HÉRÉDITÉ ET ÉDUCATION, étude sociologique. 1 vol. in-8°. 5e édition. 5 fr.
LA GENÈSE DE L'IDÉE DE TEMPS. 1 vol. in-18. 2e édition. 2 fr. 50 c.
PAGES CHOISIES DE GUYAU (Collection des *Pages choisies des grands écrivains*).
1 vol. in-18 (Colin). 3 fr. 50 c.
— Cartonné. 4 fr.

OUVRAGES DE M. FOUILLÉE

LA PHILOSOPHIE DE PLATON, ouvrage couronné par l'Académie des sciences morales et politiques et par l'Académie française. 2e édition. 4 vol. in-18 (Hachette). 14 fr.
— Tome premier : *Théorie des idées et de l'amour*. 3 fr. 50 c.
— Tome deuxième : *Esthétique, morale et religion platonicienne*. 3 fr. 50 c.
— Tome troisième : *Histoire de la philosophie platonicienne; son influence sur le christianisme*. 3 fr. 50 c.
— Tome quatrième : *Essais de philosophie platonicienne*, revus et augmentés. 3 fr. 50 c.

Chaque volume se vend séparément.

LA PHILOSOPHIE DE SOCRATE, ouvrage couronné par l'Académie des sciences morales et politiques. 2 vol. in-8° (Alcan). 16 fr.
LA LIBERTÉ ET LE DÉTERMINISME. 14e édition. 1 vol. in-8° (Alcan). 7 fr. 50 c.
CRITIQUE DES SYSTÈMES DE MORALE CONTEMPORAINS. 4e édition. 1 vol. in-8° (Alcan). 7 fr. 50 c.
L'IDÉE MODERNE DU DROIT. 4e édition. 1 vol. in-18 (Hachette). 3 fr. 50 c.
LA SCIENCE SOCIALE CONTEMPORAINE. 3e édition. 1 vol. in-18 (Hachette). 3 fr. 50 c.
LA PROPRIÉTÉ SOCIALE ET LA DÉMOCRATIE. 2e édition. 1 v. in-18 (Hachette). 3 fr. 50 c.
HISTOIRE GÉNÉRALE DE LA PHILOSOPHIE. 7e édition. 1 vol. in-8° (Delagrave). 6 fr.
EXTRAITS DES GRANDS PHILOSOPHES. 1 vol. in-8° (Delagrave). 6 fr.
L'ÉVOLUTIONNISME DES IDÉES-FORCES. 1 vol. in-8° (Alcan). 7 fr. 50 c.
L'AVENIR DE LA MÉTAPHYSIQUE FONDÉE SUR L'EXPÉRIENCE. 2e édition. 1 vol. in-8° (Alcan). 5 fr.
L'ENSEIGNEMENT AU POINT DE VUE NATIONAL. 1 vol. in-18 (Hachette). 3 fr. 50 c.
PSYCHOLOGIE DES IDÉES-FORCES. 2 vol. in-8° (Alcan). 15 fr.
TEMPÉRAMENT ET CARACTÈRE. 2e édition (Alcan). 7 fr. 50 c.
DESCARTES. 1 vol. in-18 (Hachette). 2 fr.
LE MOUVEMENT IDÉALISTE ET LA RÉACTION CONTRE LA SCIENCE POSITIVE. 1 vol. in-8° (Alcan). 7 fr. 50 c.
LE MOUVEMENT POSITIVISTE ET LA CONCEPTION SOCIOLOGIQUE DU MONDE. 2e édition. 1 vol. in-8° (Alcan). 7 fr. 50 c.
PSYCHOLOGIE DU PEUPLE FRANÇAIS. 1 vol. in-8° (Alcan). 7 fr. 50 c.
LA FRANCE AU POINT DE VUE MORAL. 1 vol. in-8° (Alcan). 7 fr. 50 c.

SAINT-CLOUD. — IMPRIMERIE BELIN FRÈRES.

LA MORALE
L'ART ET LA RELIGION

D'APRÈS GUYAU

PAR

ALFRED FOUILLÉE

QUATRIÈME ÉDITION

AUGMENTÉE

d'études sur les œuvres posthumes et l'influence
de Guyau

PARIS

ANCIENNE LIBRAIRIE GERMER BAILLIÈRE ET Cⁱᵉ

FÉLIX ALCAN, ÉDITEUR

108, BOULEVARD SAINT-GERMAIN, 108

1901

Tous droits réservés.

INTRODUCTION

L'école de l'évolution, qui aperçoit partout changement et métamorphoses, est naturellement portée à calculer la marche de l'humanité future d'après la ligne que celle-ci a décrite dans le passé et d'après le mouvement qui l'entraîne dans le présent. En Angleterre, Spencer et ses nouveaux disciples, — Stephen Leslie, Clifford, Barratt, miss Simcox, — n'ont pas craint de se faire, au nom de la science, comme les prophètes de la société à venir. En Allemagne, parmi beaucoup d'autres philosophes, Wundt a écrit récemment une *Ethique* où les considérations sur le passé des sociétés et sur les lois de l'évolution conduisent naturellement à des inductions sur l'avenir. En France, la doctrine de l'évolution n'a guère trouvé, dans ces dernières années, qu'un interprète vraiment original et libre pour entreprendre de construire une morale sur des bases en partie nouvelles et de deviner les transformations de ces deux grandes idées directrices : obligation, sanction. Psychologue et surtout moraliste, métaphysicien à ses heures, artiste toujours et poète, Guyau a essayé de compléter lui-même la morale évolutionniste des Darwin et des Spencer, dont il avait montré jadis les lacunes et les limites avec une rare pénétration. Grâce à lui, — et c'est la moindre justice à lui rendre, — la philosophie française n'aura pas été sans contribuer pour sa part à l'amendement d'une doctrine dont on ne saurait méconnaître ni l'influence actuelle ni l'importance future. La série de ses travaux sur la morale, l'art et la religion, trop tôt interrompus par la mort, — à trente-trois ans, — est à peu près la seule où nous puissions saisir, comme en raccourci, l'effort de notre génération pour reconstruire sur un plan nouveau ce que la critique s'était hâtée d'ébranler. Où en était la question morale et religieuse il y a quelques années ? Quels pas lui a-t-il fait faire vers une solution meilleure ? — Telles sont les questions qui s'imposeront à nous en étudiant, avec la liberté et la sincérité dont ils sont dignes, les travaux d'un des esprits les plus libres et les plus sincères de notre temps. Les questions qu'il a agitées et, pour sa part, élucidées, sont d'un intérêt vraiment universel. « Ce que je cherche à deviner en moi comme en vous-même, a-t-il dit, c'est la pensée humaine dans ce qu'elle a de plus complexe, de plus varié, de plus ouvert. Si je m'examine moi-même, ce n'est pas en tant que je suis moi, mais en tant que je trouve en moi quelque chose de commun avec tous les hommes; si je regarde ma bulle de savon, c'est pour y découvrir un rayon de soleil. » C'est ce rayon venu du milieu intellectuel de notre époque que, nous aussi, nous voudrions saisir; et nous essaierons de faire sentir en même temps les ombres qui l'enveloppent encore.

L'AVENIR DE LA MORALE

DE L'ART ET DE LA RELIGION

CHAPITRE PREMIER

Une évolution intellectuelle.

La question morale et religieuse s'élève bien au-dessus de toute considération d'individualités ; il sera pourtant utile de la voir se poser et s'agiter dans une pensée vivante et mouvante qui fut toujours en travail jusqu'à la veille même de la mort. Aussi, avant d'examiner les problèmes sous leur forme abstraite, y a-t-il intérêt à résumer l'évolution intellectuelle d'un esprit où se retrouveront également empreints les doutes, les négations, les croyances, les espérances de notre temps ou, pour mieux dire, de tous les temps ; car, « malgré le nombre d'idées qui semblent entrer et sortir au hasard des têtes humaines, qui montent et tombent sur notre horizon, qui brillent et s'éteignent, il y a cependant en tout esprit une part d'éternité (1). »

Platon, Epictète et Kant, pour la philosophie, Corneille, Hugo et Musset, pour la poésie, furent ses premiers maîtres, excitèrent ses premiers enthousiasmes. Encore adolescent, il était familier avec la philosophie grecque, tout rempli de cette « ardeur divine » dont parle Platon dans le *Parménide*, θεία ὁρμή (2). Sa première et seule religion avait été l'idéalisme platonicien et kantien ; il eut ainsi pour naturel point de dé-

(1) *L'Irréligion de l'avenir.*
(2) Voir l'avant-propos de la deuxième édition de notre *Philosophie de Platon*.

part le point d'arrivée où d'autres moins jeunes, tout près de lui, étaient parvenus avec effort. Il se représentait alors le monde comme un ensemble de volontés et même de bonnes volontés qui, les unes inconscientes, les autres conscientes, travaillent à une œuvre commune, en vue du bien ; l'amour lui paraissait, comme à Platon, l'âme de la nature entière. Si le triomphe d'Eros a pour obstacle aujourd'hui l'impénétrable matière, l'atome en apparence fermé au dehors et ramassé en soi, on peut espérer pourtant que, grâce au progrès des consciences, tout être finira par s'ouvrir, par devenir pénétrable à autrui, expansif, aimant ; l'atome même sera transparent à l'universelle lumière, envahi par l'universelle chaleur.

> Lorsque l'amour ailé s'élança dans l'espace
> Pour conquérir le monde entier d'un seul essor,
> Il sentit dans l'éther, froissant ses ailes d'or,
> Je ne sais quoi de dur, d'opaque et de tenace.
>
> Surpris, il s'arrêta. L'atome impénétré,
> Replié sur lui-même, opposait la matière
> A l'amour, et bravait, éternel solitaire,
> Le dieu qui joint les cœurs de son lien sacré.
>
> Va-t'en ! lui disait-il. Ma poussière ténue
> Échappe à ton pouvoir ; tout ce qui n'est pas moi,
> Je l'écarte ; je suis la vivante paroi
> Qui se ferme sur l'être et qui n'a point d'issue.
>
> L'amour l'écouta, puis divinement sourit...
> Tel que court un frisson ou s'élargit une onde,
> Ce sourire infini, gagnant de monde en monde,
> Courut, insaisissable et fort comme l'esprit.
>
> Tout vibra, tout vécut, et dans l'atome même
> Quelque chose passa du grand concert des cieux ;
> Car nul n'était plus seul : le monde harmonieux
> Avait une même âme, et tout y chantait : j'aime (1).

(1) *Vers d'un philosophe. L'amour et l'atome.*

Depuis quelques années déjà, parmi les problèmes de philosophie, nul ne l'avait préoccupé autant que celui du mal, si difficile à concilier avec le règne universel de l'amour. C'était, à ses yeux, la question capitale de la métaphysique, — celle de l'optimisme et du pessimisme. Enfant encore, il avait vu parmi les siens, les uns souffrir, les autres mourir ; le spectacle de la mort, de la séparation à jamais, l'avait ému profondément ; la douleur d'une mère lui avait fait comprendre quelle est, de toutes les douleurs humaines, la plus grande peut-être et la plus inconsolable. En voyant souffrir ceux qu'il aimait, il s'était demandé de bonne heure : pourquoi la souffrance ? pourquoi la mort ? A sa gaieté naturelle, à sa vivacité d'enfant se mêlaient déjà des sentiments graves. Il entendait agiter autour de lui les problèmes de la destinée ; il y apportait une attention que ne semblait point comporter son âge ; et toutes ces pensées sur l'au delà, sans altérer la sérénité de son caractère, laissaient cependant dans son esprit des traces ineffaçables.

> Je ne suis pas de ceux qui peuvent oublier,
> Qu'un instant de bonheur fait sourire et fait croire
> Quand l'indignation les avait fait nier.
> Tous les maux que j'ai vus restent dans ma mémoire ;
> Je pleure encor mes morts comme le premier jour ;
> Les cris de désespoir qui m'ont frappé l'oreille
> Vibrent encore en moi, sans que nul mot d'amour,
> Nul murmure enivrant du printemps qui s'éveille,
> Étouffe cette voix et fasse dans mon cœur
> Chanter l'insouciance où pleura la douleur (1).

Parmi les tentatives des métaphysiciens pour justifier le mal dans la nature et dans l'homme, celle qui lui avait paru la plus plausible était la doctrine néo-platonicienne de la *procession*, sur laquelle il avait écrit des pages nombreuses. Il avait même proposé une interprétation ingénieuse et neuve de cette théorie ; il supposait que tous les degrés possibles de bien rêvés par nous sont déjà réalisés dans une série infinie de mondes et que l'univers forme ainsi une échelle d'existences

---

(1) *Vers d'un philosophe. Le devoir du doute.*

de moins en moins parfaites, qui descendent par degrés depuis la perfection absolue jusqu'à la matière. De cette façon, tout le possible serait vraiment réalisé : nous ne pourrions concevoir aucun degré d'être ou de bien, ni supérieur ni inférieur, qui ne se trouvât déjà parvenu quelque part à l'existence, ou auquel chaque être ne dût parvenir quelque jour grâce au progrès universel (1).

Plus tard, il traduisait le manuel d'Epictète et se passionnait pour la grande morale stoïque ; il la pratiqua lui-même toute sa vie, mais il la tempérait par une tendresse souriante, par une bonté expansive toute tournée vers autrui, ne pensant pas, avec les stoïciens, qu'on pût aimer sans « s'attacher ». « Il est un égoïsme de la raison, écrivait-il alors, comme il est un égoïsme des sens : le stoïcien craint de perdre sa paix intellectuelle comme l'épicurien craint de perdre ses jouissances sensibles. L'être animé est fait pour agir toujours en vue de lui-même, dit Epictète. C'est pour lui-même que le soleil fait tout, et Jupiter aussi. L'âme sage, dit Marc-Aurèle, doit rayonner comme le soleil et éclairer tout le reste, répandant le plus de lumière possible, car c'est là sa nature ; mais elle ne doit pas s'inquiéter de ceux qui la reçoivent ou la refusent, car cela ne dépend pas d'elle. — Lumière froide et immobile, pourrait-on répondre, qui n'est pas la vraie lumière !... Si, d'après les stoïciens, faire pénétrer la vérité en autrui, se faire *apôtre et précepteur des hommes*, c'est essentiellement aimer, ce sera aussi, par essence, s'oublier, renoncer s'il le faut à sa paix intérieure, être prêt à partager le trouble et l'inquiétude d'autrui. — Aime, dit Epictète, comme doit aimer un homme heureux. — Est-ce bien là l'amour ? Doit-on garder pour soi le bonheur, et donner le reste, comme un surplus, comme un accessoire ? ou plutôt ne faut-il pas se donner tout entier, mettre tout en commun, jusqu'à son bonheur ? On n'aime pas les hommes par plaisir, on les aime par volonté, quelquefois par dévouement et sacrifice (2). »

Quand il écrivit, à l'âge de dix-neuf ans, le grand mémoire que couronna l'Académie des sciences morales, ce commerce prolongé avec Epicure, avec les utilitaires, avec les évolution-

---

(1) Voir cette interprétation exposée dans notre livre sur la *Philosophie de Platon*, t. II.
(2) *Étude sur la philosophie d'Epictète*, XLIX.

nistes, ne pouvait manquer d'exercer une influence toute nouvelle sur la direction de sa pensée. La critique même qu'il avait à faire des moralistes anciens et modernes l'amena en présence d'un des principaux problèmes qui font, en quelque sorte, le tourment de notre époque : — Comment concilier l'idée platonicienne et chrétienne du bien, l'idée kantienne de l'impératif catégorique, avec les analyses de la psychologie expérimentale et avec les lois inflexibles de l'évolution ? — Dans cette longue étude des systèmes utilitaires, si opposés par certains côtés à ses premières croyances et aux élans de sa générosité native, il se fit un devoir d'apporter « un esprit sans crainte et sans hésitation, prêt à recommencer tout son travail d'autrefois, à rompre avec son passé, plein de cette tranquillité que la nature apporte elle-même en ses métamorphoses, et qui ne compte pour rien les souffrances du moi, ses préjugés évanouis ou ses espérances brisées (1). »

Platon et Kant résistèrent d'abord chez lui à l'assaut des doctrines positivistes et évolutionnistes. Mais « entreprendre la critique sincère et sérieuse d'un système, c'est quelquefois finir par se convaincre mieux soi-même de sa vérité relative (2). » Après des réflexions prolongées, il demeura en effet persuadé que la doctrine de l'évolution, une fois rectifiée et complétée, constitue, sinon toute la morale, du moins la seule partie de la morale vraiment rigoureuse et scientifique. Son évolution intellectuelle fut donc essentiellement une œuvre de raisonnement et de réflexion ; le sentiment n'y joua que le rôle auxiliaire qui lui appartient.

A cette époque, comme blessé par l'excès de travail, il sentit les premiers signes de cet affaiblissement progressif qui, s'il devait peu à peu faire décroître ses forces physiques, ne put jamais ni abattre sa force morale, ni restreindre sa fécondité intellectuelle. Il alla chercher dans le midi, — d'abord sur les rives de l'Océan, puis sur celles de la Méditerranée, — une atmosphère plus favorable que le séjour de Paris. A mesure qu'il acquérait une plus claire et plus douloureuse conscience de l'atteinte portée prématurément à sa jeunesse, il sentait de plus en plus faiblir, en présence des faits, comme elle avait déjà faibli par l'effet du raisonnement et de l'étude, sa

(1) *La Morale anglaise contemporaine*, ix.
(2) *Ibid.*, x.

foi platonicienne dans la rationalité du monde, dans l'ordre caché de la nature, dans la subordination de l'univers à l'idée du bien. Il faisait pour son compte bon marché de la souffrance : il l'accueillit toujours avec le sourire sur les lèvres, il la supporta jusqu'à la dernière heure sans une plainte, sans un murmure, sans le plus léger trouble à son inaltérable douceur, sans autre préoccupation que de cacher ce qu'il souffrait, pour épargner des larmes aux autres ; il pardonnait à la Nature même comme il pardonnait aux hommes, car sa devise était : — « Tout aimer pour tout comprendre, tout comprendre pour tout pardonner. » Mais ce dont il ne pouvait ni ne devait faire bon marché, — parce qu'il ne s'agissait plus alors de lui seul, — c'était l'obstacle apporté si tôt à ses recherches désintéressées, à cette vie de travail et d'action qu'il aurait voulu vivre. Car ce tempérament où la douceur n'excluait pas l'énergie était fait pour l'action et le mouvement, non moins que pour la méditation.

> Lorsque j'étais enfant, je rêvais de voyages,
> De radieux départs au plus lointain des mers,
> Et sous mon œil songeur passaient de doux rivages
> Flottant sur l'océan dans la brume des airs.
>
> J'aurais voulu marcher, agir, semer ma vie
> A pleines mains, heureux de lutter, de souffrir,
> Dépensant largement la troublante énergie
> Qu'en mon cœur je sentais avec mon sang courir.
>
> Et c'est alors qu'un jour s'ouvrit devant ma vue
> Un horizon plus doux et plus fuyant encor
> Que ces bords indécis d'une terre inconnue
> Où parfois m'emportait mon rêve en son essor.
>
> J'avais cru voir briller la vérité lointaine,
> Et, sentant un espoir infini dans mon cœur,
> J'oubliai désormais toute pensée humaine
> Pour suivre dans la nuit sa divine lueur (1)...

(1) *Vers d'un philosophe* (*Voyage de recherche*), p. 7.

L'histoire intellectuelle et morale que nous racontons est celle d'un grand nombre d'entre nous : elle a par cela même un sens philosophique. Douce ou rude, l'expérience de la vie ne peut avoir d'influence légitime sur les conclusions des sciences *positives*, toutes tournées vers le dehors ; le savant s'abstrait lui-même de la nature ; il exclut et doit exclure des données de son problème tout ce qui est sentiment, émotion du cœur :

> Son cerveau seul aux bruits confus du monde vibre ;
> Il laisse en son œil froid tout rayon pénétrer (1).

Mais ni le moraliste ni le métaphysicien ne peuvent se retrancher dans cette impassibilité tout objective, car ils se demandent l'un et l'autre : que vaut la vie ? qu'est-ce que l'existence ? Or, c'est un enseignement sur la vie que de vivre, c'est une révélation sur la valeur de l'existence que de voir les siens souffrir, puis de souffrir soi-même, surtout si on souffre jeune, au moment où on espérait avoir devant soi une longue vie pour la donner tout entière à la vérité ardemment aimée.

> J'ai marché bien longtemps ; l'éternelle promesse
> Me souriait toujours du fond du ciel serein,
> Et j'allais : sur mon front pâlissait ma jeunesse ;
> Parfois ma tête en feu retombait dans ma main.
>
> . . . .
>
> Que me reste-t-il donc ? Des sphères traversées
> Rapporté-je une branche arrachée, un débris,
> Une fleur où mon œil s'attache, où mes pensées
> Retrouvent un rayon des jours évanouis ?
>
> Non, nulle certitude où l'âme se repose :
> Les grands cieux ont gardé leur silence sacré.
> — Mais du sombre infini j'ai senti quelque chose
> Entrer en le blessant dans mon cœur enivré (2).

(1) *Vers d'un philosophe*, p. 3.
(2) *Vers d'un philosophe. Voyage de recherche.*

Quelque chose du souffle idéaliste de Platon et de Kant subsista en effet toujours dans cet esprit qui joignait à la lucidité d'une raison précoce l'enthousiasme du poète. Après avoir comparé quelque part les croyances platoniciennes de sa jeunesse, ou plutôt de son adolescence, aux feuilles du vert mélèze, qui se détachent presque toutes à la fois dès les premiers frimas et laissent l'arbre nu, seul, abandonné sous les grands cieux déserts, il ajoute :

> Mais comme l'arbre, encor debout, monte intrépide,
> Soulevé dans l'azur d'un élan éternel,
> Tel j'ai continué de regarder le ciel,
>   Même en le croyant vide (1).

Il aurait eu presque le droit d'être pessimiste, mais il alliait à son exquise sensibilité un esprit trop positif et trop scientifique, une vue trop nette de la réalité pour outrer le sentiment des misères humaines jusqu'au pessimisme de Schopenhauer. Dans son *Esquisse d'une morale* et dans son *Irréligion de l'avenir*, nous verrons qu'il a montré avec sa perspicacité habituelle les exagérations du pessimisme comme celles de l'optimisme. Il n'en reconnaissait pas moins la part de vérité que renfermaient les théories pessimistes aujourd'hui si répandues. Il n'eût pas admis que le pessimisme est simplement une sorte de mal tout subjectif et tout personnel, une extension illogique au monde des douleurs humaines, un obscurcissement de la nature entière par le nuage qu'on porte en soi, bref, une affaire de tempérament et d'humeur, une sorte de maladie intime érigée en doctrine métaphysique. Comme cette vue est superficielle ! et qu'elle tient peu compte de ce fait que notre propre destinée, heureuse ou malheureuse, est un élément essentiel, non une donnée négligeable de cette question générale : — Quelle est la part du bien et du mal dans le monde ? — Ne faisons-nous pas nous-mêmes partie du tout, et n'avons-nous pas le droit d'induire de la partie au tout quand il s'agit de la valeur métaphysique et morale de l'univers? Celui pour qui, personnellement, le monde serait mauvais n'aurait-il pas le droit de trouver que le monde n'est pas

---

(1) *Vers d'un philosophe. Le mélèze.*

en soi le meilleur des mondes. On veut des faits, on veut des arguments ; mais, encore une fois, souffrir est un fait, souffrir est un argument, et, en face de l'optimisme, c'est un argument accusateur :

> Il suffit d'un seul cri d'appel aux cieux jeté
> Et qui se soit perdu dans l'infini silence :
> Le doute restera dans mon cœur révolté,
> Aussi long qu'ici-bas est longue la souffrance (1).

L'hypothèse « la plus probable dans l'état actuel des sciences », à ne considérer que les faits, ne semblait être alors à Guyau ni l'optimisme ni le pessimisme : c'était « l'indifférence de la nature », inconsciente du plaisir et de la douleur, du bien et du mal. Cette hypothèse, comme une tentation grandissante, envahissait de plus en plus l'esprit du jeune philosophe. Ce qui la fit dominer en lui, à cette époque, ce furent avant tout les réflexions de la pensée abstraite, qu'il a résumées dans son *Esquisse d'une morale* ; mais peut-être aussi ces réflexions trouvèrent-elles comme un appui extérieur et une sorte de confirmation visible dans la longue contemplation de la nature sur les bords de l'océan. L'océan n'est pas seulement un grand inspirateur de poésie, comme le montrent les poèmes qu'il a dictés à Byron et à Victor Hugo ; c'est aussi un grand maître de philosophie. Il n'y a, en effet, rien qui offre à l'œil et à la pensée une représentation plus complète du monde que l'océan. C'est d'abord « l'image de la force dans ce qu'elle a de plus farouche et de plus indompté » ; c'est un déploiement, un luxe de puissance dont rien autre chose ne peut donner l'idée ; « et cela vit, s'agite, se tourmente éternellement sans but. » On dirait parfois que la mer est animée, qu'elle palpite et respire, que c'est un cœur immense dont on voit le soulèvement puissant et tumultueux ; mais ce qui en elle désespère, c'est que tout cet effort, toute cette vie ardente est dépensée en pure perte : « ce cœur de la terre bat sans espoir » ; de tout ce heurt, de tout ce trépignement des vagues, il sort « un peu d'écume égrenée par le vent ». — Dans une de ses pages les plus magnifiques, l'au-

---

(1) *Vers d'un philosophe. Le devoir du doute.*

teur de l'*Esquisse d'une morale* raconte qu'un jour, assis sur le sable, il regardait venir vers lui la foule mouvante des vagues : elles arrivaient sans interruption du fond de la mer, mugissantes et blanches ; par-dessus celle qui mourait à ses pieds il en apercevait une autre, et plus loin derrière celle-là une autre, et, plus loin encore, une multitude ; enfin, aussi loin que sa vue pouvait s'étendre, il voyait tout l'horizon se dresser et se mouvoir vers lui : « Il y avait là un réservoir de forces infini, inépuisable ; comme je sentais bien l'impuissance de l'homme à arrêter l'effort de tout cet océan en marche ! Une digue pouvait briser un de ces flots, elle en pouvait briser des centaines et des milliers ; mais qui aurait le dernier mot, si ce n'est l'immense et infatigable océan ? » Et il croyait voir dans cette marée montante l'image de la nature entière assaillant l'humanité qui veut en vain diriger sa marche, l'endiguer, la dompter. L'homme lutte avec courage, il multiplie ses efforts, par moments il se croit vainqueur ; c'est qu'il ne regarde pas assez loin et qu'il ne voit pas venir du fond de l'horizon les grandes vagues qui, tôt ou tard, doivent détruire son œuvre et l'emporter lui-même. On a répété souvent que « rien n'est en vain. » Cela est vrai dans le détail. Un grain de blé est fait pour produire d'autres grains de blé. Nous ne concevons pas un champ qui ne serait pas fécond. « Mais la nature en son ensemble n'est pas forcée d'être féconde : elle est le grand équilibre entre la vie et la mort. Peut-être sa plus haute poésie vient-elle de sa superbe stérilité. » Un champ de blé ne vaut pas l'océan. « L'océan, lui, ne travaille pas, ne produit pas, il s'agite ; il ne donne pas la vie, il la contient ; ou plutôt il la donne et la retire avec la même indifférence : il est le grand roulis éternel qui berce les êtres. Quand on regarde dans ses profondeurs, on y voit le fourmillement de la vie ; il n'est pas une de ses gouttes d'eau qui n'ait ses habitants, et tous se font la guerre les uns aux autres, se poursuivent, s'évitent, se dévorent ; qu'importe au tout, qu'importe au profond océan ces peuples que promènent au hasard ses flots amers ? Lui-même nous donne le spectacle d'une guerre, d'une lutte sans trêve : ses lames qui se brisent et dont la plus forte rencontre et entraîne la plus faible nous représentent en raccourci l'histoire des mondes, l'histoire de la terre et de l'humanité. C'est, pour ainsi dire, l'univers devenu transparent aux yeux. Cette tempête des eaux n'est que la continuation, la conséquence de la tempête des airs; n'est-ce pas le frisson des vents qui se communique à la mer ? A leur tour, les ondes aériennes trouvent l'explication de leurs mouvements dans les ondulations de la lumière et de la chaleur. Si nos yeux pouvaient embrasser l'immensité de l'éther, nous ne verrions partout qu'un choc étourdissant de vagues, une lutte sans fin parce qu'elle est sans raison, une guerre de tous contre tous. Rien qui ne soit entraîné dans ce tourbillon; la terre même, l'homme, l'intelligence humaine, tout cela ne peut nous offrir rien de fixe à quoi il nous soit possible de nous retenir; tout cela est emporté dans des ondulations plus lentes, mais non moins irrésistibles; là aussi règne la guerre éternelle et le droit du plus fort. A mesure que je réfléchis, il me semble voir l'océan monter autour de moi, envahir tout, emporter tout; il me semble que je ne suis plus moi-même qu'un de ses flots, une des gouttes d'eau de ses flots; que la terre a disparu, et qu'il ne reste plus que la nature avec ses ondulations sans fin, ses flux, ses reflux, les changements perpétuels de sa surface qui cachent sa profonde et monotone uniformité (1). »

Ainsi, chez le philosophe poète, l'agrandissement illimité de la vision intérieure finissait par abîmer l'immensité visible dans l'immensité invisible : la face de l'océan agité et stérile se révélait à lui comme la face même de l'univers. Cette image de l'océan, où un partisan de Spencer ne peut plus voir avec Byron le « miroir du Tout-Puissant », mais seulement le miroir de la nature, ne cessait de hanter son esprit comme elle remplissait ses yeux. Dans sa prose, dans ses vers, se rouvrent mainte fois les perspectives sur l'océan comme sur le monde entier. Quand on parcourt les bois voisins des falaises, sur la rive de Biarritz à Saint-Jean-de-Luz, on finit par oublier la mer de Biscaye et sa tempête presque continuelle; sous les pins ou sous les chênes, le long des buissons étoilés de gentianes bleues, le vent du large s'apaise dans les profondeurs des taillis et permet d'écouter quelque chant d'oiseau; on va toujours devant soi, on est perdu sous l'ombre des sentiers; mais, tout à coup, à un tournant du chemin, surgit de nou-

---

(1) *Esquisse d'une morale sans obligation ni sanction*, pp. 105, 106.

veau la grande image obsédante, l'horizon infini de l'océan avec ses lames folles et son souffle qui fouette le visage : c'est comme une échappée soudaine sur la vie universelle qui s'ouvre dans notre vie en apparence fermée et isolée du tout.

Un jour, sur la plage de Guétary, près Saint-Jean-de-Luz, il aperçut des enfants qui, vêtements retroussés, dans l'eau jusqu'aux chevilles, ivres de liberté et d'air pur, avaient pris pour compagnon de leurs jeux l'océan. Ils attendaient que le flot vînt, et d'un élan, avec des cris aigus de joie et d'épouvante, ils se sauvaient devant lui :

> Mais la vague vivante
> S'élance en bondissant, bouillonne derrière eux,
> Les atteint, — et ce sont de grands rires heureux
> Quand la bande, un instant par l'eau folle cernée,
> La voit fuir en laissant une blanche traînée.

Tandis que ces enfants, avec leurs cris et leurs gambades, faisaient un joüet de ses flots, le grand océan gris, envahissant ses plages, montait. D'en haut, les nuages s'abaissaient sur lui; son infinité se perdait dans l'ombre du soir; mais, de sa profondeur ignorée, les flots émergeant dans la nuit sortaient toujours, s'enflaient, puis soudain s'écroulaient en écume.

> Pendant ce temps, au bord, les enfants sur le sable
> Jouaient, insoucieux du gouffre inépuisable,
> Et, jetant un frais rire à son immensité,
> Ne voyaient que le bout de son flot argenté.

Devant les yeux du penseur et du poète, cette scène ne pouvait manquer de s'agrandir aussitôt : elle devint la figuration de la pensée humaine se jouant autour de l'insondable Nature. Qu'est-ce que la pensée dans le grand Tout? Plonge-t-elle au cœur même des choses ou n'est-elle qu'un accident à la surface? Quand nous croyons pénétrer, ne faisons-nous qu'effleurer? L'art et la science même ne s'arrêtent-ils point sur le bord de l'abîme, alors qu'ils semblent en sonder les profondeurs?

> Frêles êtres que l'onde
> Poursuit, et sur qui vient tout l'Océan qui gronde,
> Enfants au court regard, que vous nous ressemblez !
> Comme vous, la Nature aux horizons voilés
> Dans les plis tournoyants de ses flots nous enlace.
> Pendant ce temps notre œil s'amuse à sa surface !
> Nous comptons ses couleurs changeantes aux regards ;
> Nous jouons à ces jeux que nous nommons nos arts,
> Nos sciences, — croyant la Nature soumise,
> Lorsqu'en nos doigts demeure un peu d'écume prise
> A l'abîme éternel qui gronde dans la nuit !
> Toute la profondeur de l'univers nous fuit,
> Et sans rien pénétrer nos yeux tremblants effleurent.
> Tout glisse à nos regards, comme ces flots qui meurent
> Et rentrent tour à tour dans le gouffre mouvant.
> La pensée, en ce monde, est un hochet d'enfant ;
> Dans l'aveugle univers elle naît par surprise,
> Brille, et surnage un peu sur le flot qui se brise.
> — Fleur de clarté, légère écume des flots sourds,
> Vain jouet, malgré tout nous t'aimerons toujours,
> Et moi-même, oubliant l'Océan qui se lève,
> J'irai voir frissonner ta blancheur sur la grève (1).

Évolution sans commencement et sans terme, où la pensée est un phénomène précieux et rare, merveille d'autant plus éphémère qu'elle tient à la rencontre de conjonctures plus complexes et à l'entrecroisement de lois plus subtiles, — telle était la conception du monde qui grandissait peu à peu dans l'esprit de Guyau. Sans doute cette hypothèse demeura toujours à ses yeux ce qu'elle était et rien de plus, une simple hypothèse, celle qui traduit exactement ce que la science positive nous apprend de la nature, sans qu'on puisse affirmer que le fond des choses ne renferme rien au delà. Il n'en est pas moins vrai que le monde intelligible de Platon, au lieu de rester le monde réel par excellence, reculait dans les lointains de l'idéal ; le Dieu de Platon, engendrant par l'expansion de sa bonté « un monde aussi semblable que possible à lui-même », paraissait de plus en plus inconciliable avec le monde

---

(1) *Vers d'un philosophe. La Pensée et la Nature*, p. 27.

de la science, où la bonté semble n'avoir d'autre importance que celle qui lui est donnée par notre cœur. « L'homme juste et l'homme injuste ne pèsent probablement pas plus l'un que l'autre sur le globe terrestre, qui va son chemin dans l'éther. Les mouvements particuliers de leur volonté ne peuvent pas plus retentir sur l'ensemble de la nature que le battement de l'aile de l'oiseau volant au-dessus d'un nuage n'est capable de rafraîchir mon front (1). » De là, après la foi facile à la jeunesse, le doute et le trouble de celui qui a vécu, étudié, médité ; de là cette « question » anxieuse qu'il s'adressait à lui-même et qui se traduisait dans une de ses plus hautes inspirations de poète :

> Supprimer Dieu, serait-ce amoindrir l'univers ?
> Les cieux sont-ils moins doux pour qui les croit déserts ?
> Si les astres, traçant en l'air leur courbe immense,
> M'emportent au hasard dans l'espace inconnu,
> Si j'ignore où je vais et d'où je suis venu,
> Si je souffre et meurs seul, du moins dans ma souffrance
> Je me dis : — Nul ne sait, nul n'a voulu mes maux ?
> S'il est des malheureux, il n'est pas de bourreaux,
> Et c'est innocemment que la nature tue.
> Je vous absous, soleil, espaces, ciel profond,
> Étoiles qui glissez, palpitant dans la nue !
> Ces grands êtres muets ne savent ce qu'ils font.

En somme, les trois principales conceptions métaphysiques du monde, — optimisme, pessimisme, indifférence de la nature, — apparaissaient alors à Guyau comme également indémontrables en elles-mêmes ; et quelque vérification que la troisième lui semblât recevoir du progrès des sciences positives, cette vérification toujours incomplète ne lui semblait pas suffire à assurer son triomphe sur les autres. « Entre les trois hypothèses d'une nature bonne, d'une nature mauvaise et d'une nature indifférente, comment choisir et décider ? Aussi est-ce une chimère que de donner pour loi à l'homme : conforme-toi à la nature. Cette nature, nous ne

---

(1) *Esquisse d'une morale sans obligation ni sanction.*

savons pas ce qu'elle est (1). » Quelle sera donc, dans l'incertitude métaphysique où nous sommes, la règle du bien et du beau, l'objet suprême de notre vouloir, de nos amours, de nos croyances? En d'autres termes, quel est l'avenir de la morale, de l'art, de la religion, en face de la science, qui ne fournit que des faits, et de la métaphysique, qui ne fournit que des hypothèses? Tel était le problème qui se posait, de plus en plus impérieux, devant l'esprit du jeune penseur et auquel il résolut de consacrer toute une suite de travaux. « Notre époque, disait-il, est un temps de trouble et d'inquiétude pour les esprits qui ne possèdent pas le calme un peu triste et la raison froide du savant ou du philosophe : c'est là précisément ce qui fait sa grandeur. Celui-là ne se sent jamais troublé ni inquiet, qui n'a jamais cherché la vérité ou qui croit à jamais l'avoir trouvée; mais le premier manque de cœur, et, quant au second, ne manque-t-il pas de clairvoyance? Mieux vaut le trouble que l'indifférence ou la foi aveugle (1). »

A ce moment arrivait pour lui l'époque de la pleine maturité, de celle qui se mesure non à l'âge, mais à la force du talent. Il avait quitté l'Océan pour habiter les bords de la Méditerranée. Ce séjour, plus chaud que les plages de Gascogne, lui laissera pendant quelques années une sorte de répit, lui rendra un regain de force et d'espérance, lui permettra d'entreprendre et presque d'achever la série projetée de grands ouvrages.

> Enfin je te revois : salut, mer au flot pur,
> Souriante au soleil, dangereuse et charmante,
> Ma préférée, ô toi qui sais rester d'azur
>   Même dans la tourmente!
>
> Je viens à toi, lassé de l'Océan brumeux,
> De sa plainte éternelle et de son flot sauvage;
> Que toute la gaieté vivante en ton rivage
>   M'entre au cœur par les yeux!
>
> J'ai soif de voir au vent se bercer les fleurs blanches
> Des orangers semés sur tes coteaux brûlants,
> De voir tes oliviers, géants de deux mille ans,
>   Courber vers toi leurs branches.

(1) *Esquisse d'une morale sans obligation ni sanction.*

. . . .

> Tu rends l'immensité si tentante qu'un jour,
> Dit la fable, un enfant voulut d'un seul coup d'aile
> Te franchir : ivre, il part; son aile qui chancelle
>   L'emporte sans retour.
>
> Il va : le vent des mers a rempli sa poitrine;
> Il voit devant ses yeux l'horizon s'élargir,
> L'attirer en fuyant; l'espace le fascine,
>   Grand comme son désir.
>
> Il monte..., il tombe, il meurt ! mais de sa longue ivresse
> Quelque chose en nos cœurs, j'imagine, est resté :
> Et c'est de là que vient, devant l'immensité,
>   Ce trouble qui m'oppresse.

. . . .

> Ouvre-toi, mer : au loin je veux, audacieux,
> Courir, comme au soleil courent tes flots de flamme,
> Et le double infini de ton onde et des cieux
>   N'est pas trop pour mon âme.
>
> Qu'il est doux de pouvoir sans regret s'élancer,
> D'être libre, de voir l'horizon vous sourire,
> D'aller sans retourner la tête, et de se dire :
>   Vivre, c'est avancer (1) !

Ce fut en effet une période d'action incessante et de progrès continu qui commença alors. La *Morale d'Epicure* s'imprime, ainsi que la *Morale anglaise contemporaine*. Ensuite paraissent les *Vers d'un philosophe* et les *Problèmes de l'esthétique*. Puis vient l'*Esquisse d'une morale*, en attendant l'*Irréligion de l'avenir*. Suivons l'infatigable chercheur en ses études philosophiques; examinons ses efforts successifs pour rectifier et compléter, dans le domaine moral, esthétique et religieux, la doctrine de l'évolution.

(1) *La Méditerranée.* Ces vers parurent dans la *Revue des Deux-Mondes* en 1880, avec le beau sonnet sur Venise, intitulé *le Vertige des choses.*

CHAPITRE DEUXIÈME

La conscience de la vie intense et expansive, comme principe commun de l'art, de la morale et de la religion.

L'idée dominante que Guyau se proposait de développer et de suivre dans ses principales conséquences, c'est celle de la *vie* comme principe commun de l'art, de la morale, de la religion. Selon lui, — et c'est la conception génératrice de tout son système, — la vie bien comprise enveloppe, dans son *intensité* même, un principe d'*expansion* naturelle, de fécondité, de générosité. Il en tirait cette conséquence que la vie réconcilie naturellement en soi le point de vue individuel et le point de vue social, dont l'opposition plus ou moins apparente est l'écueil des théories utilitaires sur l'art, la morale et la religion. A ses yeux, la tâche la plus haute du dix-neuvième siècle, celle à laquelle, pour sa part, il voulait contribuer, devait être précisément « de mettre en relief le côté *social* de l'individu humain et, en général, de l'être vivant », — côté qui avait été trop négligé par le matérialisme à forme égoïste du siècle précédent. En montrant cet aspect social de la vie individuelle, on fonderait tout ensemble sur une base désormais solide l'art, la morale, la religion digne de ce nom. Alors qu'il étudiait les utilitaires, il avait vu le dix-huitième siècle s'achever avec les théories égoïstes d'Helvétius, de Volney, de Bentham, correspondant au matérialisme encore trop naïf de La Mettrie et même de Diderot. Le dix-neuvième siècle a élargi la science. D'un côté, la matière s'est subtilisée toujours davantage sous l'œil du savant, et le mécanisme d'horlogerie de La Mettrie est devenu tout à fait impuissant à rendre compte de la vie. « D'un autre côté, l'individu que l'on considérait comme isolé, enfermé dans son mécanisme solitaire, est apparu comme essentiellement pénétrable aux influences d'autrui, solidaire des autres consciences, déterminable par des sentiments impersonnels (1). » Le système nerveux ne se conçoit plus aujourd'hui que comme le siège de phénomènes dont le principe dépasse de beaucoup l'organisme individuel : la solidarité domine l'individualité. Il est aussi difficile de circonscrire dans un corps vivant une émotion esthétique, morale, religieuse, que d'y circonscrire de la chaleur ou de l'électricité ; les phénomènes physiques et intellectuels sont également expansifs et contagieux. Les faits de sympathie, soit nerveuse, soit mentale, sont de mieux en mieux connus ; ceux de suggestion et d'influence hypnotique commencent à être étudiés scientifiquement. Des cas maladifs, qui sont les plus faciles à observer, on passera peu à peu aux phénomènes d'influence normale entre les divers cerveaux et, par cela même, entre les diverses consciences. « Le dix-neuvième siècle finira par des découvertes encore mal formulées, mais aussi importantes peut-être dans le monde moral que celles de Newton ou de Laplace dans le monde sidéral : celles de l'attraction des sensibilités et des volontés, de la solidarité des intelligences, de la pénétrabilité des consciences (2). » Il fondera la psychologie scientifique et la sociologie, de même que les dix-septième et dix-huitième siècles avaient fondé la physique et l'astronomie. Les sentiments sociaux se révéleront comme des phénomènes complexes produits en grande partie par l'attraction ou la répulsion des systèmes nerveux et comparables aux phénomènes astronomiques : la science sociale, dans laquelle rentre une bonne partie de la morale, de l'esthétique, de la religion, deviendra « une astronomie plus compliquée ». Enfin, elle projettera une clarté nouvelle « jusque sur la métaphysique même ». Prenons pour exemple le déterminisme ; voilà une doctrine qui, en nous déniant cette forme de pouvoir personnel qu'on nomme libre arbitre, semblait d'abord n'avoir qu'une influence dépressive ; et cependant elle paraît aujourd'hui donner naissance à des espérances métaphysiques, très vagues encore, mais d'une portée illimitée, puisqu'elle nous fait entrevoir « que notre conscience individuelle pourrait bien être en communication sourde avec toutes les consciences, et que

---

(1) *L'Art au point de vue sociologique*, Introduction.
(2) *Ibid.*

d'autre part la conscience, ainsi épandue dans l'univers, y doit avoir, comme la lumière ou la chaleur, un rôle important, capable sans doute de s'accroître et de s'étendre dans les siècles à venir (1). »

Puisque toute vie, *en prenant conscience de soi,* s'aperçoit qu'elle est indivisiblement personnelle et collective, il en doit être ainsi du *sentiment* même que nous avons de la vie dès qu'elle devient en nous plus intense et plus libre ; ce sentiment, c'est le *plaisir*. Comme la vie, le plaisir est toujours social par quelque côté, et il le deviendra de plus en plus, par une transformation qui n'est pas la moins importante de celles que l'avenir prépare à l'humanité. C'est la conclusion à laquelle aboutissait déjà la *Morale d'Epicure* : « En définitive, lisons-nous dans une des pages capitales de ce livre, qu'est-ce que serait un plaisir purement personnel et égoïste ? En existe-t-il de cette sorte ? Et quelle part ont-ils dans la vie ? » Lorsqu'on descend dans l'échelle des êtres, on voit que la sphère où chacun d'eux se meut est étroite et presque fermée ; c'est le polype, c'est le mollusque attaché à quelque point fixe. Mais, au contraire, montez vers les êtres supérieurs, vous voyez leur sphère d'action s'ouvrir, s'étendre, se confondre avec la sphère d'action des autres êtres. Chez l'homme, le sentiment qu'éprouve un individu déborde de toutes parts l'individu lui-même. L'égoïsme pur ne serait pas seulement une mutilation de soi, il serait une impossibilité. « Ni mes douleurs, ni mes plaisirs ne sont absolument miens. Les feuilles épineuses de l'agave, avant de se développer et de s'étaler en bandes énormes, restent longtemps appliquées l'une sur l'autre et formant comme un seul cœur ; à ce moment, les épines de chaque feuille s'impriment sur sa voisine. Plus tard, toutes ces feuilles ont beau grandir et s'écarter, cette marque leur reste et grandit même avec elles : c'est un sceau de douleur fixé sur elles par la vie. » La même chose se passe dans notre cœur, où viennent s'imprimer, dès le sein maternel, toutes les joies et toutes les douleurs du genre humain : sur chacun de nous, quoi qu'il fasse, ce sceau doit rester. « De même que le *moi*, en somme, est pour la psychologie contemporaine une illusion, qu'il n'y a pas de personnalité séparée, que nous sommes com-

(1) *L'Art au point de vue sociologique.*

posés d'une infinité d'êtres et de petites consciences ou états de conscience, ainsi le plaisir égoïste, pourrait-on dire, est une illusion : mon plaisir, à moi, n'existe pas sans le plaisir des autres, je sens que toute la société doit y collaborer plus ou moins, depuis la petite société qui m'entoure, ma famille, jusqu'à la grande société où je vis. »

Transporter dans l'art, dans la morale et dans la religion cette conception de la vie comme fusion intime de l'existence individuelle et de l'existence collective, tel était le but que se proposait Guyau. A ses yeux, le beau était la vie supérieure immédiatement *sentie* dans son intensité expansive, dans son activité à la fois individuelle et sociale ; la morale était la vie supérieure *voulue* et cherchée ; la religion était cette vie supérieure rêvée, *imaginée*, et imaginée sous les formes mêmes d'une « société universelle des consciences ». En d'autres termes, l'art, la morale et la métaphysique doivent élever la vie individuelle à la dignité d'une vie collective : quand l'art nous aura donné, sous une forme intense, le *sentiment* immédiat de la vie déjà réalisée, la morale nous fera *vouloir* la vie à réaliser ; enfin la métaphysique, fond de la religion, nous fera *construire* hypothétiquement un monde de vie supérieure, dernier objet de nos amours et terme de nos efforts.

Toutes ces considérations fournies par la psychologie, la physiologie et la sociologie, aboutissaient, dans l'esprit de Guyau, à une théorie de solidarité à la fois organique et sociale qui était, selon lui, le principe commun de la vraie esthétique, de la vraie morale, de la vraie religion. Le *déterminisme* universel n'était pour lui que la forme logique et mécanique de cette solidarité, qu'il étendait non seulement de l'individu à la société humaine, mais encore de l'homme à la nature entière. Dans une de ses causeries philosophiques en vers, où la forme suit familièrement les libres allures de la pensée, on retrouve sous une image sensible sa conception de la solidarité universelle. Un jour, près de Biarritz, il montait un chemin, avec le compagnon ordinaire de ses promenades sur la côte.

... Les chênes effeuillés
Tendaient au vent du nord leurs grands bras dépouillés.

> Dans l'air sifflait encore un reste de tempête,
> Et les nuages fous couraient sur notre tête
> Comme de gros oiseaux emportés dans leur vol.
> Nous allions devant nous, las, courbés vers le sol,
> Portant avec effort notre tête affaissée
> Au sourd et douloureux travail de la pensée.
> Devant nos yeux, au loin, se dressait un chemin,
> Apre comme la vie, et comme elle sans fin;
> Et nous montions toujours (1).

De la nue entr'ouverte tomba soudain un rayon, qui éclaira la campagne et la route entière ; et ce rayon suffit à transformer tout, non seulement au dehors, mais aussi au dedans :

> Il sembla qu'il était tombé dans nos deux cœurs.
> Combien en peu de temps un même frisson passe
> De la nature à nous, des choses à l'esprit !
> A nos yeux tout changea, tout chanta, tout sourit ;
> Nous sentîmes en nous je ne sais quelle grâce
> Se glisser. . . . .

On eût dit que, par la nue entr'ouverte, le souci et la souffrance s'étaient envolés,

> Et je me demandai : quelle étrange puissance
> Nous tient donc dans sa main? un rayon de soleil
> Peut donc changer un cœur, et la pensée humaine
> Ne s'appartient donc pas! Notre esprit est pareil
> A ces arbres tremblants que la brise balance
> Et qui ne savent rien que se pencher au vent ;
> Je ne puis même pas, tant mon cœur est mouvant,
> Y fixer un instant la joie et la souffrance.
> Je ne suis même pas le maître de mes pleurs !
> Oui, pour que de mes yeux une larme jaillisse,
> Pour que naisse un sourire, il faut que le caprice
> Des choses y consente, il faut qu'à mes douleurs,
> A ma joie, il se trouve au sein du vaste monde
> Une larme muette, un rayon qui réponde.

(1) *Vers d'un philosophe. Solidarité*, p. 35.

Il était presque indigné de se sentir si peu, de ne pas pouvoir s'enfermer en lui-même, seul avec sa pensée, libre comme un dieu. Puis il se dit :

— « Pourquoi cet orgueil? Un poème
Éternel se déroule et vit dans l'univers.
J'y suis une syllabe, un mot, pas même un vers.
Qu'importe, si je trouve un charme qui m'enivre
Dans le rythme divin où je suis emporté?
. . . .
Un concours, un concert, telle est en moi la vie.
. . . .
. . . .
Je crois sentir la rose éclore dans mon cœur,
Avec le papillon je crois baiser la fleur.
Il n'est peut-être pas de peines solitaires,
D'égoïstes plaisirs; tout se lie et se tient.
La peine et le plaisir courent d'un être à l'autre,
Et le vôtre est le mien, et le mien est le vôtre,
Et je veux que le vôtre à vous tous soit le mien!
Que mon bonheur soit fait avec celui du monde,
Et que je porte enfin dans mon cœur dilaté,
— En dût-il se briser, — toute l'humanité! »

Puis vient ce rêve demi-poétique et demi-scientifique qui est familier aux évolutionnistes, le rêve d'une période finale de l'histoire où les « sentiments altruistes » auraient comme absorbé en eux les « sentiments égoïstes ».

Faisant tomber enfin cet obstacle éternel,
Le moi, — réfléchissons en nous toute lumière
Qui monte de la terre ou qui descend du ciel :
Soyons l'œil transparent de la nature entière.

Que cette conception indivisiblement psychologique et sociologique de l'art, de la morale, de la religion, ait sa grandeur et doive avoir sa part de vérité, comment le méconnaître? Guyau l'a développée dans une suite d'ouvrages très divers, dont l'unité est l'idée même de la *vie*, de la fécondité expansive inhérente à l'intensité de la vie, enfin de la solidarité vitale qui fait que la conscience de la vraie vie individuelle enveloppe la conscience de notre union avec la société universelle. Cette haute doctrine mérite d'être exposée sous ses diverses formes et appréciée à sa vraie valeur. Voyons-en d'abord les conséquences dans le domaine de l'art, où, à notre avis, elle peut le mieux se soutenir et se suffire à elle-même.

CHAPITRE TROISIÈME

L'expansion de la vie comme principe de l'art.

La théorie en faveur, même dans l'école évolutionniste, au moment où Guyau abordait les problèmes de l'esthétique contemporaine, c'était celle qui ramène l'art, comme le beau même, à un simple jeu de nos facultés représentatives, — théorie dont le germe se retrouve chez Kant et Schiller. Guyau se demanda si, en s'attachant d'une manière exclusive au plaisir de la contemplation pure et du jeu, en voulant désintéresser l'art du vrai, de l'utile, du bien, en favorisant ainsi une sorte de dilettantisme chez les uns, de culte exclusif pour la forme chez les autres, on ne risquait point de méconnaître le côté sérieux et pour ainsi dire *vital* du grand art.

Que l'école anglaise ait bien mis en lumière le rôle du jeu dans l'évolution des êtres vivants, la *simulation* par l'animal et par l'enfant des actes primitivement utiles à la vie, l'emploi spontané du superflu de force acquis par la nutrition, enfin la jouissance de luxe attachée à la contemplation oisive des formes, c'est là un point que Guyau est loin de contester et qu'il considère comme préalablement admis. Lui-même, dans la pièce de vers intitulée : *l'Art et le monde*, établit un légitime contraste entre le penseur et le poète :

> Oh ! comme l'univers, sombre pour le penseur,
> S'emplit parfois de joie aux regards du poète !

> Les anciens le disaient : le monde est une fête.
> Soyons-y gais; qu'en moi l'universel bonheur
> Entre et vienne étourdir ma pensée inquiète !
> Sans chercher le pourquoi caché derrière tout,
> Simple artiste, je veux admirer sans connaître;
> Je veux qu'en mes yeux seuls se concentre mon être;
> Tel le peintre, pour qui l'univers se résout
> En formes, en couleurs, et dont l'œil ne pénètre
> Pas plus loin que l'écran où se meurt le rayon.
> Quel bonheur d'effleurer, de jouir sans descendre
> Au fond de son plaisir ! Dans la création
> Qui sait si l'être heureux n'est pas le papillon,
> Amant de la beauté sans pouvoir la comprendre?
> La surface du monde est si douce au regard !
> Dans le grand drame auquel, palpitant, il assiste,
> Les pleurs ne sont-ils pas un élément de l'art?...

Mais cette attitude de l'artiste n'est que momentanée et provisoire ; en la dépeignant, on sent que notre poète ne saurait s'y tenir, qu'il n'est pas fait pour *contempler* la douleur d'autrui, mais pour en prendre sa part, pour sympathiser avec elle de cette sympathie profonde et active qui fait que la peine d'autrui passe tout entière en vous : en rendant cette peine sensible à tous au moyen de l'art, le poète tire de son cœur non la « simulation », mais la vérité même de la douleur. Aussi, un peu plus loin, dans cette même pièce de vers, Guyau ajoute :

> Je me sens pris d'amour pour tout ce que je vois.
> L'art, c'est de la tendresse.

Pour lui, en effet, l'art, tout au moins le grand art, consiste à vivre la vie même de tous les êtres et à exprimer cette vie au moyen d'éléments empruntés à la réalité : or, vivre en autrui, n'est-ce pas aimer ? Le grand artiste n'est donc pas celui qui contemple, c'est celui qui aime et qui communique aux autres son amour.

Il en résulte que c'est le sentiment de la *solidarité* qui est le principe de l'émotion esthétique. Cette solidarité peut exister simplement entre les diverses parties d'un même individu; elle peut exister aussi entre des individus divers. Guyau admettait la théorie selon laquelle notre conscience est elle-même une société, une harmonie entre des phénomènes, entre des états de conscience élémentaires, peut-être entre des consciences cellulaires. Toujours est-il que les cellules de l'organisme, qui forment une société de vivants, ont besoin de vibrer sympathiquement et solidairement pour produire la conscience générale, la *cœnesthésie*; la conscience individuelle est donc déjà *sociale*, et tout ce qui retentit dans notre organisme entier, dans notre conscience entière, prend un aspect social. « Il y a longtemps que les philosophes grecs ont placé le beau dans l'harmonie, ou du moins ont considéré l'harmonie comme un des caractères les plus essentiels de la beauté ; or cette harmonie, pour la psychologie moderne, se ramène à une solidarité organique, à une conspiration de cellules vivantes, à une sorte de conscience collective au sein même de l'individu. Nous disons *moi*, et nous pourrions aussi bien dire *nous*. L'agréable devient beau à mesure qu'il enveloppe plus d'harmonie entre toutes les parties de notre être et entre tous les éléments de notre conscience, à mesure qu'il est plus attribuable à ce *nous* qui est dans le *moi*. L'émotion esthétique élémentaire que renferme le plaisir est donc un sentiment de solidarité organique. » Maintenant quelle sera l'émotion esthétique la plus élevée ? Ce sera évidemment celle qui résultera d'une solidarité plus vaste, de la solidarité sociale ou, mieux encore, universelle. « Les plaisirs qui n'ont rien d'impersonnel n'ont aussi rien de durable ; le plaisir qui aurait, au contraire, un caractère tout à fait universel, serait éternel. C'est dans la négation de l'égoïsme, négation compatible avec l'expansion de la vie même, que l'esthétique, comme la morale, doit chercher ce qui ne périra pas (1). » Le beau est la forme supérieure du sentiment de la vie ; en d'autres termes, c'est le sentiment ou le pressentiment d'une vie plus riche en intensité et en fécondité expansive, vie non pas seulement conçue, ni seulement voulue, mais déjà intérieurement *vécue*.

La théorie soutenue dans les *Problèmes de l'esthétique contemporaine* fut longuement et fortement combattue par M. Renouvier, qui rendit d'ailleurs justice aux beautés de

---

(1) *L'Art au point de vue sociologique.*

premier ordre qu'on trouve dans tous les ouvrages de Guyau. Selon M. Renouvier, Kant et Spencer ont raison de croire que le propre de l'art, c'est de traiter la réalité comme un « spectacle », les objets réels comme s'ils étaient « des images d'eux-mêmes », les fonctions de la vie comme si elles étaient un jeu. Pour notre part, nous croyons avec Guyau que c'est là juste l'opposé du vrai, et nous disons : — L'art traite le spectacle comme une réalité, les images comme des objets réels, le jeu même de l'imagination comme une vie vécue et sentie. L'art se sert de la contemplation pour la production et pour la jouissance; des images, pour la création d'une réalité supérieure déjà présente à notre esprit et à notre cœur; il se sert du jeu, enfin, et du surplus de notre activité pour un déploiement et un emploi de nos énergies les plus profondes, les plus sérieuses, les plus vitales non pas seulement au point de vue physique, mais au point de vue moral. Le prétendu spectacle est donc une action réelle, quoique concentrée dans nos puissances les plus intimes; la prétendue contemplation est un élan du vouloir-vivre, appliqué à une vie moins limitée, conséquemment plus vivante ; le prétendu jeu est la prise au sérieux de notre activité expansive pour elle-même et en elle-même ; c'est un affranchissement, c'est une victoire, c'est la joie de la liberté reconquise. Ainsi la théorie du jeu et du spectacle intervertit l'ordre des idées : elle confond la forme de l'art avec le fond, la conséquence extérieure avec le principe interne. Seule, la théorie qui cherche dans le *vouloir* et dans le *vivre* l'origine et le but de l'art pénètre jusqu'au vrai moteur et au grand ressort de la vie esthétique. L'art, bien loin de se jouer autour du cœur des choses, *circum præcordia*, s'efforce de mettre un cœur en toutes choses et, pour cela, de *créer*, c'est-à-dire de *faire vivre*. La vie incomplète de la nature ne pouvant lui suffire, il engendre de lui-même une vie supérieure en plénitude et en fécondité, il la vit réellement, et nous la vivons avec lui, par lui, en lui; cette vie supérieure, loin d'être un simple « jeu pour la représentation », est un objet sincère de jouissance, d'amour, de volonté.

Guyau avait donc raison, selon nous, malgré l'exagération et la subtilité de certains détails, notamment dans les considérations sur le caractère esthétique de l'utile et de l'agréable. Les critiques, suivant une habitude trop répandue en France, négligèrent l'ensemble pour s'attaquer à quelques phrases risquées. M. Spencer lui-même, dans une longue lettre où il essayait de maintenir son point de vue, fit porter sa réplique exclusivement sur la distinction du beau et de l'utile. Il est certain, — et Guyau n'avait pas assez insisté sur ce point, — que le beau doit plaire immédiatement et par lui-même; pour offrir le maximum d'agrément, le plaisir du beau ne doit donc pas être un avantage qu'on se promette dans l'avenir, mais une satisfaction actuelle; c'est en cela, selon nous, qu'il est différent de l'utile. L'utile est un *moyen* de se procurer une satisfaction, et ce moyen peut être lui-même ou pénible ou indifférent. De plus, l'utile est l'objet d'un calcul et d'un *raisonnement* qui refroidissent le sentiment du beau. Il n'en est pas moins vrai, et c'est ce que Guyau voulait soutenir, — que l'utilité elle-même est de l'agrément pressenti et ingénieusement fixé d'avance dans les objets; à ce titre, le *sentiment* intuitif de l'utilité, c'est-à-dire d'une harmonie naturelle ou artificielle entre les choses et les fonctions de la vie, est déjà un élément de beauté; car ce sentiment enveloppe : 1° un avant-goût d'*agrément*; 2° une vision intellectuelle d'*ordre*, d'harmonie, de finalité réalisée; l'harmonie et l'agrément sont deux éléments du beau. En outre, les fonctions de la vie, les « utilités naturelles », participent à la puissance et à l'harmonie intime de la vie; en ce sens, elles ne sont pas exclusives de toute beauté.

On reprocha aussi à l'auteur d'avoir trop identifié, du moins dans leurs origines, le beau et l'agréable. De fait, ses expressions dépassèrent parfois sa pensée même. Il faut bien l'accorder cependant, en dépit de Kant et de ses sévérités pour « l'attrait » dans l'art comme dans la morale : tout plaisir, supposant un *consensus* interne, une stimulation de la vie qui entraîne diffusion et propagation sympathique, enveloppe déjà, comme tel et abstraction faite de toute autre considération, un rudiment de beauté, une harmonie élémentaire, indice d'une vie qui monte en tonalité. Le plaisir physique peut être grossier pour l'intelligence et pour la mémoire, en tant que satisfaction d'un besoin grossier lui-même, d'une nécessité inférieure et brutale qui, en définitive, implique une peine et un effort, une servitude et une limitation de la vie. Mais tout plaisir, en tant que *plaisir*, est déjà un affranchissement, et si, comme l'exige une méthode vraiment scientifique, on le considère indépendamment de tout ce qui l'accompagne, de tout ce qui s'y associe souvent de désagréable, il renferme du beau et du bon tout ensemble.

Guyau a mis hors de doute que tous les sens, même les sens inférieurs, par la vitalité qu'ils révèlent, ont le droit de concourir à la production du sentiment esthétique. En parlant d'une tasse de lait bue dans une excursion au pic du Midi, Guyau a dit qu'il y avait dans la *saveur* de ce lait frais et délicieux comme une symphonie pastorale. Et les critiques, notamment M. Jules Lemaître, de se récrier : — Vous confondez les sensations *visuelles* éveillées par la montagne environnante avec la saveur du lait apaisant la soif. — Pourtant le paradoxe avait son côté vrai. Même pour un aveugle qui aurait fait l'excursion appuyé sur la main d'un autre, le goût du lait de la montagne, le goût *réel*, considéré indépendamment de toutes les associations d'idées, ce goût intense et velouté résultant à la fois de la fatigue causée par l'ascension et du doux envahissement de bien-être qui y succède, ce goût enveloppant une complexe harmonie de saveurs et de parfums, une subtile essence de thym, de lavande, de romarin, de mille herbes combinées par une alchimie magique, avec le mélange de sensations venant de la soif apaisée, de la faim satisfaite, de la vie reprenant son cours, ce goût, dis-je, est une symphonie rudimentaire transposée de la langue des sons dans celle des saveurs. Et je suis sûr que Beethoven n'eût pas reculé devant cette conséquence. Maintenant, rendez à l'aveugle et au sourd la vue et l'ouïe : que l'œil aperçoive, sous l'ombre fraîche de la cabane, la blancheur du lait recouvert d'une mousse légère, et au dehors, dans une gloire de lumière, le glacier du Néouvielle éblouissant sous le ciel bleu; que l'oreille, dans la paix de l'air, entende tinter nonchalamment les clochettes lointaines du troupeau; la symphonie s'enrichira de nouveaux accords, les instruments délicats et puissants de la vue ou de l'ouïe entreront dans l'orchestre et élèveront leurs voix sur la basse fondamentale des sens inférieurs; il n'en est pas moins vrai que la symphonie existait déjà, quoique voilée, avant de s'amplifier et d'éclater dans l'ensemble final.

Il n'est donc pas exact que le beau se manifeste exclusivement par les sens les plus intellectuels, ceux de la vue et de l'ouïe, c'est-à-dire par ceux qui sont chargés de satisfaire notre curiosité autant et plus que les fonctions de la vie. M. Renouvier a beau invoquer l'usage de la langue vulgaire, qui ne dit pas une *belle* odeur, mais une bonne odeur; l'odeur de la rose, indépendamment de sa forme, est un si merveilleux mariage d'arômes, un chef-d'œuvre si compliqué de délicatesse, qu'elle est *belle*, en dépit des étroitesses du langage, ou, mieux encore, charmante, parce qu'elle est vivante; elle a une suavité qui indique à la fois de la force et de la douceur, de la grâce enfin, ce caractère plus beau que la beauté même, parce qu'il porte à aimer. Le beau proprement dit indique une forme précise; le charmant, le gracieux, comme le sublime, dépasse la forme.

Guyau, dans ses vers, pourrait nous fournir lui-même des exemples de la part que chaque sens prend à l'émotion totale; le soleil de Provence, par exemple, ne parle pas seulement aux yeux, il envahit tout l'être vivant, et, sur tous les points à la fois, c'est une victoire de la force et de la beauté.

EN PROVENCE

Le dos au soleil, ainsi qu'un lézard,
J'aime à me coucher sur la terre rouge.
De chaque brin d'herbe une chanson part.
Fuyant effarés pour peu que je bouge,
Mille insectes bruns sautent au hasard.

Jusqu'ici, dans le paysage, nous n'avons que la sensation de repos et les sensations de l'ouïe ou de la vue. Maintenant, la chaleur et d'autres sensations vitales vont entrer en scène:

Le sol *chaud* paraît *remuer* et *vivre*;
L'air *transparent tremble* et miroite aux yeux;
La *tête me tourne*, et j'ai peine à suivre
Ma pensée au *vol*: comme le vin vieux,
En nous *réchauffant* le soleil *enivre*.
Oh! que de clarté! je sens sur mon front

Planer rayonnant le ciel sans une ombre.
Puis, à l'horizon, là-bas, tout au fond,
C'est l'*immense mer* dont l'*azur plus sombre*
Semble un autre ciel encor plus profond.

Dans cette apothéose de la lumière tous les sens ont leur part, malgré l'éblouissement final qui relève de la vue. Le poète peut donc établir des accords entre les sensations supérieures et les sensations inférieures, tout comme il en forme entre les sensations et les idées. Ce sont là des exemples de ce que l'auteur appelait lui-même « l'élargissement de la sensation » : l'impression locale n'est qu'un germe qui va s'épanouissant jusqu'à retentir à la fin dans l'être tout entier pour en développer toutes les puissances. La description, ici, n'est pas pure *vision*, mais *vie*.

Guyau, dans ses *Problèmes de l'esthétique*, nous fait faire une « expérience curieuse », dont M. Havet a loué la précision; il cite un passage de Flaubert où la puissance de *couleur* est extraordinaire, au sens qu'on donne à ce mot en littérature, et où cependant il n'y a pas une seule image empruntée directement au sens de la vue (1). On a répliqué que presque toutes les sensations de l'héroïne sont en effet des hallucinations du toucher, « mais que, *toutes*, pour l'écrivain et pour le lecteur, repassent, si je puis dire, par les yeux (2). » Mais, en admettant que les sensations des sens inférieurs repassent par les yeux, — et cela ne se produit pas toujours, — ce qui est plus vrai encore, c'est que les perceptions visuelles, à leur tour, n'acquièrent leur puissance d'émotion esthétique qu'en repassant par les sens inférieurs, où la vie est plus profonde et plus intense. — « L'œil n'est pas assez directement affecté par ce qu'il voit, dit Guyau; c'est un sens trop indifférent. » Peu de mots sont plus usités par les poètes que ces épithètes : âpre, amer, délicieux, embaumé, frais,

---

(1) « Elle sortit. Les murs tremblaient, le plafond l'écrasait; et elle repassa par la longue allée en trébuchant contre les tas de feuilles mortes que le vent dispersait... Elle n'avait plus conscience d'elle-même que par le battement de ses artères, qu'elle croyait entendre s'échapper comme une assourdissante musique qui emplissait la campagne. Le sol sous ses pieds était plus mou qu'une onde... Elle ne souffrait que de son amour, et sentait son âme l'abandonner par ce souvenir, comme les blessés, en agonisant, sentent l'existence qui s'en va par leur plaie qui saigne. »
(2) M. Jules Lemaître.

tiède, brûlant, étouffant, léger, mou ; est-ce que toutes ces sensations ont besoin de repasser par la vue? Dans les sens les plus vitaux et les moins contemplatifs, l'évolution nous montre les premières et les plus intimes manifestations de la sensibilité ou de la volonté : l'art, pour *animer* ses créations, est obligé de revenir sans cesse à ces primitives sources de la vie.

Les *fonctions vitales* sont donc déjà esthétiques, parce qu'elles sont de la vitalité intense et harmonieuse, résultant de la synergie et de la sympathie des organes. Le sentiment seul de l'existence, quand il est en sa plénitude, a déjà quelque chose d'esthétique : « En l'état de santé, dit Guyau, quand on écoute au fond de soi, on entend toujours une sorte de chant sourd et doux. » La *respiration* de l'air libre qui fortifie et fait courir le sang, la *locomotion* et le mouvement dans l'espace, l'ivresse de la liberté, de la fuite, de la course en plein vent, de l'ascension vers les sommets, tout cela n'a-t-il pas aussi sa poésie?

J'escaladai le roc, et je croyais, joyeux,
Voir ma force grandir en approchant des cieux (1).

La fonction de *reproduction* a une importance encore plus grande au point de vue esthétique, et Guyau y a justement insisté. L'amour, émotion vitale et sociale par excellence, est un élément qui, plus ou moins voilé, joua toujours un grand rôle dans la poésie. Il entre aussi comme ingrédient essentiel dans le plaisir que nous causent les belles formes ou les belles couleurs de la statuaire ou de la peinture, les tons doux, caressants ou passionnés de la musique. « Ce n'est pas le cri du désir, dit Schiller, qui se fait entendre dans le chant mélodieux de l'oiseau. » Est-ce bien sûr? Le cri du désir brutal et du besoin, non sans doute, mais celui de l'amour, celui même du désir plus ou moins conscient qui envahit l'être?... En tout cas, si le chant de l'oiseau n'exprime aucun désir, en dira-t-on autant de la musique de Chopin, par exemple, ou de celle de Mozart (comme dans la chanson de Chérubin) ou de celle même de Beethoven? « Le type de l'émotion esthétique est l'émotion de l'amour, toujours mêlée d'un désir plus ou

(1) *Vers d'un philosophe*, p. 74.

moins vague et raffiné. » Kant a beau mettre les rinceaux d'ornementation et les fleurs à la grecque au-dessus de la beauté féminine, sous prétexte que celle-ci est moins libre de toute idée de finalité et de tout attrait, la beauté supérieure est vraiment pour nous la beauté féminine. « Il y a longtemps qu'on l'a dit : aimer, c'est avoir le vague sentiment de ce dont on a besoin pour se compléter soi-même, physiquement ou moralement », par conséquent pour vivre d'une vie plus intense et plus féconde, plus exempte aussi des besoins grossiers. « L'amour est plus ou moins présent au fond des principales émotions esthétiques. L'admiration même n'est-elle pas un amour qui commence et n'a-t-elle pas dans l'amour son achèvement, sa plénitude ? Dira-t-on qu'aimer une femme, c'est cesser de la trouver belle ? » Une statue même qui nous rendrait amoureux comme Pygmalion cesserait-elle d'être belle ? « Certes, l'art est pour une notable partie une transformation de l'amour, c'est-à-dire d'un des désirs les plus fondamentaux de l'être. Considérer le sentiment esthétique indépendamment de l'instinct sexuel et de son évolution, nous semble donc aussi superficiel que de considérer le sentiment moral à part des instincts sympathiques, où l'école anglaise elle-même voit la première origine de la moralité (1). » L'amour a d'autant plus droit à la première place en esthétique, qu'il est le type des sentiments à la fois personnels et impersonnels où l'individu, même en paraissant agir en vue de soi, agit en vue de l'espèce. En outre, c'est de tous les sentiments celui qui produit la vitalité la plus puissante et la plus féconde, capable de tous les courages et de tous les dévouements. Aimer, c'est vivre par excellence, en soi et hors de soi tout ensemble ; sous tous ses aspects, l'amour est donc esthétique, il est le grand inspirateur des poètes et des artistes :

> Tous ici-bas, poète ou laboureur,
> C'est quelque amour profond d'où nous vient notre force (2).

Ceux qui, comme les disciples de Kant et de Spencer, tiennent à séparer absolument le sens du beau de tout désir

(1) *Problèmes de l'esthétique contemporaine*, p. 23.
(2) *Vers d'un philosophe. Encore au reflet du foyer.*

vital tendant à quelque chose de sérieux et d'effectif, prétendent que le désir est égoïste et que le sens du beau est désintéressé. « Le désir n'est égoïste que quand il y est forcé » et que son objet, en fait, ne souffre pas de partage, ou, en droit, n'en doit pas souffrir; et ce dernier cas est celui de l'amour entre l'homme et la femme. Mais, partout où le partage est possible, le désir ne demande pas mieux que de voir sa jouissance doublée par celle d'autrui. « L'humanité aime toujours à mettre en commun plaisirs et peines, à condition, encore une fois, que le plaisir même ne soit pas altéré par le partage. Et, Dieu merci, la rose sentie par plusieurs ne perd pas son parfum, l'ombre d'un jardin peut abriter bien des amis, un ruisseau peut calmer bien des soifs, un air pur enivrer bien des poitrines, un concert dans une salle sonore et vaste charmer bien des oreilles, un joli visage ou un beau tableau attirer bien des regards sans se déflorer(1). » A mesure qu'on s'élève des fonctions vitales inférieures aux fonctions vitales supérieures, la jouissance devient moins exclusive, par cela même plus désintéressée, en ce sens qu'elle est d'un intérêt plus large, plus social; mais c'est toujours la vie, le désir, l'amour, la tendance à posséder quelque bien, quelque richesse physique ou morale.

Le sentiment du beau n'est pas non plus, par essence, étranger à l'*action*, comme le soutiennent ceux qui veulent le renfermer en lui-même, le réduire, selon le mot de Kant, « à la représentation », ou, selon le mot de M. Spencer, « à l'exercice des facultés réceptives », au jeu « considéré sous son aspect passif ». Loin de contrarier le plaisir esthétique, l'action s'y retrouve concentrée, délivrée de ses obstacles. Dans les grandes jouissances de l'art, voir et faire tendent à se confondre; le poète, le musicien, le peintre éprouvent un plaisir supérieur à créer, à imaginer, à produire ce qu'ils contemplent ensuite. L'auditeur lui-même ou le spectateur jouit d'autant plus qu'il est moins passif, qu'il a une personnalité plus tranchée, que l'œuvre admirée est pour lui un sujet plus riche de pensées propres et comme un germe d'actions possibles. Lire un roman, c'est le vivre en une certaine mesure. Dans une salle de théâtre, les acteurs ne sont pas les seuls à jouer la

(1) *Problèmes de l'esthétique*, page 27.

pièce ; les spectateurs la jouent, pour ainsi dire, intérieurement. En général, la vivacité du plaisir esthétique est proportionnée à l'activité de celui qui l'éprouve. « L'émotion esthétique la plus vive, la moins mêlée de tristesse, se rencontre chez ceux où elle se réalise immédiatement en actes et, par là, se satisfait elle-même : les Spartiates sentaient mieux toutes les beautés des vers de Tyrtée lorsque ces vers les entraînaient dans le combat; les volontaires de la Révolution n'ont probablement jamais été plus émus par *la Marseillaise* que le jour où elle les souleva d'une haleine sur les collines de Jemmapes. De même deux amoureux penchés sur quelque poème d'amour, comme les héros de Dante, et vivant ce qu'ils lisent, jouiront davantage, même au point de vue esthétique. »

L'importance de l'action, dans le sentiment du beau, a une conséquence qu'il importe de remarquer : c'est que la *fiction* n'est point, comme on l'a prétendu, une des conditions nécessaires du beau. Schiller et ses successeurs, en réduisant l'art à la fiction, « prennent pour une qualité essentielle un des défauts de l'art humain, qui est de ne pouvoir donner la vie et l'activité véritable. » Supposez les grandes scènes d'Euripide ou de Corneille *vécues* devant vous au lieu d'être représentées; supposez que vous assistiez à la clémence d'Auguste, au retour héroïque de Nicomède, au cri sublime de Polyxène, ces actions ou ces paroles perdront-elles donc de leur beauté pour être accomplies ou prononcées par des êtres réels, vivants et palpitants sous vos yeux ? Le serment par ceux qui ont combattu les premiers à Marathon n'est-il pas le plus beau des traits d'éloquence, précisément parce qu'il en est le plus vrai, parce qu'il n'y a pas ombre de fiction dans cette inspiration d'une éloquence qui tend tout entière à agir ? « La fiction, loin d'être une condition du beau dans l'art, en est une limitation. La vie, la réalité, voilà la vraie fin de l'art; c'est par une sorte d'avortement qu'il n'arrive pas jusque-là. Les Michel-Ange et les Titien sont des Jéhovah manqués... Le fond même de tout art, c'est l'effort pour créer, c'est la poésie (ποίησις). » Si la fable de Pygmalion dont nous parlions tout à l'heure était réalisée, si le sculpteur tirait en effet de son marbre une femme idéale et vivante, qui dira que ce ne serait plus l'art, et ne faudrait-il pas dire au contraire que ce serait l'art suprême ? L'artiste ne peut être Dieu ; mais, ne pouvant donner l'être, il se fait Dieu à sa manière : il crée quelque chose de plus vivant en un sens que la réalité même, et qui par là n'est pas moins réel. L'Horace de Corneille n'est pas inférieur à l'Horace véritable ; l'avare de Molière ou de Balzac a sa réalité condensée, dont les avares en chair et en os ne présentent que d'incomplètes images. L'art créateur vise donc au vrai et au sérieux, non au fictif.

Si l'art est déjà sérieux quand il s'agit de traduire la beauté sensible, il le sera bien plus encore quand il fera vivre devant nous la beauté morale. « Que restera-t-il un jour de l'*Iliade* même ? La prière d'un vieillard, le sourire d'adieu d'une femme à son mari, c'est-à-dire la peinture de deux sentiments éternellement vrais. L'admiration, qui répond en nous aux œuvres du grand art, nous donne elle-même un plaisir esthétique d'autant plus complet qu'il est plus étranger à la fiction, et, conséquemment plus sincère. « L'admiration, en effet, ne saurait être un jeu, elle n'a rien de fictif. » Elle correspond toujours à un jugement moral, « chose sérieuse par excellence ». Bien plus, « elle marque en nous une sorte d'amélioration morale: nous sommes vraiment meilleurs quand nous admirons ; nous nous sentons soulevés au-dessus de nous-mêmes, et capables peut-être d'actions devant lesquelles nous reculerions en temps ordinaire : l'âme se porte à la hauteur de ce qu'elle admire. A ce point, l'art touche à la réalité, est la réalité même...; je voudrais devenir ce que je contemple, et je le deviens dans une certaine mesure. Ici se réalise la croyance platonicienne que voir le beau, c'est tout ensemble devenir meilleur et s'embellir intérieurement (1). »

Par cela même que l'art cherche le sérieux des choses, — c'est-à-dire l'essentiel et l'éternel, avec lequel sympathisent toutes nos puissances, — par cela même qu'il s'efforce de vivre la vie de tous les êtres, par cela même enfin qu'il veut à son tour donner la vie, créer, mais qu'il ne parvient ni à s'identifier complètement à toutes choses, ni à réaliser complètement la vie idéale qu'il a conçue, ni à établir entre lui et les autres la solidarité intime qu'il a rêvée, il se mêle toujours à ce prétendu *jeu* de l'art, chez les grands artistes, une sorte de

(1) *Problèmes de l'esthétique*, page 54.

tristesse; car une aspiration toujours à demi trompée implique une souffrance : les Michel-Ange et les Beethoven « désirent démesurément » et ne peuvent que dans une faible mesure satisfaire leurs désirs; ils font effort pour créer, et ils n'aboutissent jamais qu'à des créations incomplètes, souvent aussi incomplètement comprises par autrui. L'auteur des *Vers d'un philosophe* a peint avec profondeur ce qu'il nomme le mal du poète, ce mal qui vient précisément de ce qu'au lieu d'être un contemplateur, il se fait créateur, il aime et voudrait nous faire partager son amour.

> Il ne me suffit pas d'être l'œil où se peint
> Un seul jour l'univers muet, — et qui s'éteint.
> Je voudrais te fixer, ô grande image obscure,
> T'imprimer en autrui! L'éternelle Nature
> Me hante, me poursuit et déborde mes vers.
> Je me sens trop petit pour l'immense univers :
> Il m'effraie, il m'attire; en mon âme obsédée
> S'agite tout un monde inquiet et charmant;
> Sans cesse éclôt en moi quelque nouvelle idée,
> Plus tentante, qui fait ma joie et mon tourment.
> Je sens trop pour le dire, et pourtant le silence
> M'oppresse comme un poids, et je me laisse aller
> A suivre ces doux vers que j'entends m'appeler
> Et dont vibre à mon cœur l'indécise cadence.
> Tout ce qui naît en moi demande à s'envoler.
> Comment garder l'idée? Il en est de si belles
> Que malgré nous nos cœurs s'entr'ouvrent devant elles
> Pour leur livrer passage et les montrer au jour :
> Celles que l'on conçoit, on les veut immortelles!
> La pensée est en nous large comme l'amour
> Et désire en autrui se verser sans relâche.
> Ainsi que la vertu, l'art se sent généreux :
> Lorsque je vois le beau, je voudrais être deux.
> Dans cet enivrement je ne sais quoi se cache
> D'infini, de trop grand pour un cœur isolé;
> Le partager s'impose à nous comme une tâche :
> De ce désir profond bat notre sein troublé.
> Mais alors, mesurant tout à coup sa faiblesse,
> L'homme devant le beau se prend à soupirer;

Sur son cœur trop étroit descend une tristesse :
Les hauts plaisirs sont ceux qui font presque pleurer (1).

Que nous sommes loin de la contemplation oisive des formes ; que nous sommes loin de la sérénité olympienne et païenne où Schiller plaçait ses types de l'art, sortes de formes se suffisant à elles-mêmes, détachées du réel et de la vie ! Au lieu de l'Olympe, c'est un paradis rêvé et perdu ; c'est l'infinie aspiration à vivre et à faire vivre qui rencontre un obstacle dans les conditions présentes de la vie, et qui se fond presque en larmes.

La nature de l'art nous éclaire sur son avenir. Si l'art n'était qu'un jeu, on pourrait craindre qu'il ne disparût devant la science et l'industrie ; s'il est, au contraire, la prise au sérieux de la vie en toutes ses manifestations, si son but le plus élevé est encore, en somme, de faire battre le cœur humain, parce que le cœur est le centre même de la vie, l'art devra se trouver toujours mêlé à l'existence morale et matérielle de l'humanité. « Que restera-t-il un jour de nos diverses croyances religieuses ? Peu de chose peut-être. Mais, si on nous demande ce qui restera des arts, de la musique, de la peinture, et plus particulièrement de cet art qui réunit en lui tous les autres, la poésie, nous croyons qu'on peut répondre hardiment : — tout, — du moins tout ce qu'il y a de meilleur, de profond et, encore une fois, de sérieux (2). » La vie, en effet, ne peut que s'amplifier dans l'avenir, sinon physiquement, du moins intellectuellement et moralement. Et nous ne parlons pas seulement de la vie individuelle, mais aussi de la vie sociale, dont la première sera de plus en plus inséparable et solidaire. L'art, cette forme de la solidarité sympathique entre les hommes, aura donc un rôle croissant, et la science même, en devenant plus abstraite, ne fera que rendre plus nécessaire pour la compléter la vie esthétique, qui met en mouvement non plus seulement l'intelligence, mais l'homme tout entier.

Voici ce qui tend à se produire et se produira toujours davantage dans l'évolution humaine. « La jouissance, même

---

(1) *Vers d'un philosophe. Le mal du poète*, pp. 137, 138, 139.
(2) *Problèmes de l'esthétique contemporaine*, page VIII.

physique, devenant de plus en plus délicate et se fondant avec des idées morales, deviendra de plus en plus esthétique ; on entrevoit donc, comme terme idéal du progrès, un jour où tout plaisir serait beau, où toute action agréable serait artistique. Nous ressemblerions alors à ces instruments d'une si ample sonorité, qu'on ne les peut toucher sans en tirer un son d'une valeur musicale ; le plus léger choc nous ferait résonner jusque dans les profondeurs de notre vie morale. A l'origine de l'évolution esthétique, chez les êtres inférieurs, la sensation agréable reste grossière et toute sensuelle ; elle ne rencontre pas un milieu intellectuel et moral où elle puisse se propager et se multiplier ; dans l'animal, l'agréable et le beau ne se distinguent pas. Si l'homme introduit ensuite entre ces deux choses une distinction d'ailleurs plus ou moins artificielle, c'est qu'il existe encore en lui des émotions plutôt animales qu'humaines, trop simples, incapables d'acquérir cette infinie variété que nous sommes habitués d'attribuer au beau. D'autre part, les plaisirs intellectuels eux-mêmes ne nous semblent pas toujours mériter le nom d'esthétiques, parce qu'ils n'atteignent pas toujours jusqu'au fond de l'âme, dans la sphère des instincts sympathiques et sociaux ; ils ne produisent qu'une jouissance trop étroite. Mais nous pouvons, en nous inspirant de la doctrine même de l'évolution, prévoir une troisième et dernière période du progrès où tout plaisir contiendrait, outre les éléments sensibles, des éléments intellectuels et moraux ; il serait donc non seulement la satisfaction d'un organe déterminé, mais celle de l'individu moral tout entier ; bien plus, il serait le plaisir même de l'espèce représenté en cet individu. Alors se réalisera de nouveau l'identité primitive du beau avec l'agréable, qui rentrera et disparaîtra pour ainsi dire dans le beau. L'art ne fera plus qu'un avec l'existence ; nous en viendrons, par l'agrandissement de la conscience, à saisir continuellement l'harmonie de la vie, et chacune de nos joies aura le caractère sacré de la beauté (1). » C'est là un rêve sans doute, ou du moins un idéal irréalisable en sa plénitude, mais, dès à présent, l'art digne de ce nom doit nous en donner l'avant-goût et le pressentiment : il doit, lui aussi, dans tout ce qu'il représente et anime, élever l'agréable à la di-

---

(1) *Problèmes de l'esthétique*, pp. 84, 85, 86.

gnité du vrai et du bon, donner à toutes nos joies « le caractère sacré de la beauté ».

Dans son second ouvrage sur l'art, le philosophe qui avait déjà si bien montré l'idée sociologique sous l'idée religieuse a voulu faire voir que l'idée sociologique se retrouve aussi au fond même de l'art; que l'émotion esthétique la plus complète et la plus élevée est une émotion d'un caractère social; que l'art, tout en conservant son indépendance, se trouve ainsi relié par son essence même à la morale et à la vraie religion. — C'est là un point de vue dont on ne saurait méconnaître ni l'originalité ni l'importance. A notre époque surtout, où le malaise social va croissant et se manifeste, dans l'art même, par le triomphe soit d'un réalisme outré, soit d'une littérature de « déséquilibrés, de névropathes, de décadents, en un mot d'insociables (1), » il est nécessaire de rappeler l'art au sentiment de sa dignité morale et sociale, de substituer à l'idolâtrie de la forme le culte de l'idée, de mettre enfin en lumière le caractère profond et *vital* du beau. Cette doctrine fait seule une part légitime et à la théorie qui soutient que l'art a sa fin en soi, et à la théorie qui reconnaît la mission morale et sociale de l'art. Si, en effet, l'art se suffit par lui-même, ce n'est nullement qu'il se contente de la forme pour la forme et se réduise à un jeu superficiel de l'imagination; c'est, au contraire, parce qu'il a en lui-même un *fond* moral et social qui le constitue, qui fait sa vie intérieure et se projette spontanément au dehors par le moyen de formes expressives, organisées et vivantes. L'art, en un mot, est la manifestation la plus désintéressée et la plus sincère de la vie individuelle et collective, et les vraies sources de l'art, par conséquent, ce sont les sources les plus intimes de la vie. Le jour où cette haute conception de l'art aura porté ses fruits, au lieu d'une littérature maladive, déséquilibrée, antisociale en son principe et dans ses effets, nous aurons une littérature pleine de vie et de force, capable de contribuer à l'évolution et non à la dissolution de la vie sociale. Bacon disait que l'art, c'est « l'homme ajouté à la nature »; *ars, homo additus naturæ*. On pourra dire alors que l'art supérieur, c'est la vie sociale s'étendant à la nature entière et devenant ainsi comme une nouvelle religion.

(1) Voir les curieux chapitres qui terminent le volume sur *l'Art*.

CHAPITRE QUATRIÈME

L'esthétique appliquée. Les vers d'un philosophe.

Ainsi préoccupé des destinées de l'art, Guyau était lui-même tenté de satisfaire à la fois les besoins de sa pensée et de son imagination en unissant la poésie à la philosophie. De la rive de Nice, on aperçoit l'Italie; il céda bientôt au désir de visiter Florence, Milan, Venise. L'espèce de tourment métaphysique qui avait assombri les années passées en face de l'Océan s'était apaisé pour faire place aux séductions de l'art.

> Quel est donc ce caprice étrange, ô ma pensée,
> De quitter tout à coup les grands chemins ouverts
> Et de venir ainsi, palpitante et froissée,
>   T'enfermer dans un vers?
>
> D'où vient qu'en chaque mot je cherche une harmonie?
> Je ne sais quelle voix a chanté dans mon cœur;
> C'est comme une caresse, et mon oreille épie
>   Et s'emplit de douceur.
>
> . . . .
>
> . . . .
>
> D'un trouble vague et doux mon âme est envahie;
> Je ressemble à l'amant qui sent son cœur s'ouvrir
> Et, voyant tout à coup la chaîne qui le lie,
>   A peur de l'avenir.

Pourquoi craindre, après tout? Pourquoi le bien suprême
Serait-il de n'avoir ici-bas nul lien?
Moi, je me sens plus libre auprès d'un cœur que j'aime
Et qui répond au mien.

Serais-je donc moins libre avec toi, Poésie,
Si je m'abandonnais sur ton sein sans retour? —
Une chose ressemble à ta douce harmonie :
Je crois que c'est l'amour.

Il y a, selon J. Guyau, trois périodes dans le développement de la poésie. A l'origine, la poésie ne faisait qu'un avec la science même et avec la philosophie de la nature. Que sont le Rig-Véda, le Bhagavad-Gîta, la Bible, sinon de grands poèmes métaphysiques « où la vision colorée de la surface des choses s'allie à des vues profondes et mélancoliques sur l'au-delà? » Les Parménide, les Empédocle étaient des poètes ; les Héraclite, les Platon l'étaient aussi à leur manière. A une période ultérieure, une sorte de division du travail s'est produite dans la pensée humaine. On a vu des poètes qui n'étaient pour ainsi dire que des êtres sentants ; on a vu des savants à l'intelligence tout abstraite. Dans un avenir plus ou moins lointain peut redevenir possible l'union de l'originalité poétique avec les inspirations de la science et de la philosophie. « Le poète a été jusqu'ici et sera toujours un créateur d'images, mais il peut aussi devenir de plus en plus un créateur ou évocateur d'idées et, par le moyen d'idées, de sentiments. » Les vues d'ensemble de la science moderne ont une largeur qui peut donner l'essor à l'imagination ; d'autre part, dans la série des grandes énigmes de l'homme et du monde que nous fait parcourir la philosophie, il existe un attrait indéfinissable et éternel, « comme dans les longues allées de sphinx des temples égyptiens, se perdant à travers l'espace désert. » Même pour qui laisse ces énigmes irrésolues, elles gardent encore une sorte de charme anxieux. Puisque la philosophie tend de nos jours à remplacer la religion, qui fut jadis une des grandes sources de la poésie, l'émotion sincère et contenue qui accompagne la recherche philosophique ne pourrait-elle animer un volume de vers, lui donner l'attrait de la vérité sentie et fidèlement rendue? — J. Guyau le pensa et publia ses *Vers d'un philosophe*.

I. — Il y a deux écoles en poésie : l'une considère comme accessoires la vérité du fond et la valeur des idées ; elle regarde l'art comme un jeu de formes, de sons et de couleurs ; les poètes de cette école, alors même qu'ils dépeignent des sentiments, sont encore « les virtuoses de leur propre cœur (1) ». L'autre recherche la vérité de la pensée, la franchise de l'élocution, le naturel et la fidélité de l'expression. C'est à cette dernière école que se rattachent les *Vers d'un philosophe*.

Le contraste de ces vers avec ceux de la plupart des poètes contemporains est frappant. C'était alors le moment où les derniers romantiques, s'attachant à certains enfantillages de Victor Hugo pour les ériger à la hauteur d'une théorie, oubliaient que, si Hugo s'est plu à jouer avec les rimes, il fut aussi, malgré le préjugé contraire, un des poètes qui mirent le plus de pensées dans leurs vers (2). Ses successeurs, à force de chercher la rime riche, « opulente et pittoresque », avaient fini, avec M. de Banville, par donner ouvertement et théoriquement pour idéal au poète la consonance finale de deux mots ou, pour l'appeler par son nom, le « calembour » ; *souffre* rimant avec *soufre*, *Racine* avec *racine*, *Corneille* avec *corneille*, *j'ai faim* avec *génévéfain*, etc. Au *vers-calembour* un poète philosophe ne pouvait manquer de préférer le *vers-pensée*, où, sans rien d'abstrait, les idées font image par leur clarté même et, selon l'expression antique, brillent comme des lumières : *lumina sententiarum*. Ces *lumières* abondent dans les poésies de Guyau ; une foule de vers qu'on peut isoler des autres, parce qu'ils se suffisent, ressemblent à de longs rayons de soleil qui descendent jusqu'au fond de l'eau sombre. On en a déjà, sans doute, remarqué plus d'un au passage :

Et c'est innocemment que la Nature tue.
. . . .
Lorsque je vois le beau, je voudrais être deux.

Combien d'autres encore qui frappent par leur plénitude de

---

(1) Avant-propos des *Vers d'un philosophe*.
(2) C'est ce que Guyau montre fort bien dans son ouvrage sur *l'Art au point de vue sociologique*.

sens ! Dans le *Reflet du foyer*, où la flamme transfigure deux vieux époux et entoure d'un nimbe d'or les cheveux blancs de la femme :

> Après tout, la beauté n'est que dans l'œil qui voit,
> Et lorsqu'elle pâlit, c'est que l'amour décroît.

Dans l'*Origine des religions*, où le survivant invoque l'âme du mort, devenu pour lui un dieu :

> Il faut que la mort vienne au secours de la vie.

Dans le sonnet si sombre sur Biarritz :

> A nos yeux le rayon du premier phare a lui,
> *Brillant comme l'espoir et fuyant comme lui.*

Sur le Crépuscule de Michel-Ange, fermant les yeux aux horreurs de la guerre civile qu'il a éclairées et qui recommenceront demain :

> *Quand l'espoir meurt, il reste, hélas ! le souvenir.*

Ce vers semble fait pour être gravé sur le marbre comme ceux que Michel-Ange composa lui-même pour sa statue de la Nuit.

Guyau avait approfondi les questions de métrique et de facture, comme le montre la partie considérable des *Problèmes de l'esthétique* consacrée à l'étude du vers. Des esthéticiens versés eux-mêmes dans les questions de technique (1), reconnurent du premier coup dans les *Vers d'un philosophe* une rare habileté de facture, sous la réelle spontanéité de la pensée et du sentiment. L'auteur croyait que, dans des poésies d'inspiration philosophique, la forme, pour s'adapter aux moindres nuances de la pensée émue et vibrante, pour l'exprimer tout entière sans jamais la trahir, doit conserver la plus grande flexibilité, l'harmonie la plus variée et la plus libre. Des profanes auraient pu se laisser tromper par une sorte d'abandon et de simplicité familière dans la forme des vers :

---

(1) M. Renouvier, entre autres, qui écrivit des milliers de vers avant de se consacrer exclusivement à la philosophie et qui a publié des études remarquables sur la versification d'Hugo.

cette forme, sans cesser d'être jamais subordonnée à l'idée et au sentiment, était réellement savante (1). Dans la partie du volume qui a pour titre l'*Amour*, nous trouvons plus d'une pièce aussi remarquable par la facture que par la délicatesse du sentiment : *Près et loin; Excursion aux environs de Florence; Visages et âmes; Aile brisée; la Légende de Roquebrune*. Dans *Près et loin*, le poète se représente lui-même errant sous une fenêtre, tout *près* de celle qu'il aime, et bien *loin* pourtant, car, sans doute, elle ne songe point à lui.

> Quelle pensée ici m'amène
>   Encor ce soir?
> Je sais bien que ma châtelaine
> Est, porte close, en son manoir;
> Je sais que je ne puis la voir.
> Quelle pensée ici m'amène
>   Encor ce soir?
>
> Je suis au pied de sa fenêtre,
>   Marchant sans bruit.
> Là, tout près, elle dort peut-être,
> Oubliant mon cœur qui poursuit
> Son rêve, à deux pas, dans la nuit...
> Je suis au pied de sa fenêtre,
>   Marchant sans bruit.

Ce retour harmonieusement mélancolique des mêmes vers et des mêmes rimes peint à la fois les pas errants de l'amoureux, qui reviennent sans cesse au même point, et sa pensée qui, fidèle, retourne toujours à l'oublieuse. Que ne peut-on la réveiller avec une aubade ! Mais notre siècle maussade en médirait. Il n'est plus permis, comme autrefois, de chanter à tous les vents : — je t'aime ! — Peu à peu, la grâce attendrie des vers enlacés s'empreint de tristesse :

(1) Par une réaction quelquefois exagérée contre l'abus de la rime riche, Guyau revint volontairement aux rimes de Musset et du dix-septième siècle, plus appropriées, selon lui, à la vérité du sentiment philosophique. Il croyait que la rime doit rester riche quand il s'agit de peindre, mais que, dans l'expression de la pensée et de l'émotion, elle doit rester libre. Il employa aussi à dessein l'enjambement libre ; mais il en abusa, selon nous, dans certaines pièces, où les stances mêmes que forment naturellement les rimes croisées enjambent l'une sur l'autre et laissent en suspens l'oreille déçue.

Là-bas ont passé sur la route
  Deux amoureux.
Dans le lointain du soir j'écoute
Mourir leur murmure joyeux.
Ils sont ensemble, ils sont heureux !
Là-bas ont passé sur la route
  Deux amoureux.

Nul rythme ne pouvait mieux rendre cet effet de lointain, ce bonheur un instant entrevu sous une forme visible, et qui va s'effaçant peu à peu dans la nuit.

Moi, seul, sous un grand arbre sombre,
  Abandonné,
Je sens qu'une larme dans l'ombre
En mon œil trouble a frissonné,
Pleur d'amour au vent égrené...
Je reste seul sous l'arbre sombre,
  Abandonné.

Que nous sommes loin l'un de l'autre,
  Étant si près !
Mon cœur bat à côté du vôtre :
Jusqu'à vous en vain je voudrais
Enfler ses battements muets.
Que nous sommes loin l'un de l'autre,
  Étant si près !

Vous n'aimez pas assez encore
  Pour en souffrir.
Enfant, dormez jusqu'à l'aurore
En paix, fermez sur l'avenir
Votre œil limpide et sans désir.
Vous n'aimez pas assez encore
  Pour en souffrir.

La musique de ces stances, dont chacune, vers le milieu, s'attarde et s'alanguit pour ainsi dire, puis, sur la fin, revient à son point de départ, rappelle la savante simplicité, la douceur vague et pénétrante de certains *lieder* de Schumann.

Il y a plus d'un sonnet dans le volume, mais cette forme n'y est jamais détournée de son véritable usage pour être appliquée à des idées qui la dépassent. Un petit tableau, un coin de paysage rustique avec une fillette pour tout personnage, — ce qui n'empêche pas à la fin la pensée de s'élargir et même de déborder discrètement le cadre, — voilà le sonnet sur *la Source*, dont la pureté et la fraîcheur donnent la sensation du printemps.

LA SOURCE

Un mince filet d'eau tombait de la fontaine.
Tête nue au soleil, accoudée au rocher,
Une enfant, attendant que sa cruche fût pleine,
Écoutait gravement l'eau lente s'épancher.

A pas traînants les bœufs revenaient de la plaine,
Et le soleil du soir empourprait le clocher.
Je voyais la fillette, épiant, se pencher
Sur le vase de grès où l'eau montait à peine.

Le jet limpide, au vent qui passe s'émiettant,
Frais et léger, tombait dans le vase en chantant.
— Comme ce filet grêle, écoule-toi, ma vie;

Je sens ton flot mouvant qui glisse et monte en moi,
Et parfois, pour savoir si la coupe est remplie,
Tranquille et curieux, je me penche sur toi (1).

Cette source limpide, ce front penché de la fillette et, au-dessus, dans une sorte d'ombre, la tête même du poète qui s'incline pensive et douce, tout cet ensemble est d'une grâce exquise ; les proportions harmonieuses de la forme n'excluent pas, à l'arrière-plan, l'ouverture sur un horizon plus vaste, car, à la fin, c'est la pensée même qui se contemple dans la clarté de la conscience, c'est la vie même qui se voit couler comme la source et qui se demande : la coupe est-elle remplie ?

Si l'auteur des *Vers d'un philosophe* aimait les sonnets, — les rubis taillés à facettes, — il aimait aussi les pièces

---

(1) *Vers d'un philosophe*, pp. 185, 186.

d'inspiration libre et spontanée, les jeux de lumière et d'ombre sous le feuillage, la traînée capricieuse des rayons. Voici tout Menton en un tableau :

> Que parlé-je de pleurs? Aujourd'hui la lumière,
> Ame de la gaîté, resplendit dans le ciel.
> Il n'est plus rien de laid : la grâce printanière
> Flotte sur chaque front, sourire universel.
> Oh! quel enivrement! je sens de toute chose
> Une douceur monter, qui m'attire, et je n'ose
> Choisir, moi qui voudrais tout chanter à la fois.
> Si j'admire une fleur, vite une autre m'appelle,
> Et, se penchant vers moi, dit : « Suis-je donc moins belle?
> Je me sens pris d'amour pour tout ce que je vois.
> L'art, c'est de la tendresse. Un enfant qui sommeille
> Par terre, confiant, la tête sur sa main;
> Une fille qui passe à travers le chemin,
> Robuste, au cou d'athlète, à la lèvre vermeille,
> Et porte allègrement l'écrasante corbeille
> De citrons encor verts; un oranger en fleurs,
> Debout sous son feuillage émaillé de blancheurs,
> Les grands bois d'oliviers où, sous le ciel qui brûle,
> Filtre un jour pâle et frais, doux comme un crépuscule
> Un cactus épineux, au rigide maintien,
> Qui semble me guetter d'en haut, comme un gardien;
> Un bon chien paysan, qui suit de loin son maître,
> M'aperçoit, se rapproche et vient sans me connaître
> Me faire une caresse; un âne sérieux,
> Regardant de côté le fouet qui le surveille;
> Un cheval qui hennit, une fleur à l'oreille,
> Et va caracolant, fier comme un amoureux
> (On met des fleurs partout, ici, dans les crinières
> Comme sur les seins blancs ou dans les noirs cheveux),
> — Tous ces mille incidents des courses journalières,
> Tous ces petits tableaux encadrés de soleil,
> Me tiennent sous le charme; et des heures entières
> Je reste à regarder dans le couchant vermeil
> Un grand eucalyptus élancé vers la nue,
> Et qui, perdu là-haut, ruisselant de rayons,
> Dresse sa longue cime, incessamment émue

Sous le souffle lointain d'une haleine inconnue
Qui fait trembler les cieux sans que nous la sentions (1).

II. — C'est surtout dans les pièces inspirées par les problèmes de la destinée humaine et universelle que Guyau montre le plus de force et d'élévation. La poésie philosophique, c'est ce grand arbre qu'il nous peint dominant l'horizon de son tronc austère et immobile, mais dont la cime est sans cesse émue par un souffle venu d'en haut que ne sentent point les basses régions. Un accent toujours personnel et une pensée toujours impersonnelle, voilà ce qui fait l'originalité de notre poète; en l'écoutant, on se dit : comme il est bien lui-même! et on ajoute aussitôt : comme c'est bien moi pourtant, comme c'est bien nous tous! Sa sincérité d'émotion est telle, qu'on sent bien qu'il pense avec son cœur autant qu'avec son cerveau.

La doctrine qui a inspiré les *Vers d'un philosophe* et qui, sans jamais être l'objet d'une exposition didactique, y prend corps et âme sous nos yeux, tient en deux mots essentiellement humains, qui résument eux-mêmes les deux tendances en lutte à notre époque : doute métaphysique, espérance morale. Selon Guyau, la métaphysique ne peut tirer ni des découvertes de la science, ni de ses propres raisonnements, rien qui puisse nous faire sortir de notre doute au sujet de la moralité du monde. Aussi le doute, expression sincère de notre état d'esprit spéculatif, devient-il pour lui « un devoir », au lieu de la *foi* érigée en devoir par les religions et même par certaines philosophies. « *Dignité de croire* », — répète-t-on avec Pascal. Mais l'homme a trop souvent, tout le long de l'histoire, placé sa dignité dans les erreurs, et la vérité lui a paru tout d'abord une diminution de lui-même. Si la vérité ne vaut pas toujours le rêve, elle a cela pour elle qu'elle est vraie. Dans le domaine de la pensée, il n'y a rien de plus moral que la vérité; et, quand on ne la possède pas de science certaine, il n'y a rien de plus moral que le doute. « Le doute, c'est donc la dignité de la pensée (2). » Aussi, l'une des pièces contenues dans les *Vers d'un philosophe* a-t-elle pour titre : le Devoir du doute.

(1) *L'Art et le Monde*, p. 120.
(2) *Esquisse d'une morale sans obligation ni sanction.*

. . . .
Heureux le cœur mobile où tout glisse et s'efface,
Dont le blasphème tourne en action de grâce,
Qui change à son insu, comme les prés plus verts
Et les bois plus riants après les longs hivers.
La bénédiction, pour les têtes légères,
Lorsqu'elles ont maudit, est un soulagement :
N'est-ce pas les guérir qu'oublier nos misères?
Quel bonheur de céder au doux emportement
De la sève qui monte, et, fermant toute plaie,
Au retour du printemps nous fait un cœur nouveau!
Un long doute, labeur de la pensée, effraie;
Les deuils longtemps portés pèsent comme un fardeau.
Quand tout s'épanouit autour de nous sur terre,
Notre cœur plus léger veut aussi rajeunir;
Il nous prend des besoins infinis de bénir,
Et d'elle-même, au bruit calmant de la prière,
La souffrance s'endort : on croit et l'on espère...
Moi, j'aime mieux le doute et son anxiété (1).

Le grand scandale pour la pensée, qui fait que le devoir du doute s'impose à elle, c'est l'indifférence de la Nature à l'égard de l'idéal conçu par la pensée même. Cette Nature que Lucrèce appelait la *mère* des hommes et des dieux, et qui semble ignorer tout ce qui sort de son sein, — bien ou mal, joie ou peine, — ne pouvait manquer d'inspirer plus d'une fois à notre poète des vers empreints d'une profonde tristesse. Nous avons déjà cité la belle pièce sur *la Pensée et la Nature* (2). Dans *Genitrix hominumque deumque*, il nous fait le récit d'un songe qu'il eut encore enfant. Il avait cru entendre en rêve sa mère lui parler, — du moins c'étaient ses yeux, sa démarche, sa voix; mais cette voix plus brève et plus froide avait perdu l'accent affectueux qui lui allait jusqu'à l'âme. Etait-ce bien sa mère? Cette voix si nouvelle pour son cœur, quoique connue à son oreille, lui semblait une voix

---

(1) Puis viennent les vers déjà cités :
Il suffit d'un seul cri d'appel aux cieux jeté
Et qui se soit perdu dans l'infini silence.
Le doute restera dans mon cœur révolté
Aussi long qu'ici-bas est longue la souffrance.

(2) Voir p. 12.

étrangère, et, en l'écoutant, il se sentait pris d'une sorte d'horreur. Il était prêt à pleurer lorsque l'aurore parut. Il s'éveilla, sa mère était près de son lit; il chercha ses yeux du regard, mais il doutait encore, et il attendait qu'un mot sortît de sa bouche :

> Enfin elle parla : son âme tout entière
> Avec sa voix chantait. Je courus l'embrasser.

> Dis-moi, Nature, ô toi notre éternelle mère,
> Qui tour à tour nourris, sans jamais te lasser,
> Les générations avides de sucer
> Ton sein toujours fécond, toi dont on croit entendre
> Sur les monts, sur les mers, dans les prés ou les bois,
> Douce ou rude à nos cœurs parler la grande voix,
> Dis, n'as-tu rien pour nous d'affectueux, de tendre ?
> Tu sembles une mère et n'en as point l'accent ;
> On hésite, à te voir, et pour toi l'on ressent
> Un respect étonné mélangé de tristesse.

Transportez Lucrèce à notre époque ; au lieu de la sérénité épicurienne, faites passer en lui les troubles de la Bible et du christianisme, ainsi que les déceptions causées par tout ce que la science moderne nous a appris sur la nature, sa voix ne retentira-t-elle pas d'accents pareils à ceux de cette invocation grandiose :

> Nul cœur ne bat-il donc dans ton immensité ?
> N'est-ce point de l'amour que ta fécondité ?
> Lorsque tes chœurs d'oiseaux chantent sous tes feuillages,
> Lorsque la jeune aurore apparaît dans ton ciel,
> Quand renaît plus riant le printemps immortel,
> Quand l'océan dompté vient lécher ses rivages,
> Rien ne vibre-t-il donc en toi de maternel ?
> Et les grands bruits confus, la symphonie austère,
> Le long souffle qui sort de tes flancs frémissants
> Ne nous disent-ils rien, et n'ont-ils point de sens ?
> Nous vois-tu seulement ? sais-tu que sur la terre
> Il est un être étrange auquel vivre et jouir
> Ne suffiront jamais, qui veut aussi comprendre,

Dont l'âme a tressailli d'un immense désir,
Dont le cœur veut aimer, et qui cherche à te tendre
Ses deux bras, tout surpris de ne te point trouver?

Cependant, ô Nature impassible et muette,
En se tournant vers toi, le rêveur, le poète
Crut quelquefois sentir jusqu'à lui s'élever
Un accent de tendresse, une voix d'espérance,
Et l'homme confiant à l'homme a répété :
« Au fond de la nature est une providence;
Espérons. » Depuis lors toute l'humanité
Passe ici-bas tranquille, oubliant sa misère,
Se couche vers le soir et s'endort au tombeau,
Comme un enfant auquel on a dit que sa mère
Reste la nuit penchée auprès de son berceau.
Si, secouant son rêve, un jour l'homme s'éveille,
Vers ses pas hésitants quelle main se tendra,
Et de l'immensité montant à son oreille,
Dans le tombeau profond quelle voix parlera?
Te reconnaîtrons-nous, Nature souriante
Des beaux jours de printemps, des parfums et des fleurs,
Ou bien es-tu vraiment la grande indifférente,
Étrangère à la joie, ignorante des pleurs,
Qui de la même main, nourrice mercenaire,
Nous berce tous, vivants ou morts, sur ses genoux?

Lorsque nous sortirons du long sommeil de pierre,
Nous l'apprendrons enfin. — Mais en sortirons-nous?

Devant cette Nature indifférente, quelle sera la vraie attitude du philosophe? — Ni admiration, ni indifférence, mais résignation. Au reste, la résignation de l'intelligence à l'universelle nécessité n'exclut pas une sorte de pitié du cœur à l'égard d'un monde où la souffrance est la loi de l'être. D'autres poètes pourront lancer au ciel des « blasphèmes », prendre des poses de titans devant le Dieu qu'ils déclarent ne pas exister; au lieu de Pélion sur Ossa, ils entasseront rime riche sur rime riche; mais tout cet effort ne pourra émouvoir ceux qui sentent que les beaux vers, comme les grandes pensées, viennent du cœur. Au lieu de ces anathèmes devenus une banalité parmi les poètes contemporains, nous trouvons dans les *Vers d'un philosophe*, cette simple « *Question* » au sujet de Dieu, que nous avons citée plus haut, et qui, par la grandeur de l'idée inspiratrice, par la puissance de l'émotion contenue, dépasse en éloquence toutes les amplifications de nos poètes athées (1). L'auteur ne maudit pas, il ne nie pas, il interroge ; mais cette interrogation en dit plus que toutes les négations. Dieu et le monde sont mis en cause, et c'est la suppression de Dieu qui semble la seule absolution possible du monde. La vraie poésie fait sortir ainsi le sentiment de l'idée, la forme du fond même, comme la vie fait sortir la fleur du germe fécond : elle a la simplicité et la sincérité souveraines de la nature. Ce n'est pas elle qui voilera la pauvreté de la pensée ou du sentiment sous la richesse des rimes sonores : elle dédaigne les tours d'adresse et les tours de force auxquels se complaisent les artistes de décadence ; elle ignore les déclamations à froid, les impiétés calculées, les scandales voulus d'idées et de mots, rhétorique impuissante de ceux qui grossissent leur voix devant la foule pour faire croire qu'ils ont senti et pensé. « Le moyen de conserver à la poésie son rang en face de la science, c'est d'y chercher la vérité comme dans la science même, mais sous une autre forme et par d'autres voies. Si l'on a eu raison de dire que la poésie est souvent plus vraie que l'histoire, ne peut-elle être parfois plus philosophique que la philosophie même (2) ? »

Nous retrouvons le même souffle des hauteurs dans une des pièces capitales du livre : *l'Analyse spectrale*. Ce titre emprunté au langage de la science pouvait faire craindre l'écueil des vers didactiques. Plus d'un poète contemporain, même parmi les meilleurs, a oublié que, si l'art n'est pas un jeu, il est encore moins un enseignement. Celui qui, dans ses *Problèmes de l'esthétique*, avait si bien montré que la poésie exclut tout ce qui n'est pas *vivant* ou *vécu*, comprenait que le poète n'est pas un traducteur en vers des inventions de la science. « Les vérités scientifiques, dit-il, pour devenir poétiques, ont besoin d'une condition essentielle : il faut

---

(1) Voir p. 16.
(2) *Vers d'un philosophe*, avant-propos.

qu'elles soient devenues assez familières au poète lui-même et à ses lecteurs pour pouvoir prendre la forme du sentiment et de l'intuition. Le poète doit suggérer, non enseigner... Si on peut un jour écrire des poèmes sur les idées universelles de la science, ce sera en prenant pour moyen les *émotions* qu'elles excitent. A ce prix seulement la science sera devenue poétique, et, comme dirait Schiller, *musicale*. » Dans la grande découverte de l'analyse spectrale, qu'y a-t-il qui intéresse à la fois la pensée et le sentiment? C'est la révélation de l'uniformité de la nature à travers les espaces infinis; uniformité désolante qui fait que la vie rencontre partout les mêmes conditions, les mêmes limites, les mêmes « difficultés de vivre », et que les sphères qui semblaient célestes sont encore toutes terrestres.

Quand il a fui la terre en un essor suprême,
Notre œil retrouve encor d'autres terres là-haut.
Partout à nos regards la Nature est la même :
L'infini ne contient pour nous rien de nouveau.

Fleuve de lait roulant des mondes sur nos têtes,
Et vous, bleu Sirius, Cygne blanc, Orion,
Nous pouvons maintenant dire ce que vous êtes !
Nous avons dans la nuit saisi votre rayon.

Ce radieux frisson qui dans l'éther immense
Ondulait, et depuis mille ans tremblait aux cieux,
En arrivant à l'homme est devenu science,
Et par lui l'infini s'est ouvert pour nos yeux.

Hélas! du fer, du zinc, du nickel et du cuivre,
Tout ce que nous foulons du pied sur notre sol,
Voilà ce qu'on découvre en ce ciel où l'œil ivre
Croyait suivre des dieux lumineux dans leur vol !

Astres purs et légers dont la lueur bénie
Comme un regard divin descendait du ciel bleu,
Vous ne vivez donc point! L'éternelle harmonie
N'est qu'un crépitement de grands brasiers en feu.

> Nous aurions beau sonder la profondeur muette,
> Nous envoler au loin dans son obscurité,
> Qu'y découvririons-nous? L'univers se répète...
> Qu'il est pauvre et stérile en son immensité!
>
> OEil d'Isis, c'est donc toi, mystérieuse étoile
> Où l'Egypte plaçait l'âme des bienheureux,
> Sirius! — La déesse a relevé son voile :
> Une forge géante apparaît dans les cieux.

Ce vers s'ouvre lui-même comme pour engloutir la pensée dans la matière. Devant l'abîme insondable vont se succéder en vain tous les *pourquoi,* — mots de la langue humaine auxquels la nature sourde n'accordera aucune réponse :

> Et pourquoi ce labeur? pourquoi brûlent ces sphères,
> Pourquoi d'autres, plus bas, corps engourdis et froids,
> Dorment-elles, ouvrant toujours leurs noirs cratères,
> D'où la lave et le feu jaillissaient autrefois?
>
> Dans quel but prodiguer, Nature, en ton ciel triste
> Ces astres renaissant pour mourir? — Sans repos
> Dans le béant azur, ô naïve alchimiste,
> Tu jettes à grands blocs les mêmes lourds métaux;
>
> Du creuset de tes cieux que veux-tu donc qui sorte?
> Pourquoi recommencer, — tous sur le même plan, —
> Tes mondes, dont chacun l'un après l'autre avorte,
> Se brise, et, noir débris, va dans la nuit roulant?

La théorie du progrès, en nous montrant une éternité en perspective pour réaliser l'idéal, semblait ouvrir à l'espérance un horizon sans limites; mais l'infinité stérile du passé, découverte par la science, se retourne contre l'infinité de l'avenir et la condamne à être aussi inféconde qu'elle-même :

> Depuis l'éternité, quel but peux-tu poursuivre?
> S'il est un but, comment ne pas l'avoir atteint?
> Qu'attend ton idéal, ô nature, pour vivre?
> Ou, comme tes soleils s'est-il lui-même éteint?
>
> L'éternité n'a donc abouti qu'à ce monde!
> La vaut-il?

Je ne sais s'il y a, chez Pascal même ou chez Corneille, beaucoup d'antithèses plus profondément dramatiques que celle qui rapproche, dans l'espace d'un seul vers ces deux termes extrêmes : l'*éternité* et *notre monde,* le premier écrasant le second de son infinité, le second protestant contre l'autre par la voix de la conscience humaine.

L'éternité n'a donc abouti qu'à ce monde !
La vaut-il ? valons-nous, hommes, un tel effort ?
Est-ce en nous que l'espoir de l'univers se fonde ?
Je pense, mais je souffre : en suis-je donc plus fort ?

La pensée est douleur autant qu'elle est lumière ;
Elle brûle : souvent, la nuit, avec effroi,
Je regarde briller dans l'azur chaque sphère
Que je ne sais quel feu dévore comme moi.

Si dans mon œil ouvert tout astre vient se peindre,
Et si jusqu'en mes pleurs se reflète le ciel,
D'une larme, comment, hélas ! pourrais-je éteindre
Là-bas, dans l'infini, l'incendie éternel ?

Vers quel point te tourner, indécise espérance,
Dans ces cieux noirs, semés d'hydrogène et de fer,
Où la matière en feu s'allonge ou se condense
Comme un serpent énorme enroulé dans l'éther ?

Puisque tout se ressemble et se tient dans l'espace,
Tout se copie aussi, j'en ai peur, dans le temps ;
Ce qui passe revient, et ce qui revient passe :
C'est un cercle sans fin que la chaîne des ans.

Est-il rien de nouveau dans l'univers qui s'ouvre ?
Peut-être, — qu'on se tourne en arrière, en avant, —
Tout demeure le même : au loin on ne découvre
Que les plis et replis du grand serpent mouvant.

Ainsi prend une résonance nouvelle et plus douloureuse, après les découvertes de l'astronomie moderne, l'arrêt antique de Lucrèce : *eadem sunt omnia semper.* L'espérance fait un dernier effort pour soulever, comme l'oiseau, son aile blessée ;

mais à peine a-t-elle essayé de reprendre essor qu'elle retombe découragée : le passé lui ferme à jamais l'avenir.

> Oh! si notre pensée était assez féconde,
> Elle qui voit le mieux, pour le réaliser;
> Si ses rêves germaient! oh! si dans ce lourd monde
> Son aile au vol léger pouvait un peu peser!
>
> La sentant vivre en moi, j'espérerais par elle
> Voir un jour l'avenir changer à mon regard...
> — Mais, ma pensée, es-tu toi-même bien nouvelle?
> N'es-tu point déjà née et morte quelque part?

Dans le livre encore inédit sur l'art, nous lisons cette parole : « Le sens le plus profond appartient souvent en poésie au mot le plus simple; mais cette simplicité du langage ému n'empêche nullement la richesse et la complexité infinie de la pensée qui s'y condense; le simple, c'est la fine goutte d'eau qui tombe du nuage et qui a eu besoin pour se former de toutes les profondeurs du ciel et de la mer. » Ces fines gouttes d'eau, nous en trouvons plus d'une, dans les *Vers d'un philosophe*, où se condense et se reflète un ciel d'idées.

La pensée de la mort revient assez souvent dans les *Vers d'un philosophe*, comme dans les autres ouvrages de l'auteur, et elle lui fournit des inspirations bien différentes de ces lieux communs où se sont plu tant de poètes. Le *Problème d'Hamlet!* dans Shakespeare, c'était simplement : *être ou ne pas être*; — et on croyait alors que, si la mort n'est pas l'anéantissement, elle doit être la révélation de l'éternelle existence, du fond lumineux de l'être. De notre temps, pour le philosophe qui a approfondi les théories de Kant, de Schopenhauer et de Spencer sur l'*inconnaissable*, sur le noyau éternellement obscur des choses, sur la réalité invinciblement opaque à l'intelligence, le problème prend une forme encore plus anxieuse peut-être, car il se transporte de la question de l'existence à celle de la connaissance : *connaître, ou ne pas connaître, that is the question!* L'auteur des *Vers d'un philosophe* nous dit qu'un jour il avait pris en jouant la pointe longue et fine d'un compas :

> Curieux, — pour voir, — sur ma poitrine
> J'appuyai doucement le bout frais de l'acier.
> J'avais quinze ans ; j'étais encore un écolier.

Il éprouvait je ne sais quel trouble plein de charme en écoutant, sous cette pointe menaçante, son cœur palpiter,

> Et presser, inquiet, ses tressaillements doux :
> Ici la mort planant, et la vie en dessous,
> Tiède et jeune.

Alors se produisit en lui, comme sur le bord d'un abîme, une sorte de vertige :

> « Mourir, pensais-je, c'est connaître.
> Si je voulais, pourtant?... L'au-delà, le peut-être,
> Tout l'immense inconnu que je pressens parfois,
> Ne pourrais-je, en pressant ce fer du bout des doigts,
> Le conquérir? Pourquoi l'étrange patience
> Qui nous fait reculer l'heure de la science?
> La vie, au fond, ne vaut que par ce qu'elle attend
> Et tire tout son prix du désir irritant :
> Ce qui la justifie est ce qui la tourmente.
> Eh bien, pourquoi ne pas raccourcir cette attente?...

Cet attrait du suicide, cette tentation de la mort sous la pointe prête à s'enfoncer, change la méditation du philosophe en une sorte de drame intérieur, comme s'il s'agissait, en mourant, de goûter encore au fruit défendu de la science.

> Je verrais, je saurais, et le profond secret
> Qui m'échappe vivant, la mort me le dirait.
> Oh! savoir, être sûr! tout est là. » — Ces pensées,
> Qui jaillissaient en moi confuses et pressées,
> Me faisaient tressaillir d'angoisse et de bonheur.
> Un désir infini s'éveillait dans mon cœur,
> Un désir de la mort, qui clôt l'incertitude,
> Tranche en un jour le doute, et qui, de sa main rude,
> Nous ouvre l'horizon ou le ferme à jamais.
> La mort! j'en avais faim et soif, et je l'aimais.

Mais, tout à coup, au fond même du gouffre sondé par l'intelligence se projette la grande ombre de l'inconnaissable :

> Puis, soudain, je me dis : « Qui sait si la mort même
> Est sincère, sans voile, et résout tout problème?
> Quand vivre, c'est chercher, trouverai-je en mourant?
> Le mystère éternel n'est-il pas aussi grand
> Pour ceux qui sont couchés ou debout? Suis-je maître,
> Même en touchant du doigt la mort, de la connaître?
> Si la mort n'allait point être la vérité,
> Le doux apaisement de toute anxiété?
> Si derrière elle encor la fuyante Nature
> Replaçait l'inconnu, rouvrait la conjecture?
> Nul pourra-t-il jamais aller au fond de rien,
> Dire : Voici le vrai, le faux, le mal, le bien?
> Tout n'est-il point aveugle? et, s'il est, Dieu lui-même
> Perce-t-il jusqu'au fond le mystère suprême?... »

Dans cette poésie, où nous voyons une doctrine non pas traduite en vers, mais réalisée en sentiments, la pensée finit par acquérir une telle acuité qu'elle produit en nous une sorte de blessure, comme si la pointe du compas qui mesure les choses pénétrait dans notre cœur. Se demander si Dieu même voit jusqu'au fond du suprême mystère, c'est la dernière audace de la philosophie et de la poésie. Et pourtant, cette question est légitime : qui sait si l'intelligence, même élevée au plus haut degré qu'elle puisse atteindre et embrassant tout ce qui peut se *savoir*, qui sait si l'omniscience même d'un Dieu éclairerait jusqu'en ses dernières profondeurs l'abîme inintelligible de l'être?

L'Eclat de rire nous transporte dans un jardin, — presque un bois, — qui monte aux flancs du coteau où se dressaient autrefois les murs du vieux château de Nice :

> D'un côté le jardin, de l'autre un cimetière;
> Un seul mur les sépare, et la même lumière
> Fait resplendir la feuille inquiète du bois,
> Les blancs marbres des morts et les rigides croix.

Le poète allait sans but, les yeux perdus dans la feuillée, aspirant le printemps; dans l'ombre de l'allée, une femme marchait à pas lents devant lui. Il ne la voyait que de loin; ses pieds tremblaient un peu, il ne savait pourquoi. Tout à coup, un frisson l'agita tout entière; elle paraissait rire, — d'un rire sec, nerveux, — et, pour rire, elle cachait sa tête dans ses doigts.

> Quand j'approchai, je vis, légères et limpides,
> Des larmes qui coulaient entre ses doigts humides :
> Car c'était un sanglot que ce rire sans fin,
> Et cette femme, errante au fond du doux jardin,
> Sortait du cimetière.

A propos de cette simple scène, prise dans la vie de tous les jours, la pensée du philosophe et le cœur du poète, d'un même élan, s'élèvent plus haut et embrassent l'humanité entière.

> Une larme qui tremble,
> Un sanglot qui de loin, pour l'oreille, ressemble
> Au rire, et rien de plus, — voilà donc la douleur !
> C'est tout ce qu'on peut voir lorsque se brise un cœur.
> C'est le signe fuyant qui, pour un jour à peine,
> Révèle l'infini d'une souffrance humaine.
> Les plaisirs les plus doux, les maux les plus amers
> S'expriment par le même ébranlement des nerfs,
> Que l'air indifférent propage dans l'espace :
> Cri de joie ou d'angoisse, il éclate, — il s'efface
> Et, sans être compris, glisse sur l'univers.

> La femme se perdit sous les caroubiers verts ;
> Elle pleurait encor. Cette douleur vivante,
> Comprimée en ce cœur, m'emplissait d'épouvante.
> Éternellement seuls, quoique toujours voisins,
> Je mesurais combien sont sourds les cœurs humains.
> Nul ne la comprenait, — pas même moi peut-être...
> Quand je l'eus vue au loin, dans l'ombre, disparaître,
> Je me sentis si seul, si perdu sous les cieux,
> Qu'à mon tour il me vint des larmes dans les yeux.

Ainsi, ce rêve de solidarité intime et universelle qui tient une si grande place dans les aspirations du philosophe, comme il est loin de sa réalisation! Quelle distance sépare encore les personnalités humaines, laissant à chaque cœur son secret et son isolement! Pourtant, la sympathie du penseur et du poète franchit la distance, relie la douleur de l'un à la douleur de l'autre. Cette femme, cette mère sans doute, qui passait en se croyant à jamais seule dans son désespoir, au milieu de l'indifférence des hommes et des choses, elle ne savait pas qu'une âme généreuse pleurait avec elle et près d'elle, sans même avoir besoin de connaître la cause de ses larmes.

Les Etoiles filantes sont, comme *l'Analyse spectrale*, une transfiguration des faits scientifiques en idées philosophiques, et des idées mêmes en émotions.

> C'était dans une nuit d'été.
> Le ciel splendide était en fête,
> Et l'immense azur velouté
> S'approfondissait sur ma tête.
>
> Innombrables, devant mes yeux
> Éclataient des lueurs fuyantes :
> Le ciel doux et silencieux
> Était plein d'étoiles mourantes.
>
> . . . .
>
> Les cieux semblaient incendiés
> Par ces embrasements sans nombre;
> Seule la terre, sous mes pieds,
> Demeurait impassible et sombre.
>
> Elle allait dans l'azur serein
> Sans voir ces astres en poussière
> Qui se rallumaient sur son sein
> Et qui mouraient de leur lumière.

En vertu des harmonies cachées qui relient le monde visible au monde invisible, ces astres *mourant de leur lumière* reportent la pensée du poète vers notre propre destinée :

Épaves d'un autre horizon,
Astres aux fugitives flammes,
Les légendes avaient raison
Et vous ressemblez à nos âmes :

Étoile d'un jour comme vous,
Notre pensée est voyageuse ;
Les cieux inconnus lui sont doux,
Elle y plane au loin radieuse.

Et celui qui la voit briller
La croit puissante et souveraine ;
Pourtant, dans son cours régulier,
C'est l'immense Tout qui l'entraîne ;

Elle le suit sans le savoir,
Et ne peut rien dans la Nature
Qu'éclairer un peu le ciel noir
Où notre monde s'aventure.

Tout d'un coup elle disparaît...
La nuit plus sombre recommence,
La terre, sans un temps d'arrêt,
S'enfonce dans l'espace immense.

Devant la nuit qui engloutit tout éclate l'aspiration à l'infini, à l'éternel, à cette immutabilité que les anciens attribuaient au ciel des étoiles fixes :

Quand donc ta fragile clarté,
O pensée humaine, étincelle
Qui passes dans l'immensité,
Sur les cieux se fixera-t-elle ?

Je ne sais : dans le ciel toujours
Les pâles étoiles défaillent ;
La terre suit son même cours,
Les hommes impuissants travaillent.

> Même l'espoir ne change pas !
> L'œil là-haut, on attend encore...
> Va, mon âme, et perds-toi là-bas
> Dans ce ciel profond qui dévore.

Pour quiconque a réfléchi sur le monde et sur l'homme, quelle exclamation de stupeur plus douloureuse que celle-ci :

> Même l'espoir ne change pas !

Il y a en effet une chose plus prodigieuse que l'uniformité obstinée de la nature : c'est l'obstination de l'espoir humain, qui rêve de la changer ! Espoir sans cesse déçu et sans cesse renaissant, qui, « l'œil là-haut », sur ce ciel profond et dévorant, toujours le même à travers quelques changements d'apparences, toujours aussi aveugle en sa lumière et sourd en ses harmonies, toujours aussi comble de soleils et de nébuleuses, mais aussi vide pour nous de bonté, de moralité, de divinité, — « attend encore ! »

Ces pensées sont tristes, les plus tristes peut-être qui puissent remuer un être capable de réflexion, parce qu'elles concernent non le moi, mais le tout ; parce qu'elles sont le jugement que porte le monde sur lui-même en notre conscience, le soupir fugitif que lui arrache enfin, à travers nos poitrines, le sentiment de sa misère sous ses vaines richesses.

III. — Le découragement n'est cependant pas le dernier mot de ce volume ; loin de là, l'espoir y subsiste, avec le sentiment de sa vanité possible, mais non encore démontrée. L'espoir est la force qui nous porte en haut et en avant. — Mais c'est une illusion. — Qu'en savez-vous ? « Faut-il ne point faire un pas dans la crainte qu'un jour la terre ne se dérobe sous nos pieds ? » On a dit : le courage du désespoir ; Guyau veut qu'on dise : le courage de l'espoir. L'espérance se confond pour lui avec la vraie et active charité. Si, au fond de la boîte de Pandore, est restée sans s'envoler la patiente espérance, ce n'est pas, dit-il, qu'elle ait perdu ses ailes et qu'elle ne puisse, abandonnant la terre et les hommes, s'enfuir librement en plein ciel ; c'est qu'elle est avant tout pitié, charité, dévouement ; c'est qu'espérer, c'est aimer, et qu'aimer, c'est savoir attendre auprès de ceux qui souffrent. « Sur la boîte de Pandore entr'ouverte, où est restée ainsi l'espérance amie, prête à tous les dévouements pour les hommes, il faut écrire comme sur le coffret du *Marchand de Venise*, qui contenait l'image de la bien-aimée : Qui me choisit doit hasarder tout ce qu'il a (1). »

C'est donc une philosophie de désillusion intellectuelle et d'espérance morale qui a inspiré les *Vers d'un philosophe*. Et cette antinomie n'est pas artificielle : elle exprime l'état d'esprit où nous sommes presque tous à notre époque.

Par la supériorité qu'elle attribue à l'action sur l'intelligence, la philosophie de Guyau est, en définitive, une « philosophie de la volonté ». Le sentiment de la pitié active, l'amour toujours prêt à se donner et à se dévouer, voilà ce qui la distingue d'avec les doctrines purement intellectualistes, comme celle de Spinoza. Si Spinoza eût parlé en vers, il eût sans doute adopté ces sentences profondes et simples, rigoureuses comme ses propres théorèmes sur la haine et l'amour, et toutes pénétrées des sentiments qui dominèrent sa vie résignée, — trop tôt finie aussi, à quarante-sept ans :

« On ne peut plus haïr l'être qu'on a compris;
Je tâche donc toujours d'aller au fond des âmes.
Nous nous ressemblons tant! Je retrouve, surpris,
Un peu du bien que j'aime au cœur des plus infâmes
Et quelque chose d'eux jusqu'en mon dur mépris.
Aussi je n'ose plus mépriser rien : la haine
N'a même pas chez moi laissé place au dédain :
Rien n'est vil sous les cieux, car il n'est rien de vain.
Le mal, s'il peut encor produire en moi la peine,
Éveille en me blessant ma curiosité;
Le présent a pour moi cette sérénité
Que le passé répand sur toute chose humaine.
Le présent, en effet, le passé, tout se vaut
Pour qui cherche ici-bas non les faits, mais les causes,
Et l'esprit clair qui sait regarder d'assez haut
Dans un même lointain voit reculer les choses.

(1) *L'Irréligion de l'avenir*, p. 349.

Jusqu'à présent, chacun de ces vers si pleins semble une maxime détachée des *scholies* de l'*Ethique*, austère sans abstraction, lumineuse de sa simplicité même ; mais notre poète ne pouvait s'en tenir au pur spinozisme. Après avoir fait évanouir la haine dans la clarté de la raison, il se demande ce que va devenir l'amour ; et il place dans la bouche même de Spinoza un doute final, une simple question qui, en grandissant, renverserait peut-être la doctrine de Spinoza tout entière :

« En ce calme j'ai cru découvrir le bonheur.
Parfois, pourtant, s'éveille un doute dans mon cœur.
Celui qui comprend tout et n'accuse personne,
Celui qui ne hait point, pourra-t-il bien aimer?
L'amour, comme la haine, échappe à qui raisonne ;
L'amour craint la clarté : pour que le cœur se donne,
Qui sait si l'œil d'abord ne doit pas se fermer ? »

Nous retrouvons ici, présentée sous les formes de la poésie, une des théories les plus importantes que développe le livre sur la *Morale anglaise contemporaine* : la force dissolvante exercée par la réflexion sur les instincts spontanés du cœur. Qu'arriverait-il si l'humanité entière se mettait à raisonner ses sentiments, à faire l'analyse des amours dont elle vit comme elle a fait l'analyse des aliments mêmes dont elle se nourrit? Dans tout instinct, dans tout sentiment il y a sans doute une part de vérité qui résisterait à cette analyse, mais il y a aussi une part d'illusion qui s'évanouirait, — et l'illusion même est parfois féconde comme la vérité. Un jour, près de Pise, notre poète aperçut de loin une enfant, toute rose de plaisir,

attentive et berçant quelque chose
Dans ses bras arrondis d'un geste maternel.

Tout absorbée dans son jeu muet, elle ne voyait rien, et rien ne la faisait sortir de sa pose de mère. Ce qu'elle pressait ainsi sur sa poitrine, qu'était-ce donc? son petit frère, son chat ou sa poupée ? Non, c'était un pauvre brin de bois, informe : « Il dort », se disait-elle, et la femme future s'éveillait dans l'enfant.

O penseurs, qui de nous
Ne berce aussi tout bas dans son âme enivrée

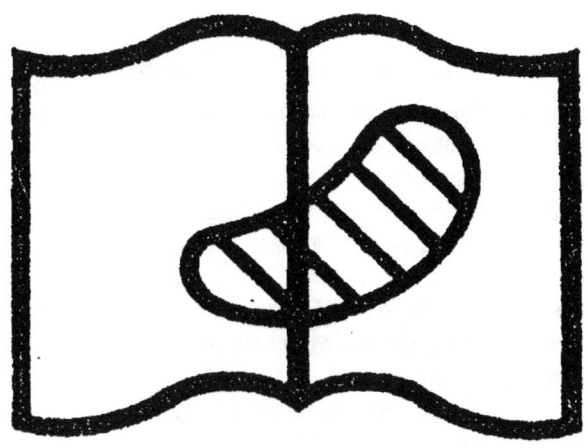

Original illisible
NF Z 43-120-10

Quelque chimère informe et pourtant adorée,
Quelque rêve naïf réchauffé sur son sein?
Illusion féconde, illusion sacrée,
Mère des grands espoirs et des efforts sans fin,
Viens, en le ranimant, tromper le cœur humain.

. . . .

Quand, lasse de lutter, la volonté chancelle,
Tu sais la relever en lui montrant les cieux,
Et l'emporter, légère, au hasard de ton aile.
C'est avec toi qu'est fait l'espoir, le gai désir,
Qui se pose sur nous, et, comme l'hirondelle,
Sans jamais nous rester sait toujours revenir (1).

Cette idée de l'illusion, grandissant sous le regard du poète, finit par tout envelopper; la méditation philosophique, usant du vers comme d'un esclave docile de la pensée, lui donne à chaque instant la précision d'une formule sans lui enlever sa grâce familière :

Cesser de se tromper, ce ne serait plus vivre.
Pour pouvoir quelque chose, il faut toujours vouloir
Plus qu'on ne peut; il faut se leurrer et poursuivre
Ce qu'on n'atteindra pas, pour saisir en passant
Quelque autre objet placé par hasard sur la route.
Pour faire un pas, il faut vouloir en faire cent.
L'échec est la moyenne et la règle. Je doute
Que ce soir j'écrirais sur ce papier ces vers,
Si je savais combien, dans le grand univers,
Ils tiendront peu de place, et comme la pensée
Avec amour par moi dans ces lignes versée
Germera mal au cœur indifférent d'autrui!
Je travaille pourtant, je noircis cette page
Au hasard : qui fait donc ma force et mon courage,
Et quel lointain espoir devant mes yeux a lui?
Si, près de moi, passait en ce moment un sage,
Il rirait, comme hier j'ai ri de cet enfant
Qui sur son cœur berçait son hochet en rêvant.

(1) *Illusion féconde*, p. 11.

Les pensées fortes et simples, qui résument en quelques mots frappants des théories entières, continuent de se suivre en rangs serrés :

> La nature à mon œil crédule se déguise ;
> Tout ce qui tombe en moi s'y réfracte, je vois
> Se déformer soudain tout ce que je perçois ;
> *Mon cœur profond ressemble à ces voûtes d'église*
> *Où le moindre bruit s'enfle en une immense voix.*
> . . . .
> Nous vivons enfermés dans notre étroite sphère,
> Elle nous semble tout, nous y sommes heureux :
> *Où meurt notre horizon semblent mourir les cieux.*
> *Qui remue un fétu, croit soulever un monde.*
> . . . .
> *Nous donnons de notre âme à ce que nous aimons,*
> *Et c'est cette parcelle à notre cœur ravie*
> *Qui, s'attachant à tout, rend tout digne d'envie.*

Si notre poète, avec le prisme de la pensée, décompose ainsi « le rayon d'où jaillit l'espoir », ce n'est pour aboutir ni au fatalisme résigné de Spinoza, ni au pessimisme découragé de Schopenhauer : indulgent aux choses comme aux hommes, dans cette loi de réfraction et de coloration universelle qui embellit de mille nuances le monde moral comme le monde physique, il reconnaît une loi bienfaisante, établie pour rendre possibles au moyen de l'espérance la volonté et l'action :

> Chaque progrès, au fond, est un avortement,
> Mais l'échec même sert.

L'homme s'agite au hasard, mais ce qui le déçoit profite au genre humain :

> *De nos illusions se fait la vérité.*
> Chaque homme, pris à part, est le jouet d'un rêve,
> Et cependant ce rêve un jour surgit réel ;
> L'œuvre que j'ai manquée un jour sans moi s'achève ;
> Las, épuisé, je tombe au moment où se lève
> L'aube que j'appelais en vain du fond du ciel.

Mais qu'importe, après tout, que « nos soleils tour à tour meurent sur l'horizon? » Cette lumière mourante, en nous donnant la clarté, nous donne la force. Si le but recule sans cesse et se déplace devant nous, l'espoir humain, infatigable, le suit partout et toujours :

> Ce qui fait la grandeur de notre pâle terre,
> Globe éteint, au hasard dans les cieux emporté,
> *C'est qu'elle est le seul coin du monde où l'on espère.*

Guyau s'est peint fidèlement dans cette méditation. La clairvoyance d'un regard qui perce tout à jour n'empêche point en lui la tendresse de l'âme ; dans cette pleine lumière de la pensée, le sentiment ne cesse pas de répandre sur toutes choses je ne sais quelle chaleur douce et vivifiante ; non, Spinoza aura beau raisonner, l'œil aura beau « s'ouvrir », le cœur se « donnera » encore. Et peut-être ce qui avait semblé d'abord une illusion, l'amour, apparaîtra-t-il à la fin sur l'horizon du monde comme la vérité même, dont tout le reste n'était que l'aube encore lointaine et indécise.

L'idée du temps et de sa mobilité qui nous emporte, — idée à laquelle notre philosophe avait consacré une étude de psychologie fine et profonde (1), — inspirait une sourde tristesse à cet esprit rempli des choses qui ne passent point, ou qui ne devraient point passer. Un jour que nous visitions ensemble une vieille église de Vérone, nous aperçûmes à nos pieds, en entrant dans la vaste nef, une sentence sacrée inscrite sur une dalle de marbre, — sentence énigmatique et mystérieuse, qui semblait en attendre une autre pour la compléter :

SPECTANTES NON AD EA QUÆ VIDENTUR, SED QUÆ NON VIDENTUR.

Nous fîmes quelques pas, et nous lûmes plus loin, sur une autre dalle :

QUÆ ENIM VIDENTUR, TEMPORALIA SUNT.

Puis après avoir marché encore, au fond de la nef, tout près du sanctuaire, nous aperçûmes la dernière sentence :

QUÆ AUTEM NON VIDENTUR, ÆTERNA.

(1) L'origine de l'*Idée de temps*, étude publiée par la *Revue philosophique*.

Il nous sembla que cette longue nef était la vie même, le cours du temps où nous marchions pas à pas ; et à la fin, devant ce mot d'*éternité*, il resta absorbé dans ses pensées. Sans être sûr de leur existence, il avait comme la nostalgie des choses éternelles.

La pièce de vers sur *le Temps* est empreinte d'une tristesse toute philosophique :

> Nous ne pouvons penser le temps sans en souffrir.
> En se sentant durer, l'homme se sent mourir.

Ce mal est ignoré de la nature entière. Voyez là-bas ces grands bœufs qui passent en troupe, l'œil fixé sur le sol sans jamais retourner la tête. Dans leur front, nul reflet du passé n'éclaire l'avenir :

> Tout se mêle pour eux. Parfois je les envie.
> Ils ne connaissent point l'anxieux souvenir
> Et vivent sourdement, en ignorant la vie.

Un jour, le poète alla revoir la petite maison qu'il avait habitée la première sur les bords de la Méditerranée, au penchant de la montagne, avec la grande mer au loin pour horizon. Il y était monté gaiement : on s'imagine toujours qu'on aura du plaisir à troubler le passé et à le faire sortir, étonné, de la brume. Puis, pensait-il, mon cœur n'a rien laissé ici : j'ai vécu, voilà tout, j'ai souffert, j'ai pensé, tandis que, devant moi, l'éternelle amertume de la mer ondoyait sous les cieux ;

> Je ne portais, caché dans mon sein, d'autre drame
> Que celui de la vie : en saluant ces lieux,
> Pourquoi donc se fondit soudain toute mon âme?...

> C'était moi-même, hélas! moi, que j'avais perdu.
> Oh! comme j'étais loin! et quelle ombre montante
> Déjà m'enveloppait, à demi descendu
> Sous le lourd horizon de la vie accablante!

> Des profondeurs en moi s'ouvraient à mon regard.
> Vivre! est-il donc au fond rien de plus implacable?
> . . . .

Nous allons devant nous, comme des exilés, sans pouvoir fouler deux fois la même place, goûter la même joie ; nous nous échappons à nous-mêmes.

> Oh ! quand nous descendons au fond de notre cœur,
> Combien de doux chemins à travers nos pensées,
> De recoins parfumés où gazouillent en chœur
> Les vivants souvenirs, voix des choses passées !
>
> Que d'impuissance éclate en ce mot tout humain :
> Se souvenir ! Se voir lentement disparaître !
> Sentir vibrer toujours comme l'écho lointain
> D'une vie à laquelle on ne peut plus renaître !

Après bien des années, si de vieux amis reviennent s'asseoir près de notre foyer, quelle est cette sorte d'étonnement que nous éprouvons alors, et qui va jusqu'à la déception ?

> Tous, en nous retrouvant, nous nous cherchons encor
> Entre nous est venu se placer tout un monde !
> Nous appelons en vain le cher passé qui dort,
> Nous attendons, naïfs, qu'il s'éveille et réponde.
> . . . .
> Il reste pâle et mort ; tout est encor le même,
> Je crois, autour de nous ; en nous tout est changé :
> Notre réunion semble un adieu suprême.

A cette tristesse du passé, vide profond et sourd que le temps laisse en nos cœurs, Guyau oppose l'*avenir*, horizon ouvert à l'action et à l'espérance, sorte d'ascension vers une cime vierge que rougit l'aurore :

> Je suivrai mon chemin, marchant où me convie
> Ma vision lointaine, erreur ou vérité :
> Tout ce que l'aube éclaire encore, a la beauté ;
> L'avenir fait pour moi tout le prix de la vie.
>
> Me semble-t-il si doux parce qu'il est si loin ?...

Mais le poète ne s'arrête pas à ce doute mêlé d'inquiétude ;

il veut espérer quand même, pour pouvoir agir. Et la pièce se termine par une de ces pensées qui retentissent longtemps dans les échos intérieurs :

Le bonheur le plus doux est celui qu'on espère !

IV. — Les préoccupations sociales de notre époque, non moins que les préoccupations métaphysiques et religieuses, devaient laisser leur marque dans les poésies d'un philosophe dont l'esprit était ouvert à toutes les idées. *Le Luxe* pose, sous une forme saisissante, un des problèmes les plus inquiétants de l'économie sociale. Stuart Mill a essayé de prouver que le luxe excessif des uns aboutit à priver les autres du nécessaire, parce qu'il détourne le travail humain des objets utiles, en quantité encore insuffisante, pour l'absorber dans le superflu. Guyau donne à cette idée une forme vivante et, par cela même, vraiment poétique.

Il rentra vers le soir; il tenait la parure
Qu'elle avait le matin demandée : à son bras
Il mit le bracelet, et dans sa chevelure
L'aigrette de saphir pâle, aux reflets lilas.

L'œil de la jeune femme, agrandi par la joie,
Riait, saphir plus chaud dans l'ombre étincelant;
Elle-même, entr'ouvrant son corsage de soie,
Attacha le collier de perles de Ceylan.

Elle se regardait dans la glace embellie...

Distrait, il se taisait. Par la fenêtre ouverte, arrivait le murmure de la ville en travail et de l'essaim humain :

Des hommes, haletants, dans la nuit d'une forge
S'agitaient; des maçons, oscillant dans les airs,
Gravissaient une échelle. — Et toujours, à sa gorge,
Les perles miroitaient comme le flot des mers.

Lui, de la main, montra, courbé sous une pierre,
Un homme qui montait en ployant les genoux :
— « Vois ! il travaillera pendant sa vie entière,
Chaque jour, sans gagner le prix de tes bijoux. »

. . . .

Un caprice d'enfant la prit dans la soirée :
Elle ne voulait plus quitter ses bracelets
Ni son collier : dans l'ombre, encor toute parée,
Elle s'endormit, rose, à leurs mourants reflets.

Les peintures qui se succèdent ensuite sous nos yeux ont la vie, l'éclat et la rapidité des hallucinations du rêve ; celles de la mer d'Orient surtout, en quelques traits, évoquent un monde d'images : chaque vers, chaque mot est un tableau. C'est la perfection même de la forme antique avec une intensité d'émotion et une puissance de coloris toutes modernes.

— Lors elle fut bercée en un étrange rêve :
Tous ces joyaux de feu vivaient, et sur son sein
Les perles s'agitaient comme aux flots de la grève,
Et le bracelet d'or se tordait à sa main.

Puis, soudain, vers leur sombre et lointaine patrie,
Elle se vit d'un vol emportée avec eux.
Ce fut d'abord au loin la blanche Sibérie :
Sous le knout travaillaient, saignants, des malheureux.

Leurs doigts meurtris avaient déterré quelque chose,
Et c'était le saphir dans ses cheveux riant...
Puis, tout changea : la mer, sous un ciel clair et rose,
Roulait ses flots tout pleins du soleil d'Orient.

Un homme se pencha sur les eaux purpurines :
La mer tremblait, profonde : il y plongea d'un bond.
Quand on le retira, le sang de ses narines
Jaillissait ; dans l'air pur il râlait, moribond :

Alors elle aperçut, en ses deux mains pendantes,
Les perles du collier qui sur son cou flottaient...
Puis tout se confondit, les flots aux voix grondantes
Et les râles humains qui vers le ciel montaient.

Elle n'entendit plus qu'un seul et grand murmure,
Le cri d'un peuple entier, pauvre et manquant de pain,
Qui, pour rassasier des désirs sans mesure,
Dans un labeur aveugle usait sa vie en vain.

Cette clameur sortait de poitrines sans nombre.
Elle s'éveilla, pâle, et de ses doigts lassés
Dégrafant son collier, le regarda dans l'ombre,
Et crut y voir briller des pleurs cristallisés.

C'est ici que la fiction poétique est plus vraie que la réalité même : dans les perles du collier, par une métamorphose à la fois inattendue et naturelle, nous voyons tout à coup des larmes. Nul théorème des économistes n'eût pu être plus frappant, même pour la pensée, que cette vision émue du poète, qui, au lieu de démontrer, montre, et réussit à nous faire entrevoir dans un seul objet l'infinité de la misère humaine.

La dernière pièce du volume (1) a pour titre *l'Agave-aloès*. Cette plante aux larges feuilles, qu'on voit se dresser immobile sur les collines du golfe de Gênes comme sur celles d'Algérie, reste de longues années sans fleurir et meurt ensuite de sa floraison même ; le poète y voit le symbole de l'humanité mourant pour son idéal. Dans la description de l'agave, les vers pleins et graves, mais rapides, ont l'élan qui porte la plante vers le ciel ; les strophes elles-mêmes, montant pour ainsi dire l'une sur l'autre, sont d'un jet de plus en plus puissant, comme si chacune était un effort nouveau de la plante pour triompher enfin dans sa fleur.

Sur le roc se dresse un agave :
Là, dans les airs, depuis longtemps,
Il croît, plante impassible et grave,
Que n'émeut jamais le printemps.

(1) Publiée d'abord par la *Nouvelle Revue*.

Ni fleurs ni fruits dans sa verdure;
Roide sur le granit brûlé,
Jamais sa feuille énorme et dure
A nul vent tiède n'a tremblé!

Tout d'un coup, après des années,
La plante sent une douceur,
Ses feuilles s'ouvrent étonnées :
Une tige part de son cœur,

Tige puissante qui s'élance,
Telle qu'un arbre, droit dans l'air,
Et qui, joyeuse, se balance
A la folle brise de mer.

Au soleil, comme par prodige,
D'heure en heure on la voit grandir :
Déjà, du bout vert de sa tige,
Des boutons cherchent à sortir.

Ils s'ouvrent : la fleur triomphante,
Portée au ciel comme en un vol,
S'épanouit; alors la plante,
L'œuvre achevé, meurt sur le sol.

Elle ne vivait, immobile,
Rassemblant toute sa vigueur,
Que pour voir, — sublime et fragile, —
Cette fleur monter de son cœur.

Par cet « élargissement de la sensation et du sentiment » qui, selon l'auteur des *Problèmes de l'esthétique*, caractérise le beau, la vue de la plante se transforme en une vision de la vie humaine, et le mouvement lyrique des strophes devient un mouvement d'idées qui se pressent de plus en plus hautes :

Humanité, plante fixée
Depuis si longtemps au sol nu,
Mais où dort la vague pensée,
Le rêve d'un ciel inconnu;

Toi dont la vie âpre épouvante,
En proie à l'éternel labeur,
— Ton passé n'est-il qu'une attente,
Songes-tu tout bas à ta fleur?

Rassembles-tu toute ta sève
Dans un amour silencieux,
Pour qu'un jour ton idéal lève
Sa vivante corolle aux cieux?

Chacun de nous, courbé sur terre,
Fouillant le sol profond et dur,
Travaille pour toi, fleur légère
Qui t'entr'ouvriras dans l'azur!

L'homme, racine patiente,
Peine ici-bas à te nourrir;
Oh! ne trompe pas notre attente,
Vis, pour que nous puissions mourir!

La plante, elle, aperçoit ravie
S'ouvrir sa fleur blanche au matin;
Nous, en te donnant notre vie,
Nous ne savons si c'est en vain.

Quand donc te verrons-nous éclore?
Peut-être mourrons-nous ce soir...
Nous travaillons pour ton aurore,
Mais qui de nous pourra la voir?

C'est sur cette interrogation mélancolique que se termine le volume. Doute et espérance, vue claire de ce qui est, jointe à l'amour et à la volonté virile de ce qui devrait être, c'est le sens dernier de toutes ces poésies, comme c'est la conclusion dernière à laquelle aboutissait la philosophie de Guyau. Ses vers émus trouveront-ils écho au cœur d'autrui? Nous l'espérons, malgré la rapidité avec laquelle, de nos jours, tout s'efface et s'oublie au sein de l'indifférence générale. Lui-même nous dit qu'en relisant ses *Vers d'hier soir* il les reconnaît à peine, bien qu'ils fussent venus de son cœur:

> O doux vers refroidis, ô fragile poème,
> Quel charme fugitif est mort si vite en toi?
> Ou bien est-ce mon cœur qui ne bat plus de même,
> Et toute ta fraîcheur venait-elle de moi?
> Comme on sent, dans un jour, s'écouler ce qu'on aime!

Puis, s'adressant aux lecteurs inconnus, pour qui ses vers seront encore plus lointains, encore plus étrangers et indifférents :

> Sans que rien dans vos seins à leur voix se réveille,
> Ils ont glissé sur vous comme un vain bruit confus.
> En ces vers cependant un cœur d'homme sommeille.
> Vous qu'hier j'écrivis, qu'aujourd'hui j'ai relus,
> Ma vie était en vous, pauvres vers de la veille!

Prose ou vers, il a en effet *vécu* tous ses livres, et c'est ce qui leur donne leur accent extraordinaire de sincérité; au milieu de notre littérature artificielle, il est si rare qu'à la place d'un auteur « on trouve un homme! » La vraie poésie, qu'elle s'exprime dans la langue de tous ou dans la langue des vers, est celle qui sort ainsi des profondeurs mêmes de la pensée, — non d'une pensée abstraite, comme détachée de nous-même et d'autrui, mais d'une pensée vivante, émue, où vibre non seulement tout notre être, mais l'être même des autres, et qui est comme le retentissement dans l'individu des joies ou des tristesses universelles. Cette poésie-là ne s'attarde pas aux artifices qui font de l'art un métier; elle comprend que l'art digne de ce nom est la vie même fixée et condensée sous une forme où tient, dans des limites en apparence étroites, la plénitude de notre pensée, l'infini de notre cœur. Le grand art, en un mot, c'est l'invasion, la prise de possession d'une âme entière par une vie supérieure, qui, comparée à notre vulgaire existence, est une mort, ou plutôt une immortalité :

> L'art seul peut ici-bas, ainsi que la mort même,
> Nous prendre tout entiers, et donner à qui l'aime
> Le sourire immortel de sa sérénité (1)!

---

(1) *La Berceuse.*

Après avoir publié les *Vers d'un philosophe*, il resta des années sans parler de nouveau la langue précieuse et rare des poètes. A sa mort, on trouva au milieu de ses papiers ses « derniers vers », auxquels il n'eut pas le temps de mettre la dernière main. Ce sont des adieux à la poésie sous lesquels on pressent des adieux à la vie, — car il voyait se rapprocher l'heure prévue, l'heure qui devait briser une existence toute de méditation et de travail, où le beau même avait toujours eu le sérieux de la vérité et du bien.

LA MORT DE LA CIGALE

DERNIERS VERS D'UN PHILOSOPHE

Cicada sacrata Musis.

Sous la bise, naguère encore,
Elle chantait au point du jour;
Elle prenait la froide aurore
Pour le printemps à son retour.

Le printemps !... L'insecte poète
Ne voit pas les bluets deux fois :
Dans la grande plaine muette
Comme un vain bruit mourut sa voix.

Ses blondes ailes se ternirent,
Pendantes; puis, le soir venu,
Ses trois yeux perçants s'éteignirent;
Elle tomba sur le sol nu.

Dans mon chemin la voilà morte,
Celle qui chanta tout l'été;
Et, brin par brin, le vent emporte
Son pauvre cœur déchiqueté.

Chanteuse des soleils de Grèce,
Toi qu'un jour de froid peut transir,
Tu ressembles à ma jeunesse,
Qui chantait et qui va mourir.

Une voix fraîche et matinale
Sort ainsi du printemps des cœurs :
En nous tous tu chantes, cigale,
En nous tous, vers le soir, tu meurs.

Après avoir couru dans l'herbe
Et gaîment battu les buissons,
L'heure vient de faire sa gerbe,
De se courber sur les moissons.

Quand on s'oublie assez soi-même,
On tait sa joie et ses douleurs ;
Les yeux tournés vers ceux qu'on aime,
On n'a d'autres maux que les leurs.

L'art est trop vain, et solitaire ;
Rêver est doux, agir meilleur ;
En ce monde j'ai mieux à faire
Que d'écouter battre mon cœur.

Que l'amour aux autres me lie !...
Dans le cœur d'autrui je me perds.
— Rires ou larmes de ma vie,
Valiez-vous seulement un vers ?

Oui, ils valaient mieux qu'un vers, et mieux qu'un poème, parce que ses sourires, toujours bienveillants, s'adressaient à tout ce qui vit, sent et aime, parce que ses larmes, toujours généreuses, ne coulèrent jamais sur lui, même aux heures où il souffrit le plus, mais sur les autres, sur l'humanité et le monde, sur le sort des choses et des êtres. « N'y a-t-il pas dans l'univers assez de misère pour justifier une larme qui semble sans objet, comme assez de joie pour expliquer un sourire qui semble naître de rien(1)? » Tout homme peut pleurer ou sourire

(1) *L'Irréligion de l'avenir*, p. 337.

ainsi, non sur lui, ni même sur les siens, mais sur le grand Tout où il vit, et c'est le propre de l'homme que cette solidarité consciente où il se trouve avec tous les êtres, cette douleur ou cette joie impersonnelle qu'il est capable d'éprouver. Le sentiment métaphysique ne peut pas ne pas avoir quelque chose de triste, comme le sublime que nous nous sentons incapables de jamais embrasser, comme le doute même, comme le mal intellectuel, le mal moral, le mal sensible, toujours mêlés à toutes nos joies, et dont ce doute est un retentissement dans notre conscience. A ce point de vue, « il y a une part de souffrance en toute philosophie profonde comme en toute profonde religion. » Il y en a une aussi, ajouterons-nous, en toute profonde poésie, et l'auteur des *Vers d'un philosophe* a eu raison de dire, en parlant de l'émotion à la fois douce et poignante que nous cause l'art supérieur :

Les hauts plaisirs sont ceux qui font presque pleurer.

CHAPITRE CINQUIÈME

L'expansion de la vie comme principe de la morale.

I

Selon l'auteur de la *Morale anglaise contemporaine*, le point de vue de l'école anglaise en morale est 1° trop exclusivement social, 2° trop extérieur et mécanique. Spencer voit dans les instincts désintéressés un produit de la société, une empreinte passivement reçue du commerce avec nos semblables et fixée peu à peu par l'hérédité. Les instincts de sympathie et de sociabilité sont acquis plus ou moins artificiellement et mécaniquement dans le cours de l'évolution; en conséquence, ils demeurent plus ou moins adventices. Les anciens utilitaires avaient prétendu expliquer l'instinct moral par un calcul d'utilité sociale, — système évidemment trop superficiel; Darwin veut expliquer à son tour l'instinct moral, sinon par un calcul de l'intelligence, du moins par une utilité sociale de fait qui aurait assuré le triomphe des instincts les plus profitables à l'espèce. Pour Darwin, c'est par une espèce de hasard que la pitié, la charité, le dévouement, la justice sont devenus des vertus : dans d'autres circonstances, dans un autre « milieu », qui sait si ce n'eussent pas été des vices? La moralité n'est plus alors qu'un « heureux accident », — très généralisé sans doute à la longue, prenant même à la fin la forme d'une loi, — mais enfin un accident, fixé pour un certain nombre de siècles dans ce tourbillon qui entraîne toutes choses. Guyau répond que la sélection, qui est selon Darwin la loi dominante des groupes sociaux, n'est autre chose que le développement et le triomphe de quelque capacité interne née de l'éducation même de l'individu, « et prolongée dans l'espèce plutôt que créée par la sélection naturelle ou sexuelle. » La collection et le milieu n'auraient évidemment pas réussi à faire éclore des sentiments ou des idées qui n'auraient pas été déjà *en germe* chez l'individu. « Il doit donc y avoir au sein même de la vie *individuelle* une évolution correspondant à l'évolution de la vie sociale et qui la rend possible, qui en est la cause au lieu d'en être le résultat. » Par conséquent, les Anglais ont eu tort de confondre trop absolument la moralité avec l'instinct social : « elle vient s'y confondre sans doute dans la réalité pratique, mais la réalité n'épuise pas tout le possible. » D'ailleurs, même en fait, la moralité ne consiste pas toujours à poursuivre un but directement social : le progrès même semble multiplier et multipliera de plus en plus dans l'avenir des fins qui ne satisfont que très indirectement nos instincts affectifs : on se dévoue à la science pour la science même, à une œuvre d'art, à une entreprise périlleuse. Partout où il y a ainsi dévouement, poursuite exclusive d'une fin quelconque, — fût-elle même illusoire, — on ne peut nier qu'il n'y ait déploiement d'un effort moral, quoique cet effort s'exerce indépendamment des instincts sociaux de la race. « La fécondité morale déborde en quelque sorte la société humaine. » Enfin, il ne faut pas croire que le sentiment instinctif, héréditaire, fixé par la sélection naturelle, crée et explique de toutes pièces l'action de l'individu ; c'est souvent, au contraire, l'action accumulée qui a créé un sentiment correspondant. Le sentiment social est né de la nature même de notre cerveau et de nos organes, qui ont été eux-mêmes façonnés en grande partie par nos actions antécédentes. « Nous n'avons pas des mains parce que nous sommes charitables, mais nous sommes charitables et nous tendons les mains à autrui parce que nous en avons. Dans les espèces animales, les actes de charité, d'aide mutuelle, tous les symptômes d'une sociabilité complexe apparaissent en même temps que les organes de préhension. Les espèces pourvues de ces organes sont éminemment sociables (comme les grimpeurs chez les oiseaux, les insectes à mâchoires préhensibles, les éléphants munis de leur trompe, enfin les singes). Tout être qui a les moyens de secourir ses semblables ne tarde pas à s'en servir, par cette sorte de nécessité intérieure qui fait que tout pouvoir tend à s'exercer. La main élargie de l'homme devait nécessairement élargir son cœur(1). »

L'école anglaise, par cela même qu'elle est trop utilitaire et, à l'exemple d'Epicure, trop hédoniste, donne prise à une double objection : elle se place au point de vue de la finalité, non de la causalité, du conscient, non de l'inconscient, et elle demeure par là fidèle à la méthode des anciens moralistes. Or, dit Guyau, il ne faut pas croire que la plupart des mouvements partent de la conscience et soient des fins poursuivies; une analyse scientifique des ressorts de la conduite ne doit pas tenir compte seulement des mobiles conscients : la conscience n'est qu'un point lumineux dans la grande sphère obscure de la vie; c'est une petite lentille groupant en faisceaux quelques rayons de soleil et s'imaginant trop que son foyer est le foyer même d'où partent les rayons. « Le ressort naturel de l'action, avant d'apparaître dans la conscience, devait déjà agir au-dessous d'elle, dans la région obscure des instincts; la *fin* constante de l'action doit avoir été primitivement une *cause* constante de mouvements plus ou moins inconscients. Au fond, les *fins* ne sont que des *causes motrices* habituelles parvenues à la conscience de soi... La sphère de l'instinct coïncide, au moins en son centre, avec la sphère de la causalité (même si, avec les métaphysiciens, on considère la finalité comme primitive). Ce problème : Quelle est la fin, la cible constante de l'action? devient donc, à un autre point de vue, celui-ci : Quelle est la cause constante de l'action? Dans le cercle de la vie, le point visé se confond avec le point même d'où part le coup. Le but qui, de fait, *détermine* toute action consciente est aussi la *cause* qui *produit* toute action inconsciente : c'est donc la vie même, la vie à la fois la plus intense et la plus variée dans ses formes (2). »

Il y a en nous de la *force accumulée* qui demande à se dépenser; quand la dépense en est entravée par quelque obstacle, cette force devient *désir* ou *aversion*; quand le désir est satisfait, il y a *plaisir*; quand il est contrarié, il y a *peine*; mais il n'en résulte pas, comme l'ont cru Epicure et les utilitaires, que l'activité emmagasinée se déploie uniquement *en vue* d'un plaisir, avec un plaisir pour *fin* et *motif* plus ou moins conscient « la vie se déploie et s'exerce parce qu'elle est la

(1) *Education et hérédité*, livre I.
(2) *Esquisse d'une morale sans obligation ni sanction*, page 11.

vie ». Le plaisir *accompagne* chez tous les êtres la recherche de la vie, beaucoup plus qu'il ne la *provoque;* il faut vivre avant tout, jouir ensuite. « Le plaisir n'est pas premier; ce qui est premier et dernier, c'est la fonction, c'est la vie... La jouissance, au lieu d'être une fin réfléchie de l'action, n'en est souvent, comme la conscience même, qu'un attribut. L'action sort naturellement du fonctionnement de la vie, en grande partie inconscient; elle entre aussitôt dans le domaine de la conscience et de la jouissance, mais elle n'en vient pas. » Le mobile emporté dans l'espace ignore la direction où il va, et cependant il a une vitesse acquise prête à se transformer en chaleur et même en lumière, selon le milieu résistant où il passera : « c'est ainsi que la vie devient désir ou crainte, plaisir ou peine, en vertu même de sa force acquise et des primitives directions où elle est lancée. »

La dernière conséquence à laquelle aboutit la méthode des utilitaires, trop finaliste, trop extérieure, trop purement sociale, c'est une double antinomie : 1° celle de l'instinct égoïste et de l'instinct social, sur laquelle il est inutile d'insister; 2° l'antinomie plus générale de l'instinct et de la réflexion, qui a fourni à Guyau son argument le plus important et le plus souvent cité. Arrêtons-nous sur cette dernière antinomie.

Selon l'école de l'évolution, l'idée morale vient d'un instinct et aboutira, dans l'avenir, à un instinct encore plus infaillible. Le seul vrai bien, pour un être vivant, c'est au fond le maximum de jouissance; quand les êtres vivants forment une société, il y a des conditions d'existence collective et de jouissance collective qui s'imposent nécessairement aux individus; grâce aux lois de l'hérédité et de la sélection naturelle, la société finit par imprimer dans l'organisme individuel ses propres lois d'existence et de bien-être : l'individu naît avec une intuition instinctive de ces lois, comme il naît avec l'intuition de l'espace. L'idée du bien moral et de l'obligation n'est que la conscience réfléchie des marques déposées peu à peu en nous par le milieu social; elle est un intermédiaire entre l'instinct encore imparfait du passé et l'instinct plus parfait qui résultera, dans l'avenir, du progrès même des sociétés. Quand cet instinct se sera formé, la réflexion deviendra inutile : la moralité sera alors *organique*, c'est-à-dire inhérente à notre cerveau même, comme l'instinct de faire un nid est inhérent au cerveau de l'oiseau, l'instinct de bâtir une cabane au cerveau des castors. « Un jour viendra, dit Spencer, où l'instinct altruiste sera devenu si puissant, si exclusif, si bien incarné dans notre organisme même, que les hommes se disputeront les occasions de l'exercer, les occasions de sacrifice et de mort. » Le progrès moral s'accomplira donc avec la même nécessité que celui qui préside à l'évolution des espèces vivantes. Loin d'être le produit de l'art, la moralité est une phase de la nature, dit Spencer, « comme le développement de l'embryon ou l'éclosion de la fleur ». Quelques disciples de Spencer et de Maudsley, outrant encore cette thèse, ont prétendu que le degré le plus élevé de perfection pour l'homme sera un état complet d'automatisme, où les actes intellectuels et les sentiments moraux seront également réduits à de purs réflexes. « Tout fait de conscience, a-t-on dit, toute pensée réfléchie, suppose une imperfection, un retard, un arrêt, un défaut d'organisation; » l'idéal de l'homme, c'est donc de devenir un « automate inconscient, merveilleusement compliqué et unifié », un homme machine faisant ce qui est le meilleur et le plus utile à l'espèce sans même avoir besoin d'y réfléchir. Ainsi donc, pour pousser ce rêve à l'extrême, l'homme de l'avenir, si par impossible il recevait un soufflet sur une joue, tendrait l'autre immédiatement par un mouvement réflexe. En voyant un de ses semblables tomber à l'eau, il se précipiterait à son secours par un jeu de réflexes comme, à la vue de l'eau, se précipite le jeune canard élevé par une poule. Dans cet âge d'or, l'idée de garder le bien d'autrui ne viendra même pas à l'esprit : on rendra la bourse tombée aussi spontanément qu'on fait un geste pour se retenir quand on perd l'équilibre; la femme d'autrui n'inspirera plus aucun désir; amants ou maris n'auront plus l'occasion ni même la pensée d'être jaloux; les rivalités auront disparu aussi pour les honneurs, pour les places, pour les biens de toute sorte; on supportera les maladies et la mort avec un stoïcisme automatique; bref, on naîtra et on mourra vertueux sans avoir besoin de s'en occuper : l'hérédité aura fait le prodige. — Cette théorie de la moralité héréditaire soulève deux questions : Jusqu'à quel point la moralité peut-elle devenir ainsi instinctive, et jusqu'à quel point l'instinct moral peut-il être modifié par la réflexion?

On peut d'abord contester, au point de vue de la physiologie, la transformation future de la moralité en un instinct plus ou moins inconscient. C'est ce que Wundt a fait dans son *Ethique*. Selon lui, il n'est pas certain que l'intuition même de l'espace soit innée ; en tout cas, les simples perceptions des sens ne le sont pas, malgré leur répétition constante à travers les siècles ; l'aveugle-né n'a pas la perception native de la lumière, ni le sourd celle du son. Comment donc parler d' « intuitions morales innées », alors que ces intuitions supposent une multitude de représentations très complexes relatives à l'agent lui-même, à ses semblables, à ses relations avec le monde extérieur? « La vraie science du système nerveux est à ces conceptions de fantaisie à peu près ce que l'astronomie et la géographie véritables sont aux voyages de découverte d'un Jules Verne (1). » — Wundt va trop loin. Sans supposer des intuitions morales toutes formées, on peut admettre, avec Guyau, une disposition héréditaire à la douceur et à la bonté : le mouton naît doux et pacifique tandis que le tigre naît violent et sanguinaire. Chez les fourmis, par la force de la sélection naturelle, l'instinct social en est venu à imprégner si bien l'être tout entier jusque dans ses membres, que, si on coupe une fourmi par le milieu du corps, la tête et le corselet, qui peuvent marcher encore, continuent de défendre la fourmilière ou de porter les nymphes dans leur asile. « C'est là un degré, dit Guyau, que n'a pas atteint la moralité humaine en ce qu'elle a d'instinctif : il faudrait que chaque fragment de nous-même vécût et mourût pour autrui, que notre vie fût mêlée jusque dans ses sources profondes à la vie sociale tout entière (2). » Par l'hérédité on a apprivoisé les animaux domestiques : le chien naît « ami de l'homme » ; à plus forte raison l'homme pourra naître ami de l'homme. Il semble donc également faux, ou de nier avec Wundt le pouvoir de l'hérédité, ou de l'exagérer avec Spencer, Darwin et Maudsley.

Quant au rêve d'une moralité entièrement automatique et inconsciente, c'est une exagération encore plus inadmissible. Guyau a montré qu'une telle transformation de la moralité est contraire à la vraie loi de l'évolution. Elle impliquerait des cerveaux si parfaitement organisés par l'hérédité que la

(1) *Ethik*, p. 345.
(2) *Éducation et hérédité*.

réflexion et l'effort ne seraient plus nécessaires pour adapter le passé à l'avenir ; or, un tel résultat suppose l'automate moral placé désormais éternellement dans un milieu identique, c'est-à-dire le *monde arrêté* en son évolution. Un tel arrêt n'est ni scientifiquement admissible ni pratiquement désirable : il n'offre aucune des conditions de l' « idéal » futur. L'idéal de l'homme n'est pas l'adaptation une fois pour toutes au milieu — adaptation dont l'achèvement aboutirait en effet à l'automatisme et à l'inconscience ; c'est une facilité croissante à se réadapter aux changements du milieu, une flexibilité qui n'est autre chose qu'une intelligence et une réflexion toujours plus parfaites. L'avenir inconnu sera toujours « préfiguré pour l'homme par des idées », jamais par des « réflexes » tout automatiques. Il est d'ailleurs superficiel de croire que la science tende à l'automatisme parce qu'elle se sert de la mémoire pour y emmagasiner et y organiser les faits ; « la science aurait ainsi pour idéal la routine, conséquemment son contraire même. » On oublie que la science n'a pas seulement pour objet le savoir *acquis*, mais la manière d'employer ce savoir pour connaître toujours davantage. Et ce ne sont pas les objets à connaître qui manqueront jamais, car, selon Spencer lui-même, la sphère du savoir, en s'accroissant, ne fait qu'augmenter ses points de contact avec l'inconnu. Ce qui sauvera la science, c'est ce qui l'a constituée et la constituera encore dans l'avenir, la curiosité éternelle. Sans doute « la science tendra à se servir toujours davantage de l'habitude et de l'acte réflexe, à élargir ses bases dans l'inconscient, comme on élargit les bases d'un haut édifice ; mais on peut affirmer qu'elle sera la conscience toujours plus lumineuse du genre humain, que le savoir pratique et le pouvoir pratique de l'homme auront toujours pour mesure non son perfectionnement automatique, mais sa puissance de réflexion intérieure (1). » Le vrai « siècle de la raison », des lumières, de l'*Aufklaerung*, n'est donc pas dans le passé ni dans le présent, il est dans l'avenir ; nous ne marchons pas vers l'âge du pur instinct, de l'automatisme et de l'inconscience : nous marchons vers l'âge de la claire conscience.

S'il en est ainsi, ne se produira-t-il point une antinomie

---

(1) *Éducation et Hérédité*. Conclusion.

entre l'instinct moral et cette conscience de plus en plus réfléchie vers laquelle s'avance l'humanité? — C'est là, on s'en souvient, la seconde difficulté, et la plus grave, que soulève la théorie du progrès instinctif en morale. L'antinomie de la réflexion et de l'instinct est en effet inévitable, elle résultera d'une loi très importante que Guyau a établie : « *Tout instinct tend à se détruire en devenant conscient.* » Si la moralité n'est qu'un instinct comme les autres, qui excite l'individu à se sacrifier pour l'espèce, elle tendra à se dissoudre en acquérant la conscience même de son origine : les théories de Darwin et de Spencer auront précisément contribué à rendre impossible ce progrès moral qu'elles nous représentent comme nécessaire (1).

Voici des exemples de la loi qui, selon Guyau, régit les rapports de la réflexion avec l'instinct et qui aboutit à l'antinomie signalée. Dans l'espèce humaine, la mère qui allaite son enfant ne le fait plus par un instinct irréfléchi, comme chez les animaux ; elle a conscience d'un but à atteindre, la santé de l'enfant ; si elle croit mieux atteindre ce but en ne l'allaitant pas, en le confiant par exemple à une femme étrangère, elle n'en éprouve pas de remords. Elle peut aussi se débarrasser de l'impulsion instinctive par un raisonnement égoïste, et c'est ce qui fait que l'instinct de l'allaitement, si important chez les mammifères, tend de nos jours à disparaître chez beaucoup de femmes. Il y a une fonction bien plus essentielle encore, — la plus essentielle de toutes, — celle de la génération, qui tend à se modifier d'après la même loi. En France, où la majorité du peuple n'est plus retenue par des considérations religieuses, la volonté personnelle et le calcul se substituent partiellement à l'instinct de la reproduction; de là, en notre pays, l'accroissement très lent de la population, qui produit à la fois notre infériorité numérique et militaire sur les autres nations continentales, et une supériorité économique très provisoire, et déjà compromise. Voilà un frappant exemple de l'intervention de la volonté réfléchie dans la sphère des instincts. Toutes les fois que la réflexion se porte constamment sur un instinct, sur un penchant spontané, « elle tend à l'altérer par le fait », même quand elle veut le fortifier. Le

---

(1) Voir la *Morale anglaise contemporaine*.

simple excès de scrupules peut en venir à dissoudre l'instinct moral, par exemple chez certains confesseurs et chez certaines pénitentes. Bagehot remarque de même qu'en raisonnant et raffinant à l'excès sur la pudeur, on peut l'affaiblir et graduellement la perdre. Si un musicien veut raisonner tous les mouvements de ses doigts, il ne peut plus jouer. Appliquez à tous nos sentiments l'analyse géométrique de Spinoza : vous les verrez disparaître en grande partie, et les uns ne vous laisseront aucun regret, mais d'autres pourront bien vous en laisser : la haine et le mépris disparaîtront peut-être, mais que deviendront l'amour, l'estime, l'admiration et surtout les sentiments moraux, si nous devenons trop transparents pour nous-mêmes et si nous découvrons tous les ressorts cachés qui nous poussent à agir? Les plus grands criminels sont ceux qui élèvent cyniquement leur perversité à la hauteur d'une méthode : « ceux-là ne sont autre chose que des sceptiques qui pratiquent. » Chacun, selon eux, suit son intérêt; eux, ils le cherchent où ils le trouvent; tous les hommes sont égoïstes, autrement qu'eux, mais non moins qu'eux : ainsi pourrait-on formuler la pensée générale qui se dégage de leurs actes et de leurs paroles; et cette pensée, en dernière analyse, constitue le fond primitif et essentiel de toute doctrine exclusivement utilitaire. Donc, plus la science montrera que la moralité est simplement un instinct utile à l'espèce, dont l'individu est en certain cas la dupe et la victime, plus cet instinct se dissoudra, si bien que l'individu, par la réflexion, arrivera à prendre sa revanche à l'égard de l'espèce même. « La réflexion de la conscience, une fois suscitée par le système même de Spencer, agira à l'égard de l'instinct qui porte l'homme à ne pas tuer, comme à l'égard de celui qui porte la mère à nourrir son enfant ou l'homme à bâtir sa hutte (ils confient cette tâche à d'autres sans remords); elle demandera en quelque sorte à cet instinct d'où il vient et où il va, quel est son principe et sa fin : approuve-t-elle cette fin, elle suivra l'instinct; sinon, non, et sans aucun remords... Beaucoup de gens trouveront fort commode, au moins pour eux-mêmes, si la moralité n'est autre chose qu'un instinct, d'agir envers elle comme envers l'instinct de bâtir; ils laisseront à d'autres le soin de mettre à couvert la vie sociale et leur vie propre par la moralité; ils rejetteront sur les bras des autres le travail qu'exige cette fonction sociale, la vertu. Désintéressez-vous à ma place, dirai-je aux gens de *bonne volonté*...Que ceux chez qui l'instinct moral est resté tout-puissant, faute de devenir réfléchi, pourvoient à la vie sociale; moi, j'en profiterai et je m'occuperai exclusivement, comme la loi de l'être le commande, de ma vie individuelle. » — Cet argument, qui, au dire des premiers juges de Guyau, devait devenir classique (1), tombait droit au centre de la morale évolutionniste, telle du moins qu'elle avait été présentée par Darwin et par Spencer. Aussi causa-t-il grand émoi parmi les évolutionnistes et excita-t-il de toutes parts des controverses de haut intérêt.

Spencer n'avait pas encore publié ses *Principes de morale* à l'époque où Guyau fit paraître sa *Morale anglaise contemporaine*. Tout en rendant hommage à « la profondeur et à la subtilité des critiques dont il avait été l'objet (1) », il maintint ses conclusions. Un des partisans de Spencer les plus distingués en Angleterre, M. Pollock, et, plus tard, M. Stephen Leslie, un moraliste de premier ordre, — ont répondu à Guyau que les théories morales influent peu sur la pratique, que l'humanité va son chemin malgré tous les raisonneurs, que les hypothèses relatives à la réalité du devoir ne modifient pas plus la conduite humaine que les hypothèses relatives à la réalité de l'espace et de ses dimensions ou à

---

(1) « Il faut louer sans restrictions, » — disait au nom de la section de philosophie le rapporteur du concours, — « la science de l'auteur, puisée aux sources, sa fécondité inépuisable d'argumentation, la variété de ses points de vue, les conclusions décisives, et par surcroît l'éloquence, celle qui résulte du mouvement de la pensée et qui répand la lumière avec l'émotion partout où elle se porte. Quelques-uns des arguments trouvés par l'auteur, particulièrement contre l'école de l'évolution, resteront dans la science et garderont le nom de l'auteur, réservé d'ailleurs, on peut l'augurer à coup sûr, à d'autres succès et à un bel avenir d'écrivain philosophe. » *Rapport présenté par M. Caro au nom de la section de philosophie*, dans le concours sur la morale utilitaire ouvert par l'Académie des sciences morales et politiques.

(2) C'était donc une construction anticipée de la morale de Spencer que le jeune philosophe avait tentée, avec l'audace de son âge, et il importait de savoir si cette construction était exacte, pour savoir si les objections mêmes ne tombaient point à faux. Or, Spencer écrivit à l'auteur, avec une noble sincérité, que cette esquisse de sa morale « lui semblait admirable. » — « Je n'ai pas idée, ajoutait-il, qu'il fût possible, étant donnés les ouvrages que j'ai publiés et les passages qu'ils contiennent incidentellement sur les principes moraux, de mettre sur pied et de construire si complètement la théorie générale, sous tous ses aspects. Je puis dire en vérité, et sans ombre de flatterie (chose tout à fait étrangère à ma nature), que vous avez fait cette esquisse mieux, je crois, que moi-même je ne l'aurais faite. Bien plus, la manière dont vous avez, en certains cas, rapproché plusieurs des éléments de la doctrine, a servi à la présenter sous un autre aspect que celui que j'avais jusqu'ici aperçu, et à en provoquer ainsi une plus ample vérification. »

l'*hyperespace*. — A quoi le philosophe français répliqua dans son *Esquisse d'une morale* : « Vous oubliez que, si l'espace a quatre dimensions au lieu de trois, cela n'intéresse ni mes jambes ni mes bras, qui s'agiteront toujours dans les trois dimensions connues ; mais, s'il existait au contraire pour moi un moyen de me mouvoir selon des dimensions nouvelles et que cela pût m'être avantageux, je m'empresserais d'essayer, et je travaillerais de toutes mes forces à détruire mon intuition primitive de l'espace. C'est précisément ce qui arrive en morale : tout un champ d'activité, fermé jusqu'alors par le fantôme de l'idée du devoir, s'ouvre quelquefois devant moi ; si je m'aperçois qu'il n'y a aucun mal réel à ce que je m'y exerce librement, mais au contraire tout bénéfice pour moi, comment n'en profiterais-je pas ? La différence entre les spéculations scientifiques ordinaires et les spéculations morales, en effet, c'est que les premières indiquent de simples alternatives pour la pensée, tandis que les secondes indiquent en même temps des alternatives pour l'action ; tous les possibles aperçus par la science sont ici réalisables pour nous-mêmes : c'est à moi de réaliser l'*hyperespace*. »

En Allemagne, on s'écria : — Votre argument est tout intellectualiste et rationaliste : c'est de la logique à outrance, comme il convient à un compatriote des Voltaire et des Rousseau. Mais nous ne sommes pas au siècle de l'*Aufklaerung*. Ce n'est point la raison raisonnante et la logique qui mènent le monde, heureusement pour le monde ! Les mouvements de nos cœurs et ceux des sociétés entières, comme les mouvements des planètes, se produisent et continueront de se produire dans le sens fixé par les lois générales de l'évolution, et l'évolution prévaudra, comme dit Wundt, sur « tous les raisonnements que nous pouvons faire à son égard ». L'inertie individuelle et la rébellion individuelle seront nivelées et annulées par la puissance du mouvement général : tel homme a beau, sur la surface du globe, se coucher immobile ou même courir en sens inverse de la terre, la terre l'entraîne avec le tout, comme le vaisseau entraîne sur la mer tous ses passagers. Donc, quelque genre d'autorité que les hommes à venir reconnaissent à l'idéal d'une humanité plus parfaite, et même quand ils ne lui en reconnaîtraient aucune, tout finira bien et les destins trouveront leur voie, *fata viam invenient*. Les individus ne sont que des grains de poussière dans un tourbillon contre la marche duquel il est vain de se révolter. L'instinct moral est plus fort que toutes les théories, et il n'est pas au pouvoir des philosophes d'empêcher l'homme de se dévouer aux intérêts sociaux. L'homme est un animal sociable, progressif et, à sa manière, migrateur vers l'avenir : quelques hirondelles philosophes auront beau raisonner sur l'instinct de la migration, elles n'empêcheront point leur espèce de prendre son vol vers les contrées lointaines.

Sans méconnaître le rôle indestructible de l'instinct et du sentiment dans les choses humaines, il nous semble pourtant, comme à Guyau, que la raison et la logique y ont aussi une très grande influence, sinon pour construire, du moins pour détruire. L'état de la France au dix-neuvième siècle en est une preuve : on a si bel et si bien raisonné dans notre pays, qu'on y a détruit la plupart des traditions politiques, religieuses, sociales : les révolutions y sont chroniques, ou du moins périodiques ; les principes abstraits de la logique révolutionnaire ont fini par passer à l'état d'axiomes chez le peuple. Wundt niera-t-il après cela l'influence dissolvante de la réflexion sur l'instinct et sur la tradition, cet instinct des masses? Il n'est point « d'autorité » qui résiste à une analyse obstinée, surtout quand cette analyse est l'instrument d'intérêts hostiles. Même dans son propre pays, Wundt assiste à l'action dissolvante des idées socialistes, des arguments égalitaires, de tout l'appareil raisonneur qui a d'abord fonctionné en France. Le raisonnement a décomposé peu à peu les idées religieuses, politiques et sociales des anciennes civilisations ; nous ne croyons donc pas que les écoles antirationalistes de Spencer et de Wundt puissent lui dénier le pouvoir de décomposer aussi *peu à peu* nos idées morales.

En France, la critique s'est montrée en général pénétrante à l'égard de l'argument opposé aux évolutionnistes, mais elle ne nous semble pas en avoir détruit la force. M. Espinas répond qu'il ne faut pas argumenter comme si, chez l'homme, « l'impulsion généreuse était tout entière à créer au moment même où l'on compare la souffrance ou la mort à encourir avec le service à rendre » ; l'individu, au moment d'agir, ne peut pas tout d'un coup se délivrer de ses sentiments moraux héréditaires. — Assurément, aussi n'est-ce point dans cette hypothèse que raisonne l'auteur de la *Morale anglaise contemporaine* : il se demande si les théories exclusivement évolutionnistes, en se répandant, n'amèneront pas dans l'avenir une dissolution *successive* et *lente* de la conscience morale, de l'instinct moral. M. Ribot nous paraît se rapprocher davantage de la vraie question. Il concède la loi établie par Guyau, que tout instinct tend à se détruire en devenant conscient ; mais, ajoute-t-il, l'instinct ne disparaît que devant une forme d'activité mentale qui le remplace en faisant mieux. — « L'intelligence ne pourrait donc tuer le sentiment moral qu'en trouvant mieux (1). » — Pourtant, est-il toujours nécessaire d'avoir trouvé mieux pour détruire ou affaiblir ce qui existe ? N'a-t-on point vu des peuples préparer leur propre ruine ou leur décadence par le renversement anticipé des institutions qui étaient leur soutien ?

Selon nous, la seule objection qu'on puisse opposer à la force dissolvante de la réflexion se tire de la théorie même de Darwin. Les hommes qui n'auraient pas l'instinct de préserver leur vie personnelle par une certaine hygiène, l'existence de leurs descendants ou de leurs compatriotes par la morale et la politique, disparaîtraient ou s'élimineraient d'eux-mêmes. Les buveurs d'opium ou d'absinthe se tuent ou tuent leur postérité. Grâce à l'hérédité, la préservation de notre vie individuelle est devenue un instinct inhérent à tout notre organisme, et c'est aussi déjà une tendance instinctive que de préserver la vie d'autrui, au moins quand il ne nous en coûte rien : nous tirons spontanément un enfant de dessous une voiture. De même, il y a une dose de moralité rudimentaire qui sera toujours une nécessité vitale pour la race. Une race en qui l'instinct altruiste s'éteindrait absolument, s'éteindrait elle-même avec lui. De même que l'amour des sexes et l'amour maternel, une certaine somme de vertus sociales est une condition d'existence spécifique ; un minimum de désintéressement doit donc devenir, jusqu'à un certain point, une tendance organique dans l'espèce pour que l'espèce même puisse subsister.

Cette concession faite aux darwinistes, l'argument de Guyau n'en conserve pas moins sa valeur. Qu'est-ce en effet qui nous assure, d'une façon certaine, que la société humaine,

---

(1) *L'hérédité psychologique*, 2º édit.

que telle ou telle des nations qui la composent ne finira pas par une dissolution plus ou moins complète, surtout si elle se démoralise ? D'ailleurs, sans disparaître entièrement, la société peut s'abaisser, se ravaler de plus en plus, s'aplatir, vivre une vie terre à terre, se réduire au « minimum » des nécessités sociales. Si cet effet ne se produit pas, — et nous ne croyons pas qu'il se produise, — c'est que les doctrines qui ramènent la moralité au simple plaisir de l'individu ou à un simple intérêt de l'espèce ne se seront pas généralisées chez tous les peuples; l'intelligence, selon l'expression de M. Ribot, aura trouvé mieux que ces doctrines, et mieux aussi que l'instinct aveugle.

Il faut donc, en définitive, ou respecter l'instinct aveugle, ou découvrir une clarté qui, loin d'être paralysante pour l'action, lui ouvre des horizons nouveaux. Il faut fonder *rationnellement* la moralité si on veut qu'elle subsiste ; car, on aura beau faire, on n'empêchera pas les individus ou les peuples de raisonner, au risque même de déraisonner. D'où la nécessité absolue, pour l'intelligence, de résoudre l'antinomie de l'instinct et de la réflexion, au lieu de se bander elle-même les yeux. La situation est aiguë, l'alternative est critique pour la moralité : se justifier ou se dissoudre. Il ne faut pas qu'on puisse dire du plus grand et du plus important de nos amours, celui qui a pour objet le bien moral :

L'amour craint la clarté : pour que le cœur se donne
Qui sait si l'œil d'abord ne doit pas se fermer (1)?

(1) *Vers d'un philosophe*, p. 194.

CHAPITRE SIXIÈME

La vie intense et expansive, principe de la morale.

Avec l'*Esquisse d'une morale sans obligation ni sanction*, — livre dont les critiques n'ont pas toujours saisi le but et le sens, — la morale évolutionniste et purement scientifique fait un double progrès : elle approfondit son propre principe, elle en marque et en reconnaît elle-même les limites avec une précision supérieure. Puisque la conscience, dit Guyau, peut réagir à la longue « et détruire graduellement, par la clarté de l'analyse, ce que la synthèse obscure de l'hérédité avait accumulé chez les individus et chez les peuples », il est nécessaire de rétablir l'harmonie : 1° entre l'instinct et la réflexion; 2° entre la sphère de la vie inconsciente et celle de la vie consciente; 3° entre le domaine de la causalité et celui de la finalité; 4° entre l'évolution produite par le milieu extérieur et l'évolution spontanée de l'individu même; 5° enfin, comme dernière conséquence, entre le point de vue social et le point de vue individuel. En un mot, il faut trouver une voie nouvelle et découvrir un principe d'action autre que le plaisir, « qui soit commun aux deux sphères, consciente et inconsciente, et qui conséquemment, en prenant *conscience de soi, arrive plutôt à se fortifier qu'à se détruire.* » Il faut développer chez l'individu quelque puissance d'agir en vue du bien universel, qui, en se réfléchissant sur elle-même, arrive à se justifier non seulement au point de vue social, mais aussi au point de vue individuel; au lieu d'une *loi* imposée à la *liberté*, comme dans Kant, il faut trouver un déterminisme naturel d'impulsions et de sentiments qui, par la réflexion sous forme d'idées, se confirme, se règle lui-même, se révèle à lui-même comme *loi* en même temps que comme *moteur*.

Il est difficile de nier la pénétration avec laquelle Guyau a marqué les *desiderata* de l'évolutionnisme anglais, et les perfectionnements dont l'utilitarisme a besoin. Examinons maintenant le principe moral qu'il propose. Ce principe est la vie même prenant conscience de son intensité et de son extension et, par cette conscience même, devenant de plus en plus *généreuse*. La vie, selon Guyau, satisfait aux diverses conditions requises pour la solution du problème moral. D'abord, elle est cause en même temps que fin, cause universelle de nos actes et fin universelle de ces mêmes actes : « Depuis le premier tressaillement de l'embryon dans le sein maternel jusqu'à la dernière convulsion du vieillard, tout mouvement de l'être a eu pour *cause* la vie en son évolution ; cette cause universelle de nos actes, à un autre point de vue, en est l'effet constant et la fin. » La vie est universellement *désirée*, et tout ce qu'on désire est toujours quelque forme ou quelque fonction de la vie : la satisfaction de l'intelligence, par exemple, ou, comme dit Kant, de la raison pure, c'est encore au fond la satisfaction de la vie dans sa fonction la plus élevée, dans son penchant le plus proprement humain. Or, le fond de tout désir, l'essentiellement *désiré*, c'est ce qu'on appelle le désirable. Analysez la notion du désirable, vous reconnaîtrez qu'une chose est toujours désirable par rapport à quelque désir présupposé et antérieurement existant, et que le suprême désirable, c'est ce qui est propre à satisfaire le suprême désir. Or, le suprême désir, c'est-à-dire ce que *tous* nous désirons *le plus* et *toujours* en *fait*, c'est *la vie la plus intensive et la plus extensive sous tous les rapports*, au physique et au moral. La vie est donc cause et fin, unité, synthèse du désir et du désirable.

En même temps elle est le ressort commun aux deux sphères de l'inconscient et du conscient ; l'inconscient, c'est la vie ; le conscient, c'est encore la vie se réfléchissant sur soi et acquérant un degré supérieur de lumière, de transparence, c'est-à-dire un fond de concentration. Ainsi l'instinct et la réflexion ne sont plus ici en antinomie : la vie, en acquérant la conscience de sa plus grande intensité et de sa plus grande extension, ne tend pas à se détruire ; elle se fortifie au contraire, et l'instinct fondamental qui la constitue, en se réfléchissant, ne fait que condenser ce qu'il renferme de puissance.

Reste à savoir si la grande antinomie de l'égoïsme et de

l'altruisme, de l'individuel et du social trouvera sa solution dans le même principe de la vie, — tout au moins la solution la plus rapprochée qu'il soit possible d'atteindre. Guyau répond affirmativement. D'abord, selon lui, la vie individuelle, au lieu de n'être *sociale et sociable* que *par accident* (comme dans l'utilitarisme épicurien et anglais), est sociable *par essence*. Ce qui résulte des limitations de la vie imposées par le milieu, par les nécessités extérieures, par les circonstances défavorables et hostiles à la vie, c'est précisément l'*égoïsme*; ce qui résulte des tendances normales de la vie, de son intensité naturellement débordante, c'est l'altruisme; si bien que toute vie intense, en prenant une vraie conscience de son intensité même et de sa direction normale, acquiert la conscience de son caractère social et *sociable*, de sa tendance vers autrui, de sa fécondité et de sa générosité. L'égoïste est celui qui ne vit pas d'une vie assez intense et qui n'a pas assez conscience du vrai caractère essentiellement social de la vie individuelle.

Le théorème fondamental, pour le moraliste, c'est donc, selon Guyau, la *loi de corrélation normale et générale* qui existe entre le maximum d'intensité de vie individuelle et le maximum d'expansion sociale ou altruiste. Guyau donne à cette loi le nom de loi de fécondité morale, ou de corrélation entre l'intensité vitale et l'extension vitale. Il est bien clair que cette loi, dans la pratique, est souvent entravée, suspendue, parfois même intervertie en apparence; mais encore une fois, selon Guyau, c'est là un résultat des circonstances du milieu et des limitations qui en résultent, et ce résultat peut devenir moins fréquent par le progrès moral et social, qui aboutit à une conscience croissante de la *générosité* naturelle à la vie. Selon lui, la tendance naturelle de l'être, son mobile normal, c'est de chercher la plus haute *intensité* de vie possible; or, il se trouve que ce maximum d'intensité a pour corrélatif normal sa plus large et sa plus féconde expansion. Que demande la morale à la vie individuelle? De se répandre pour autrui, en autrui, et, au besoin, de se donner; eh bien, dit Guyau, cette expansion n'est pas contre la nature de la vie, elle est au contraire « selon sa nature »; bien plus, elle est la vraie condition de la vie la plus véritablement intense.

La démonstration du théorème de la fécondité vitale contient deux sortes d'arguments, les uns objectifs et physiques, les autres subjectifs et psychiques. Objectivement, la vie ne peut acquérir une intensité interne supérieure sans acquérir par cela même une tendance supérieure à se répandre au dehors; « au point de vue physique, c'est un besoin individuel que d'engendrer un autre individu, si bien que cet *autre* devient comme une condition de nous-même. La vie, comme le feu, ne se conserve qu'en se communiquant. Cela tient à la loi fondamentale que la biologie nous a fournie : « la vie n'est pas seulement *nutrition*, elle est *production* et *fécondité*. Vivre, c'est *dépenser* aussi bien qu'*acquérir*. » La reproduction, pour les physiologistes, n'est qu'un excès de nutrition et d'accroissement par suite duquel une portion de l'individu est érigée en un tout indépendant. Quand la génération devient *sexuée*, exigeant ainsi le concours de deux individus, « une nouvelle phase morale commence pour le monde. L'organisme individuel cesse d'être isolé ; son centre de gravité se déplace par degrés, et il va se déplacer de plus en plus. » On pourrait rendre la pensée de Guyau sensible en disant qu'au lieu d'un cercle ayant un seul centre individuel, on a désormais une ellipse avec deux foyers, qui est comme l'épanouissement du cercle primitif et la division du centre d'abord unique ; la vie a maintenant deux foyers au lieu d'un. Et elle ne s'arrête pas là : les enfants sont des centres nouveaux dans le cercle de la famille ; puis viennent les relations sociales qui établissent une réciprocité d'action entre les divers individus, si bien que chacun est obligé de vivre continuellement hors de soi et non pas seulement en soi.

Guyau corrige ainsi la doctrine évolutionniste en replaçant au fond même de l'être individuel la source vive de tous les instincts de sympathie et de sociabilité. La correction apportée par Guyau à cette doctrine est certainement de la plus haute importance, puisqu'elle aboutit à représenter la vie comme généreuse *par essence*, et non plus *par accident*, comme dans l'école anglaise contemporaine. L'égoïsme peut donc disparaître progressivement par la conscience même que la vie prendra de sa vraie nature et par la domination progressive que cette conscience exercera sur le milieu extérieur.

Puisque l'accroissement de la vie au dedans et son élargissement au dehors est la seule règle possible de conduite dans la doctrine de l'évolution, que deviendra l'idée de l'obligation morale dans l'hypothèse où la science des mœurs éliminerait de son sein toute notion métaphysique? L'obligation proprement dite sera évidemment impossible, il faudra se contenter des « équivalents » du devoir. Une des parties les plus importantes et les plus curieuses de l'*Esquisse d'une morale* est celle qui est consacrée à déterminer ces équivalents de l'idée morale dans la doctrine de l'évolution. En même temps Guyau fait la genèse de l'idée d'obligation. L'obligation renferme trois éléments, une *impulsion* d'ordre supérieur qui rencontre de la résistance, une *idée*, un *sentiment*. Kant, attribuant l'obligation à la seule *forme* universelle de la *loi morale*, ne peut pas expliquer comment une pure forme *a priori* produit un intérêt, une impulsion, un sentiment; et il déclare qu'il y a là un mystère : « Il nous est absolument impossible, à nous autres hommes, dit-il, d'expliquer pourquoi et comment l'universalité d'une maxime comme telle, par conséquent la moralité, nous *intéresse*. » Guyau répond : — S'il s'agit d'une universalité toute formelle et logique, elle ne nous intéresse que comme satisfaction de l'instinct logique, « et cet instinct logique n'est lui-même qu'une tendance *naturelle*, une expression de la vie dans son mode supérieur, qui est l'intelligence, amie de l'ordre, de la symétrie, de la similitude, de l'unité, de la variété, de la loi, conséquemment de l'universalité. » Mais le vrai *intérêt* et la vraie obligation s'attachent au fond, non à la forme. Or, le fond, ici, c'est la vie la plus intense et la plus extensive, le maximum de vie pour soi et pour autrui. Mais pourquoi ce maximum est-il le plus haut des *intérêts?* — Parce que la vie ne va pas sans une *impulsion* qui la fait tendre à son plus haut développement. Cette impulsion est la force même demandant à s'exercer, elle est la *puissance* tendant à l'action. La conscience de l'obligation est donc avant tout, dit Guyau, la conscience d'une puissance, et d'une puissance féconde, débordante, qui, rencontrant un obstacle, réagit. Le *devoir* provient d'un *pouvoir*, est la conscience même d'un pouvoir plus ou moins contrarié. De là cette proposition de capitale importance: « On a trop interprété jusqu'ici le devoir comme le *sentiment* d'une *nécessité* ou d'une contrainte; c'est avant tout celui d'une *puissance*. » On se figure d'une part, une loi formelle qui contraint, refrène, et d'autre part, un libre arbitre qui est la puissance à contraindre, à diriger. Selon Guyau, la loi ne fait qu'un avec la puissance même de vie intensive et extensive dont nous avons conscience, et la liberté est aussi cette puissance de vie prenant conscience de soi. Le devoir n'est alors que le *pouvoir* se maintenant contre les obstacles. « Le devoir est une expression détachée du pouvoir qui tend à passer à l'acte. Nous ne désignons par devoir que le pouvoir dépassant la réalité, devenant par rapport à elle un idéal, devenant ce qui doit être, parce qu'il est ce qui peut être, parce qu'il est le germe de l'avenir débordant déjà le présent... C'est de la vie même et de la force inhérente à la vie que tout dérive : la vie se fait sa loi à elle-même par son aspiration à se développer sans cesse...; au lieu de dire : *je dois, donc je puis*, il est plus vrai de dire : *je puis, donc je dois* (1). »

Toutefois il y a dans l'obligation, outre l'élément impulsif, un élément intellectuel, une idée de rationalité. Comment ne semblerait-il pas rationnel à la vie d'atteindre son *maximum* pour soi et pour autrui? L'idée même de ce développement supérieur, aussi grand qu'on peut le concevoir, est une force tendant à le réaliser. Le principe de la théorie des idées-forces, à laquelle Guyau se rallie, c'est que toute idée d'une action est le commencement de cette action même, si bien que l'acte est le prolongement de l'idée active devenue dominante et produisant un sentiment dominateur. Il n'est donc « nul besoin d'invoquer, avec Epicure et les utilitaires, l'intermédiaire d'un plaisir *extérieur*, nul besoin de moyen terme ni de pont pour passer de l'une à l'autre de ces deux choses, pensée, action; elles sont au fond identiques. » Ce principe posé, que sera l'équivalent de l'obligation morale dans le domaine intellectuel? Ce sera l'idée même de la vie la plus intense et la plus expansive, idée qui en se concevant, tendra à se réaliser, exercera une pression dans son propre sens, fera effort pour se changer en mouvement. Ce qu'on appelle obligation, si on en retranche par hypothèse toute notion métaphysique, ne pourra plus apparaître à l'intelligence que comme le sentiment de la « radicale identité » qui existe entre la pensée et l'action, et qui entraîne, chez un

(1) *Esquisse d'une morale.*

être intelligent, l'impérieux besoin de « parfaire ses idées en les faisant passer dans ses actes ». La moralité sera ainsi conçue, dit Guyau, comme l'unité fondamentale de l'être se manifestant par l'accord de la pensée et du vouloir : celui qui ne met pas son action en harmonie avec sa pensée est en lutte avec lui-même, divisé intérieurement; aussi sent-il qu'il lui manque quelque chose : il n'est pas entier, il n'est pas lui-même. Il se juge alors *obligé* à se compléter, à se mettre d'accord avec soi, obligation d'ailleurs tout intellectuelle et logique : « Ne soyons pas une sorte de mensonge en action, mais une vérité en action. »

Le troisième équivalent du devoir sera emprunté à la sensibilité, non plus à l'activité et à l'intelligence. Ce sera la « fusion toujours croissante des sensibilités humaines », la nature « toujours plus sociable des plaisirs élevés ». Les jouissances d'ordre supérieur prennent une part chaque jour plus grande dans la vie humaine, — plaisirs esthétiques, plaisir de raisonner, d'apprendre et de comprendre, de chercher, etc. Or ces plaisirs sont beaucoup plus intimes, plus profonds et plus gratuits que les jouissances matérielles : « ils tendent donc beaucoup moins à diviser les êtres. » Les plaisirs de l'art, par exemple, s'augmentent en se partageant. Nous marchons vers une époque où « l'égoïsme primitif sera de plus en plus reculé en nous et refoulé, de plus en plus méconnaissable. » Le meilleur substitut de l'obligation morale, si jamais les idées métaphysiques disparaissaient du nombre de nos mobiles, ce serait, selon Guyau, le sentiment de la solidarité croissante entre tous les êtres. En vertu de l'évolution, les plaisirs s'élargiront peu à peu, et seront conçus comme de plus en plus impersonnels. L'homme ne songera plus à jouir dans son moi comme dans une île fermée. Que l'on compare, dans la vie commune, la part laissée à l'égoïsme pur et celle que prend « l'altruisme » : on verra combien la première est relativement petite; même les plaisirs les plus égoïstes parce qu'ils sont tout physiques, comme le plaisir de boire ou de manger, n'acquièrent tout leur charme que quand nous les partageons avec autrui. Cette part prédominante des sentiments sociables doit se retrouver dans toutes nos jouissances et dans toutes nos peines. Elle est à son plus haut degré dans le sentiment moral, qui est le sentiment même de notre solidarité avec tous et avec tout. Le milieu auquel l'homme s'adaptera mieux de jour en jour, c'est la société humaine, et il ne pourra pas plus « être heureux en dehors de ce milieu que respirer hors de l'air ». Le bonheur purement égoïste de certains épicuriens est une chimère, une abstraction, une impossibilité : les vrais plaisirs humains, nous l'avons vu, sont tous plus ou moins sociaux. « L'égoïsme pur, au lieu d'être une réelle affirmation de soi, est une *mutilation* de soi. » Plus on ira, plus le cœur humain sera placé dans cette alternative : « se dessécher, ou s'ouvrir. »

> Une joie ici-bas est d'autant plus profonde
> Qu'elle est plus large; un jour, je le crois, doit venir
> Où nul ne pourra seul ni jouir ni souffrir,
> Où tout se mêlera, plaisirs, peines, pensées,
> Où chantera dans l'âme un éternel écho (1).

Les actions exclusivement égoïstes sont des fruits pourrissant sur l'arbre plutôt que de nourrir. « L'égoïsme, c'est l'éternelle illusion de l'avarice, prise de peur à la pensée d'ouvrir la main. » Toutes les théories morales, même les plus sceptiques ou les plus égoïstes à leur point de départ, ont abouti dans le passé et aboutiront encore dans l'avenir à constater ce fait que « l'individu ne peut pas vivre uniquement de soi et pour soi, que l'égoïsme est un rétrécissement de la sphère de notre activité qui finit par appauvrir et altérer cette activité même. »

Comme la vie se fait son obligation d'agir par sa puissance même d'agir, elle se fait aussi sa sanction par son action même, car en agissant, elle jouit de soi; en agissant moins, elle jouit moins; en agissant davantage, elle jouit davantage. « Même en se donnant, la vie se retrouve; même en mourant, elle a conscience de sa plénitude. » La sanction, c'est le degré d'élévation dans l'échelle de la vie qu'un être atteint en agissant d'une manière qui le fait monter ou descendre : nous nous classons nous-mêmes, nous nous jugeons nous-mêmes par nos actions et nous nous plaçons aussi nous-mêmes au rang qui nous appartient; pas plus que l'obligation, la sanction n'est extérieure à la vie.

(1) *Vers d'un philosophe. Solidarité.*

En résumé, les utilitaires avaient cherché dans les arrangements sociaux un chef-d'œuvre de mécanisme capable de produire une harmonie après coup, tout artificielle, entre des égoïsmes naturellement discordants. Guyau a essayé de démontrer que le problème était mal posé, qu'il y a déjà naturellement une certaine harmonie préalable entre le plaisir de l'un et le plaisir de l'autre, que le moi prétendu fermé est déjà ouvert, déjà en union naturelle avec autrui, et qu'il s'ouvrira de plus en plus. Dégagez la vie des nécessités extérieures qui en répriment l'élan naturel, ramenez-la à son fond le plus réel, qui est l'activité expansive, féconde et généreuse, vous reconnaîtrez, selon Guyau, que cette réalité de la vie est en même temps son idéal, qu'elle porte en elle-même son but et sa loi, qu'en prenant conscience de ce qu'elle est et de ce qu'elle peut, elle prend aussi conscience de ce qu'elle *doit* être. Aussi la moralité a-t-elle ce privilège d'être à la fois la réalité la plus vivante et la poésie la plus haute. La vertu est un art supérieur par lequel l'artiste se façonne lui-même. « Dans les vieilles stalles en chêne des chœurs d'église, amoureusement sculptées aux âges de la foi, le même bois représente souvent sur une de ses faces la vie d'un saint, sur l'autre une suite de rosaces et de fleurs, de telle sorte que chaque geste du saint figuré d'un côté devient de l'autre un pétale ou une corolle ; ses dévouements ou son martyre se transforment en un lis ou en une rose. Agir et fleurir tout ensemble, souffrir en s'épanouissant, unir en soi la réalité du bien et la beauté de l'idéal, tel est le double but de la vie ; et nous aussi, comme les vieux saints de bois, nous devons nous sculpter nous-mêmes sur deux faces (1). »

Cette morale de la vie intensive et extensive constitue, pour Guyau, la partie positive de la science des mœurs. Lui-même la présente comme ayant besoin d'être complétée par la spéculation métaphysique. A la juger en elle-même, on ne peut nier la part de vérité qu'elle renferme et la force avec laquelle son auteur l'a établie. Nous aurions seulement voulu une analyse complète du principe même, qui est la vie. Guyau considère cette idée comme plus fondamentale et plus primitive que toutes les autres, que celles de mouvement, de pensée, et

---

(1) *L'Irréligion de l'avenir*, p. 353.

même d'existence, qui, à ses yeux, n'en sont que des extraits et des abstraits. Pourtant, du côté physique, la vie semble se réduire à un pur mécanisme ; du côté psychique, elle se ramène à une *impulsion* accompagnée d'une *conscience* plus ou moins obscure et d'un *sentiment* plus ou moins obscur. L'idée de vie paraît donc plus complexe et moins *radicale* qu'elle ne semble à Guyau. Par cela même, l'idée de la vie reste pour nous ambiguë, comme tout ce qui a double aspect. Dès lors, quel est l'aspect qui doit se subordonner l'autre? Est-ce la vie physique? Est-ce la vie mentale? Selon Guyau, c'est la vie mentale, parce qu'elle réalise le *maximum* de l'intensité extensive. Alors se pose une question nouvelle : En quoi consiste l'*intensité* de la vie, et comment pouvons-nous la mesurer? Si la mesure est toute *quantitative*, il n'est pas certain que la vie la plus intensive coïncide toujours avec la plus extensive et la plus généreuse. Le théorème sur la corrélation entre l'intensité et l'extension vitale est assurément de la plus haute valeur : une force *intense* tend à se répandre au dehors et à dominer les obstacles, mais Guyau n'a pas encore assez fait voir que la *seule* manière de se répandre soit d'être généreux et aimant. L'énergie vitale, et même psychique, peut se manifester par la domination sur les autres et leur emploi pour nos propres fins, au lieu de se manifester par la subordination de nous-mêmes aux fins universelles. En un mot, il y a deux *directions* possibles de l'activité intensive : la direction centripète et la direction centrifuge. Il eût fallu, par un théorème spécial, établir plus expressément que la direction vers autrui est le seul moyen normal de maintenir la vie individuelle dans son maximum d'énergie à la fois intensive et féconde. Napoléon Ier mena certainement une vie d'une intensité exceptionnelle, et il la répandit sur tous les champs de bataille de l'Europe; il pensa, il voulut, il agit, il sentit, il fit sentir sa volonté aux autres. La *fécondité* de sa vie fut extraordinaire, mais elle se manifesta en grande partie par la lutte et non par l'accord avec autrui, par l'écrasement des autres personnalités et non par leur relèvement. Certes, comme le dit Guyau, la violence même qui semble une expansion victorieuse de la puissance intérieure finit par en être une réelle restriction; le despote rencontre de la résistance ; de plus, il s'use et se déséquilibre lui-même. Cependant, si la vie ambitieuse ne saurait être pour le philosophe le plus haut idéal de la vie intense et large, il y faut reconnaître une existence qui sort du commun, qui a sa grandeur, qui peut même avoir un souffle d'héroïsme, et qui n'est pourtant pas la vie morale de justice ou de fraternité. La vie voluptueuse, elle aussi, la vie d'aventure, d'action et de passion, la vie d'un don Juan, toujours en éveil, toujours agitée et mouvante, se répandant partout, a son intensité expansive, son déploiement de puissance, d'intelligence, de sensibilité, et il ne surgit pas toujours à la fin une statue de pierre pour représenter la « sanction ».

A vrai dire, le critérium de la quantité semble pratiquement insuffisant en morale, et la considération de qualité paraît inévitable pour *qualifier* les actes. Pour celui qui irait au fond des choses, il y aurait sans doute identité fondamentale, comme Guyau l'admet, entre l'activité la plus intense quantitativement et l'activité la plus développée qualitativement; mais, n'ayant point de mesure quantitative pour la vie, nous sommes obligés de la régler par des considérations de qualité.

Enfin, dans le domaine même de la quantité, il peut y avoir antinomie entre l'intensité actuelle et la durée future de la vie : on peut être, par exemple, dans cette alternative : abaisser le niveau de sa vie ou renoncer à vivre. Guyau a prévu et indiqué cette difficulté, comme les autres, et il répond : « Le sacrifice même de la vie peut être encore, dans certains cas, une expansion de la vie, devenue assez intense pour préférer un élan de sublime exaltation à des années de terre à terre. Il y a des heures où il est possible de dire à la fois : je vis, j'ai vécu. Si certaines agonies physiques et morales durent des années, et si l'on peut pour ainsi dire mourir à soi-même pendant toute une existence, l'inverse est aussi vrai, et l'on peut concentrer une vie dans un moment d'amour et de sacrifice. » Cette doctrine est profondément juste, mais à la condition qu'on prenne la vie au sens psychique, non au sens physique, et même, dans le domaine psychique, il faut établir une hiérarchie entre les diverses manifestations de la vie, de manière à donner le premier rang à la volonté aimante, désintéressée, universelle. Berlioz met en scène un artiste qui se tue après avoir ressenti le plus haut plaisir esthétique qu'il lui semble devoir éprouver en son existence : dans cette action, dit Guyau, il n'y a pas autant de folie qu'on pourrait le croire.

« Supposez qu'il vous soit donné d'être pour un instant un Newton découvrant sa loi ou un Jésus prêchant l'amour sur la montagne; le reste de votre vie vous semblerait décoloré et vide. Vous pourriez acheter cet instant au prix du tout... On passe trois jours pour monter à un sommet des Alpes; on trouve que ces trois jours de fatigue valent le court instant passé sur la cime blanche, dans la tranquillité du ciel (1). » Guyau a raison; mais si on peut, comme il dit, « préférer un seul vers à tout un poème », c'est pour sa beauté; si la découverte de Newton ou si la prédication de Jésus sur la montagne valent plus que toute une vie, c'est parce que l'intelligence de Newton et le cœur de Jésus ont, dans un instant sublime, vécu de la vie universelle, brisé les limites de leur individualité, produit par cela même, non pour eux, mais pour l'humanité et le monde, une série infinie de conséquences qui se déroulent et se dérouleront encore dans l'avenir.

Guyau, pour faire comprendre comment on peut préférer la mort à une vie abaissée et avilie, a fait une analyse profonde de ce qu'il appelle le sentiment de l'*intolérabilité*, sentiment particulier à l'homme, qu'on n'a pas bien analysé jusqu'ici.

Outre que la vie n'est pas toujours un objet de *préférence*, elle peut devenir, dans certains cas, un objet de *dégoût* et d'*horreur*. Par l'influence de l'attention et de la réflexion, certaines souffrances physiques et surtout morales grandissent dans la conscience au point d'obscurcir tout le reste. Une seule peine suffit à effacer toute la multitude des plaisirs de la vie. Probablement l'homme a ce privilège de pouvoir être, s'il le veut, l'animal le plus malheureux de la création, à cause de la ténacité qu'il peut communiquer à ses peines. Or un des sentiments qui possèdent au plus haut point ce caractère de l'intolérabilité, c'est celui de la honte, de la « défaillance morale » : la vie achetée, par exemple, au prix de la honte peut ne pas paraître supportable. « On nous objectera qu'un vrai philosophe épicurien ou utilitaire peut regarder de haut ces sentiments de pudeur morale qui ont toujours quelque chose de conventionnel; mais nous répondrons qu'ils sont beaucoup moins conventionnels que tels autres, comme le

(1) *Esquisse d'une morale.*

culte de l'argent ; on voit tous les jours des gens ruinés ne plus pouvoir supporter la vie, et la philosophie ne pas leur servir ici à grand'chose. Or il y a une sorte de faillite morale plus redoutable encore à tous égards que l'autre. Ce qui est simplement agréable, comme tel ou tel plaisir de la vie, et même la somme des plaisirs de la vie, — ne peut jamais compenser ce qui apparaît à tort ou à raison comme *intolérable* (1). »

Certaines sphères particulières de l'activité finissent par acquérir une importance telle dans la vie, qu'on ne peut plus y porter atteinte sans atteindre la vie même en sa source. « On ne se figure pas Chopin sans son piano : lui interdire la musique eût été le tuer. De même, l'existence n'eût probablement pas été supportable pour Raphaël sans les formes, les couleurs et un pinceau pour les reproduire. » Quand l'art acquiert ainsi autant d'importance que la vie même, il n'y a rien d'étonnant à ce que la moralité ait aux yeux de l'homme plus de prix encore : c'est là en effet une sphère d'activité plus vaste que l'art. « Perdre, pour *vivre*, les motifs mêmes de vivre ! » Le vers de Juvénal est toujours vrai, même pour qui rejette les doctrines stoïques. Le sceptique le plus désabusé s'impose encore une certaine règle de conduite qui domine sa vie, un idéal au moins pratique ; la vie, à certains moments, peut ne pas lui paraître digne d'être conservée par la renonciation à ce dernier vestige d'idéal.

Si, dans aucune doctrine, le sentiment moral ne peut, à lui seul, donner à la sensibilité le vrai bonheur positif, il est cependant capable de rendre le bonheur *impossible* en dehors de lui, et cela suffit pratiquement. Pour les êtres qui sont parvenus à un certain degré de l'évolution morale, le bonheur n'est plus désirable en dehors de leur idéal même.

« Le sentiment moral vaut donc encore plus peut-être par sa puissance destructive que par sa puissance créatrice. On pourrait le comparer à un grand amour qui éteint toutes les autres passions ; sans cet amour la vie nous est intolérable et impossible ; d'autre part, nous savons qu'il ne sera pas payé de retour, qu'il ne peut pas et ne doit pas l'être. On plaint d'habitude ceux qui ont au cœur de tels amours, des amours sans espoir, que rien ne peut rassasier ; et pourtant nous en nourrissons tous

(1) *Esquisse d'une morale.*

un aussi puissant pour notre idéal moral, dont nous ne pouvons rationnellement attendre aucune sanction. Cet amour semblera toujours vain au point de vue utilitaire, puisqu'il ne doit point compter sur une satisfaction, sur une récompense ; mais, d'un point de vue plus élevé, ces satisfactions et ces prétendues récompenses peuvent apparaître à leur tour comme une vanité. »

Ainsi la valeur de la vie est une chose tout à fait variable et qui parfois peut se réduire à zéro, à moins de zéro. L'action morale, au contraire, a toujours un certain prix ; il est rare qu'un être soit descendu assez bas pour accomplir, par exemple, un acte de lâcheté avec la plus parfaite indifférence, ou même avec plaisir. Tout dépend donc, selon Guyau, du degré d'intensité que la vie proprement *morale* a atteint en nous, et qui entraîne l'*expansion*, la fécondité, le don de soi. Aussi Guyau divise-t-il les hommes en « économes d'eux-mêmes » et en « prodigues d'eux-mêmes ». On lui a objecté (1) que l'activité vitale, là où elle surabonde, peut sans doute être prodigue et se dépenser pour autrui sans se mesurer, parce qu'alors la dépense même est un gain ; mais, là où la richesse de vie est insuffisante, la vie doit être économe d'elle-même, car la dépense serait une perte irréparable. La morale de la vie aboutit donc au mot de l'Evangile. « Quiconque a déjà, on lui donnera encore ; mais pour celui qui n'a point, on lui ôtera même ce qu'il a. » — Guyau réplique, et avec raison, qu'autre est la vie physique, qui se dépense en se donnant, autre la vie morale, qui ne peut précisément s'accroître qu'en se donnant. Mais alors, dans son système, il ne s'agit plus de la vie en *général*, et il faudrait déterminer quel est ce fond dernier de la vie qui est riche de ce qu'il donne encore plus que de ce qu'il possède. Ce fond se ramènerait sans doute au pouvoir même de se désintéresser, à la volonté du bien universel. La moralité n'est pas simplement l'intensité de la vie, c'est l'intensité de la volonté tendant à l'universel. Guyau a montré excellemment lui-même que la morale future mettra de plus en plus en relief le côté social de l'individu, comme aussi l'indépendance et la valeur croissante de l'individu dans la société, en un mot l'harmonie du social et de l'individuel dans les profondeurs de la vie. Cette idée aurait pu l'amener à se

---

(1) M. Boirac.

demander s'il n'y a pas, dans ces profondeurs qui ne sont pas seulement la vie en général, mais plus précisément la volonté, l'activité de l'être, une unité radicale des deux termes, des deux tendances vers soi et vers le tout, et si cette unité n'est pas un vouloir qui est sans doute le nôtre, mais qui s'étend à tous et à tout, à l'univers. Il eût pu ainsi, sous l'idée de *vie*, retrouver celle de *volonté*, montrer que la volonté normale, radicale, est une volonté de l'universel, une volonté aimante, et enfin mesurer avec plus de précision la valeur des actes à leur rapport avec cette volonté.

La conclusion à laquelle Guyau arrive, et qu'il exprime avec sa franchise habituelle, est la suivante : « Une morale positive et scientifique ne peut faire à l'individu que ce commandement : — Développe ta vie dans toutes les directions ; sois un *individu* aussi riche que possible en énergie intensive et extensive ; pour cela, sois l'être le plus *social* et le plus sociable. Au nom de cette règle générale, la morale pourra bien prescrire à l'individu certains sacrifices partiels et mesurés ; elle pourra formuler toute la série des devoirs moyens entre lesquels se trouve renfermée la vie ordinaire. En tout cela, bien entendu, rien de catégorique, d'absolu, mais d'excellents conseils hypothétiques : si tu poursuis ce but, la plus haute intensité de vie, fais cela. » Mais, ajoute Guyau, comment la morale purement scientifique de la vie pourra-t-elle nous faire accomplir des actes qui dépassent le niveau de la morale moyenne et scientifique ? Comment, en certains cas, entraîner l'individu à un désintéressement définitif, parfois au sacrifice de soi ?

Outre les mobiles que nous avons précédemment examinés et qui agissent constamment dans les circonstances normales, Guyau, par une analyse aussi fine que neuve, fait intervenir d'autres mobiles, qu'il appelle l'amour du *risque physique* et l'amour du *risque moral*. L'homme, dit-il, est un être ami de la spéculation, non seulement en théorie, mais en pratique. Là où cesse la certitude, ni sa pensée ni son action ne cessent pour cela. Et c'est chose heureuse, car la vie se trouverait à chaque instant suspendue s'il fallait toujours agir avec des certitudes positives : nous en sommes réduits perpétuellement à conjecturer, à spéculer, à nous lancer dans l'incertain. Cet instinct du risque était nécessaire à l'humanité ; aussi s'est-il développé chez les peuples primitifs, par le courage devant le danger, par l'amour de l'inconnu et de l'aventureux. « Le danger était pour ainsi dire le jeu des hommes primitifs, comme le jeu est aujourd'hui pour beaucoup de gens le simulacre du danger. » Le plaisir d'affronter un péril tient surtout au plaisir de la victoire. On aime à se prouver à soi-même sa supériorité. Ce besoin de s'exposer et de vaincre, qui entraîne le guerrier et le chasseur, se retrouve chez le colon, chez l'ingénieur, chez le voyageur et le marin. « L'attrait invincible de la mer est fait en grande partie du danger constant qu'elle présente. » Si le peuple anglais a acquis une intensité de vie, une force d'expansion telle qu'il s'est répandu dans le monde entier, on peut dire qu'il le doit à son éducation par la mer, c'est-à-dire à son éducation par le danger. En somme, l'homme a besoin de se sentir grand, « d'avoir par instants conscience de la sublimité de sa volonté » : cette conscience, il l'acquiert dans la lutte, — lutte contre soi et contre ses passions, ou contre des obstacles matériels et intellectuels.

Après avoir ainsi analysé le sentiment du risque, Guyau remarque qu'il y avait dans le fameux pari de Pascal un élément qui n'a pas été mis en lumière : Pascal n'a vu que la crainte du risque, Guyau introduit dans le problème le *plaisir* du risque, qui manifeste encore sous une forme nouvelle la fécondité de la vie, la corrélation nécessaire entre l'intensité de la vie et son expansion. Ce plaisir du risque a une importance considérable dans la sphère économique ; voyez les spéculateurs qui risquent leurs capitaux pour quelque grande entreprise. « Il n'y a donc, dans le danger couru pour l'intérêt de quelqu'un (le mien ou celui d'autrui), rien de contraire aux instincts profonds et aux lois de la vie. Loin de là, s'exposer au danger est quelque chose de *normal* chez un individu bien constitué moralement ; s'y exposer pour autrui, ce n'est que faire un pas de plus dans la même voie. *Le dévouement rentre, par ce côté, dans les lois générales de la vie*, auquel il paraissait tout d'abord échapper entièrement. Le péril affronté pour soi ou pour autrui, — intrépidité ou dévouement, — n'est pas une pure *négation du moi et de la vie personnelle* : c'est cette vie même portée jusqu'au sublime. » Lorsqu'on a accepté le *risque*, on a aussi accepté la mort possible. En toute loterie, il faut prendre les mauvais numéros comme les autres. « La nécessité du sacrifice, dans bien des cas, est un mauvais numéro ; on le tire pourtant, on le place sur son front, non sans quelque fierté, et on part. Le devoir à l'état aigu fait partie des événements tragiques qui fondent sur la vie. Celui qui voit venir la mort dans ces circonstances se sent pour ainsi dire lié à elle : tels sont le soldat, le marin, le médecin, tous ceux que lie une « obligation professionnelle », tous les captifs du « devoir ».

Toutefois, ce dernier équivalent de la moralité, l'amour du risque, est, par sa nature même, le plus aléatoire de tous. Sans doute il y aura toujours quelque fascination exercée par une grande entreprise à laquelle se mêle un élément d'incertitude ; mais, Guyau nous l'a montré, la société à venir sera réfléchie, raisonneuse, surtout si l'esprit *positif* se répand de plus en plus ; or, la réflexion, ici plus que jamais, se retournera contre l'instinct entreprenant.

Enfin, comment obtenir le dévouement dans les cas où l'agent moral est placé non plus en face du simple risque, mais devant la certitude du sacrifice définitif ? — « Il faudrait pour cela, dit Guyau, trouver quelque chose de plus précieux que la vie ; or, empiriquement, il n'y a rien de plus précieux, cette chose-là n'a pas de commune mesure avec tout le reste ; le reste la suppose et lui emprunte sa valeur. » De là Guyau conclut que, « dans certains cas extrêmes, — très rares d'ailleurs, — le problème moral n'a pas de solution rationnelle et scientifique. » Dans ces cas où la morale scientifique est impuissante, elle ne peut que « laisser toute spontanéité à l'individu (1) ». La société se défendra comme elle pourra contre les empiétements individuels ; l'individu, de son côté, dans certaines alternatives difficiles, agira suivant sa nature plus ou moins égoïste ou altruiste. Toute action peut être considérée comme une équation à résoudre : il y a, dit Guyau, des équations qui sont insolubles ou qui comportent « plusieurs solutions singulières ».

Ainsi, avec sa clairvoyance et sa parfaite sincérité, Guyau ne se fait point illusion sur ce qu'offrira toujours d'incomplet une morale exclusivement scientifique, qui ne peut être à ses yeux que la première moitié de toute morale

---

(1) *Esquisse d'une morale,* page 248.

future. L'antinomie des instincts désintéressés et de la réflexion égoïste, provisoirement reculée, reparaîtra toujours à la fin; et il est à craindre que les solutions « singulières » ne se généralisent, que les exceptions à la règle ne finissent par devenir la règle même. L'*Esquisse d'une morale* marque ainsi, par la rigueur et la hardiesse de ses déductions, jusqu'où peut aller et où s'arrête la science positive des mœurs.

Cette science positive des mœurs sera toujours à la vraie morale ce qu'est le polygone d'un nombre croissant de côtés au cercle qu'il ne peut remplir. Chimérique ou non, notre idée de la moralité emporte avec elle quelque chose de définitif, au moins *pour nous*, étant donnée notre constitution mentale. La vraie morale doit donc déterminer ce que nous devons faire non plus en vue d'autre chose (ce qui nous entraînerait à l'infini), mais pour soi-même, ou, si l'on veut, pour nous-mêmes tels que nous sommes normalement constitués; elle s'efforce, en un mot, de fixer l'objet dernier du vouloir, autant qu'il nous est possible de nous le représenter. Et ce n'est pas là une prétention de luxe, c'est une recherche de première nécessité. Nous sommes en effet engagés tout entiers dans les problèmes moraux; comment donc la morale pourrait-elle s'arrêter à moitié chemin? Jamais l'homme ne vouera sa vie, et surtout ne la sacrifiera, qu'à ce qu'il aura considéré comme l'idéal le plus définitif qu'il puisse atteindre, et la conception d'un tel idéal enveloppe toujours quelque opinion, raisonnée ou spontanée, dogmatique ou sceptique, sur l'homme, sur la société, sur l'univers, sur le principe et la fin de l'existence, sur la possibilité ou l'impossibilité du progrès, sur le pessimisme ou sur l'optimisme. Or, la métaphysique est une tentative pour faire l'analyse la plus radicale et la synthèse la plus complète de la connaissance et de l'existence. La morale de l'avenir devra donc être métaphysique en même temps que scientifique; elle sera l'application à la conduite de la totalité des connaissances positives et de la totalité des connaissances ou spéculations métaphysiques. Pour mouvoir l'homme entier, — dans ces alternatives solennelles et, comme disent les Allemands, *tragiques,* où l'homme n'agit plus sous l'impulsion machinale de l'instinct, mais dans le grand jour de la réflexion, — il faut tous les ressorts intellectuels, sans compter tous les ressorts du sentiment. C'est donc avec raison qu'à l'adage vulgaire : « Vivre d'abord, ensuite philosopher, » on a répondu : « Une manière de vivre n'est qu'une manière de philosopher. »

Nous pouvons donc conclure, contrairement à MM. Spencer, Leslie, Clifford, et en conformité avec les dernières conclusions de Guyau, que les soutiens métaphysiques de la moralité seront toujours nécessaires. Eux seuls pourront fournir la solution la plus rapprochée possible du grand problème qui s'impose à l'humanité réfléchie : légitimer par la réflexion même l'instinct moral, le droit, le dévouement, justifier ainsi la justice, sacrer rationnellement la charité en plaçant sur son front un diadème qui soit pour la pensée une lumière. Seule la métaphysique peut tenter de faire franchir à l'homme, par un acte de volonté réfléchie, le difficile passage du moi au non-moi, de l'égoïsme au désintéressement. Pour cela, dit Guyau, il faudra toujours dépasser la pure expérience, spéculer sur le réel et sur l'idéal, ajouter aux faits positifs des spéculations métaphysiques sur la nature de l'homme et la valeur de la vie. « Les vibrations lumineuses de l'éther se transmettent de Sirius jusqu'à mon œil, voilà un *fait*; mais faut-il ouvrir mon œil pour les recevoir ou faut-il le fermer? On ne peut pas à cet égard tirer une loi des vibrations mêmes de la lumière. » Pareillement, « ma conscience arrive à concevoir autrui, mais faut-il m'ouvrir tout entier à autrui, faut-il me fermer à moitié? C'est là un problème dont la solution dépendra de mes conceptions sur l'univers et sur mon rapport avec les autres êtres. Il est des circonstances où la pratique a tout à coup besoin de la métaphysique ; on ne peut plus vivre, ni surtout mourir sans elle. »

Reste à savoir comment Guyau a conçu et la nature de la métaphysique, et son mode d'intervention dans la morale. Question de majeure importance, puisqu'elle porte sur ce que nous considérons, avec Guyau, comme le dernier fondement de la morale, la métaphysique des mœurs.

Selon Guyau, la métaphysique est entièrement hypothétique ; c'est un ensemble de spéculations et de constructions invérifiables, indémontrables, conséquemment toutes problématiques. Or, d'une hypothèse ne peut descendre une loi ; donc, de la métaphysique ne peut descendre une vraie *loi* morale. « Pour que je puisse *raisonner* jusqu'au bout certains actes moraux dépassant la morale moyenne et scientifique (comme les actes de sacrifice), pour que je puisse les déduire rigoureusement de principes philosophiques ou religieux, il faut que ces principes soient eux-mêmes posés et déterminés. Mais ils ne peuvent l'être que par l'hypothèse. Il faut donc que je crée moi-même, en définitive, les raisons métaphysiques de mes actes. Etant donné l'inconnaissable, l'x du fond des choses, il faut que je me le représente d'une certaine façon, que je le conçoive sur l'image de l'acte que je veux accomplir. » Si, par exemple, je veux accomplir un acte de charité pure et définitive, et que je veuille justifier rationnellement cet acte, il faut que j'imagine une éternelle charité présente au fond des choses et de moi-même, il faut que j'objective le sentiment qui me fait agir. L'agent moral joue ici le même rôle que l'artiste : il doit projeter au dehors les tendances qu'il sent en lui, faire un poème métaphysique avec son amour. « L'x inconnaissable et neutre est le pendant du marbre que façonne le sculpteur, des mots inertes qui se rangent et prennent vie dans la strophe du poète. L'artiste ne façonne que la forme des choses ; l'être moral, qui est toujours un métaphysicien spontané ou réfléchi, façonne le fond même des choses, arrange l'éternité sur le modèle de l'acte d'un jour qu'il conçoit, et il donne ainsi à cet acte, qui sans cela semblerait suspendu en l'air, une racine dans le monde de la pensée. » Le *noumène*, au sens *moral* et non purement négatif, c'est nous qui le faisons ; il n'acquiert de valeur morale qu'en vertu du type sur lequel nous nous le représentons : « c'est une construction de notre esprit, de notre imagination métaphysique. »

— Il est triste, dit quelque part M. Renan, de songer que c'est M. Homais qui a raison, et qu'il a vu vrai comme cela, du premier coup, sans effort et sans mérite, en regardant à ses pieds. — « Eh bien, non, répond Guyau, M. Homais n'a pas raison, enfermé qu'il est dans son petit cercle de vérités positives. Il a pu fort bien cultiver son jardin, mais il a pris son jardin pour le monde, et il s'est trompé. Il eût peut-être mieux valu pour lui tomber amoureux d'une étoile, enfin être hanté par quelque chimère bien chimérique, qui du moins lui eût fait réaliser quelque chose de grand. Vincent de Paul avait sans doute le cerveau rempli de plus de rêves faux que M. Homais ; mais il s'est trouvé que la petite portion de vérité contenue dans ses rêves a été plus féconde que la masse de vérités de sens commun saisies par M. Homais. »

La raison nous fait entrevoir deux mondes distincts : le monde réel où nous vivons, un certain monde idéal où nous vivons aussi, où notre pensée se retrempe sans cesse et dont on ne peut pas ne pas tenir compte ; seulement, quand il s'agit du monde idéal, personne n'est plus d'accord : chacun le conçoit à sa manière ; quelques-uns le nient tout à fait. « C'est pourtant de la manière dont on conçoit le fond métaphysique des choses que dépend la manière dont on s'obligera soi-même à agir. » En fait, une grande partie des plus nobles actions humaines ont été accomplies au nom de la morale religieuse ou métaphysique ; il est donc impossible de négliger cette très féconde source d'activité. « Mais il n'est pas moins impossible d'imposer ici à l'activité une règle fixe tirée d'une seule doctrine ; au lieu de *régler* absolument l'application des idées métaphysiques, il importe seulement de la *délimiter*, de lui assigner sa sphère légitime sans la laisser empiéter sur la morale positive. » Guyau compte sur la spéculation métaphysique en morale comme on compte sur la spéculation économique en politique et en sociologie. Seulement, en premier lieu, il veut qu'on se persuade bien que ce domaine est celui du sacrifice pratiquement *improductif* pour l'individu, du dévouement absolu au point de vue terrestre ; le domaine de la spéculation économique est, au contraire, celui du sacrifice *reproductif*, du risque couru dans un but d'intérêt. En second lieu, il faut laisser à la spéculation son caractère *hypothétique*. « En fait, je *sais* cela ; par hypothèse, et suivant un calcul *personnel* de probabilité, j'en *induis* ceci (par exemple que le désintéressement est le fond de mon être, et l'égoïsme la simple surface, ou réciproquement) ; par déduction, j'en tire une *loi* rationnelle de ma conduite. Cette loi est une simple conséquence de mon hypothèse, et je ne m'y sens rationnellement *obligé* qu'aussi longtemps que l'hypothèse me paraît la plus probable, la plus vraie *pour moi*. » Guyau obtient ainsi une sorte d'impératif personnel et non catégorique, suspendu à une hypothèse. En troisième lieu, il admet que cette hypothèse peut varier suivant les individus, les tempéraments intellectuels : c'est l'absence de loi fixe, qu'il désigne sous le

terme d'*anomie* pour l'opposer à l'autonomie des Kantiens (1).
Par la suppression de l'impératif catégorique, le désintéressement, le dévouement ne sont pas supprimés, mais leur objet
variera; l'un se dévouera pour une cause, l'autre pour une
autre. Bentham a consacré sa vie entière à la notion d'intérêt : c'est une manière de dévouement; il a subordonné toutes
ses facultés à la recherche de l'utile pour lui et nécessairement aussi pour les autres : « le résultat, c'est qu'il a été
réellement très utile, autant et plus peut-être que tel apôtre
du désintéressement, comme sainte Thérèse ».

Il y a donc une morale invariable, celle des faits; et, pour
la compléter là où elle ne suffit plus, une morale variable et
individuelle, celle des hypothèses. Ainsi se trouve ébranlée
la vieille loi apodictique : « l'homme, délié par le doute de
toute obligation absolue, recouvre en partie sa liberté ». Kant a
commencé en morale une révolution quand il a voulu rendre
la volonté autonome, au lieu de la faire s'incliner devant une
loi extérieure à elle; mais, selon Guyau, il s'est arrêté à moitié
chemin. La vraie « autonomie » doit produire l'originalité
individuelle et non l'universelle uniformité.

Dans cette morale du risque spéculatif, le martyr n'a plus
besoin de savoir si « des palmes l'attendent là-haut » ni si
une « loi catégorique » lui commande son dévouement. On
meurt pour conquérir non pas la vérité tout entière, mais le
plus petit de ses éléments; un savant se dévoue pour un
« chiffre ». L'ardeur à la recherche supplée à la certitude
même de l'objet cherché; l'enthousiasme remplace la *foi*
religieuse et la *loi* morale. La hauteur de l'idéal à réaliser
remplace l'énergie de la croyance en sa réalité immédiate.
Quand on espère quelque chose de très grand, on puise dans la
beauté du but le courage de braver les obstacles; si les chances
d'y atteindre diminuent, le désir s'accroît en proportion. Plus
l'idéal est éloigné de la réalité, plus il est désirable, et, comme le
désir même est la force suprême, il a à son service le maximum
de force. « Les biens trop vulgaires de la vie sont si peu de

(1) Bien entendu, Guyau n'a jamais songé à considérer toutes les hypothèses
métaphysiques comme égales pour la pensée humaine. Il y a une logique abstraite
au point de vue de laquelle on peut les classer, les ranger selon l'échelle des probabilités. Toutefois, selon lui, leur forme pratique ne sera pas, d'ici à longtemps,
exactement correspondante à leur valeur théorique. (Voir, dans *l'Irréligion de
l'avenir*, le chapitre sur le progrès des hypothèses métaphysiques.)

chose, qu'en comparaison l'idéal conçu doit paraître immense ; toutes nos petites jouissances s'anéantissent devant celle de réaliser une pensée élevée. Cette pensée dût-elle n'être presque rien dans le domaine de la nature et même de la science, elle peut être réellement tout par rapport à nous : c'est l'obole du pauvre. Chercher la vérité, cette action n'offre plus rien de conditionnel, de douteux, de fragile. On tient quelque chose, non pas sans doute la vérité même (qui la tiendra jamais?), mais du moins l'esprit qui la fait découvrir. Quand on s'arrête obstinément à quelque doctrine toujours trop étroite, c'est une chimère qui fuit dans vos mains ; mais aller toujours, chercher toujours, espérer toujours, cela seul n'est pas une chimère. La vérité est dans le mouvement, dans l'espérance, et ce n'est pas sans raison qu'on a proposé comme complément de la morale positive une philosophie de l'espérance... Un enfant vit un papillon bleu posé sur un brin d'herbe ; le papillon était engourdi par le vent du nord. L'enfant cueillit le brin d'herbe, et la fleur vivante qui était au bout, toujours engourdie, ne s'en détacha pas. Il s'en revint, tenant à la main sa trouvaille. Un rayon de soleil vint à briller ; il frappa l'aile du papillon, et soudain, ranimée et légère, la fleur vivante s'envola dans la lumière. Nous tous, chercheurs et travailleurs, nous sommes comme le papillon : notre force n'est faite que d'un rayon ; — pas même : de l'espoir d'un rayon. »

Les religions disent : — J'espère parce que je crois et que je crois à une révélation extérieure. — Guyau répond : — Je crois parce que j'espère, et j'espère parce que je sens en moi une énergie tout intérieure qui doit entrer en ligne de compte dans le problème. L'action seule donne la confiance en soi, dans les autres, dans le monde. La pure méditation, la pensée solitaire finit par vous ôter les forces vives. « Quand on se tient trop longtemps sur les hauts sommets, une sorte de fièvre vous prend, de lassitude infinie ; on voudrait ne plus redescendre, s'arrêter, se reposer ; les yeux se ferment ; mais, si l'on cède au sommeil, on ne se relève plus : le froid pénétrant des hauteurs vous glace jusqu'à la moelle des os ; l'extase indolente et douloureuse dont vous vous sentiez envahir était le commencement de la mort. »

L'action est le remède au pessimisme. Le vrai et grand pessimisme se ramène dans le fond, selon Guyau, au désir de l'infini; le haut désespoir se ramène à l'espoir infini; c'est précisément parce qu'il est infini et inextinguible qu'il se change en désespoir. « La conscience de la souffrance, à quoi se réduit-elle elle-même en grande partie? A la pensée qu'il serait possible d'y échapper, à la conception d'un état meilleur, c'est-à-dire d'une sorte d'idéal. Le seul être qui parle et pense est aussi le seul capable de pleurer. Un poète a dit : « L'idéal » germe chez les souffrants; » ne serait-ce pas l'idéal même qui fait germer la souffrance morale, qui donne à l'homme la pleine conscience de ses douleurs. » De fait, certaines douleurs sont une marque de supériorité; tout le monde ne peut pas souffrir ainsi. « Les grandes âmes au cœur déchiré ressemblent à l'oiseau frappé d'une flèche au plus haut de son vol, il pousse un cri qui emplit le ciel, il va mourir, et pourtant il plane encore. Léopardi, Heine ou Lenau n'eussent probablement pas échangé contre des jouissances très vives ces moments d'angoisse dans lesquels ils ont composé leurs plus beaux chants. Dante souffrait autant qu'on peut souffrir de la pitié quand il écrivit ses vers sur Françoise de Rimini; qui de nous ne voudrait éprouver une souffrance pareille? Il est des serrements de cœur infiniment doux. Il est aussi des points où la douleur et le plaisir aigu semblent se confondre; les spasmes de l'agonie et ceux de l'amour ne sont pas sans quelque analogie; le cœur *se fond* dans la joie comme dans la douleur. Les souffrances fécondes sont accompagnées d'une jouissance ineffable; elles ressemblent à ces sanglots qui, rendus par la musique d'un maître, deviennent harmonie. Souffrir et produire, c'est sentir en soi une puissance nouvelle éveillée par la douleur; on est comme l'Aurore sculptée par Michel-Ange, qui, ouvrant ses yeux en pleurs, ne semble voir la lumière qu'à travers ses larmes; oui, mais cette lumière des tristes jours est encore la lumière, elle vaut la peine d'être regardée (1). »

L'action, en sa fécondité, est aussi un remède au scepticisme : elle se fait à elle-même, nous l'avons vu, sa certitude intérieure. Que sais-je si je vivrai demain, si je vivrai dans une heure, si ma main pourra terminer cette ligne que je commence? La vie, de toutes parts, est enveloppée d'inconnu.

---

(1) *Esquisse d'une morale*, pp. 241, 242.

« Pourtant j'agis, je travaille, j'entreprends ; et, dans tous mes actes, dans mes pensées, je présuppose cet avenir sur lequel rien ne m'autorise à compter. Mon activité dépasse à chaque minute l'instant présent, déborde sur l'avenir. Je dépense mon énergie sans craindre que cette dépense soit une perte sèche, je m'impose des privations en comptant que l'avenir les rachètera, je vais mon chemin. » Cette incertitude qui, nous pressant de toutes parts également, équivaut pour nous à une certitude et rend possible notre liberté, c'est, selon Guyau, l'un des fondements de la morale spéculative avec tous ses risques.

Pour avoir les avantages que nous venons de lui attribuer, l'action doit se prendre, ajoute Guyau, à quelque œuvre précise et, jusqu'à un certain point, prochaine. Vouloir faire du bien, non pas au monde entier ni à l'humanité entière, mais à des hommes déterminés ; soulager une misère actuelle, alléger quelqu'un d'un fardeau, d'une souffrance, voilà ce qui ne peut pas tromper : « On sait ce qu'on fait ; on sait que le but méritera vos efforts, non pas en ce sens que le résultat obtenu aura une importance considérable dans la masse des choses, mais en ce sens qu'il y aura à coup sûr un résultat, et un résultat bon ; que votre action ne se perdra pas dans l'infini, comme une petite vapeur dans le bleu morne de l'éther. Faire disparaître une souffrance, c'est déjà une fin satisfaisante pour un être humain. On change par là d'un infinitième la somme totale de la douleur dans l'univers. » La pitié reste, — inhérente au cœur de l'homme et vibrant dans ses plus profonds instincts, — alors même que la justice purement rationnelle et la charité universalisée semblent parfois perdre leurs fondements. « Même dans le doute on peut aimer ; même dans la nuit intellectuelle qui nous empêche de poursuivre aucun but lointain, on peut tendre la main à celui qui pleure à vos pieds. »

En résumé, dans sa partie scientifique et certaine, la morale est *incomplète;* dans sa partie métaphysique, la morale est *douteuse.* Guyau constate la chose et dit : — Qu'y pouvons-nous faire ? Rien. Contentons-nous donc d'une morale partiellement certaine et partiellement incertaine. Rien n'indique qu'une morale purement scientifique, c'est-à-dire uniquement fondée sur ce qu'on sait, doive coïncider de tout point avec la morale pratique. « On peut très bien concevoir que la sphère de la *démonstration intellectuelle* n'égale pas en étendue la sphère de l'*action morale*, et qu'il y ait des cas où une règle rationnelle certaine vienne à manquer. Jusqu'ici, dans les cas de ce genre, la coutume, le sentiment, l'instinct ont conduit l'homme ; on peut les suivre encore à l'avenir, pourvu qu'on sache bien ce qu'on fait et qu'en les suivant on croie obéir non à quelque obligation mystique, mais aux impulsions les plus généreuses de la nature humaine en même temps qu'aux nécessités de la vie sociale. On n'ébranle pas la vérité d'une science, par exemple, de la morale, en montrant que son objet comme science est restreint. Au contraire, restreindre une science, c'est souvent lui donner un plus grand caractère de certitude : la chimie est une alchimie restreinte aux faits observables. De même, Guyau croit que la morale purement scientifique doit ne pas prétendre tout embrasser et que, loin de vouloir exagérer l'étendue de son domaine, elle doit « travailler elle-même à le délimiter ».

Ces réflexions sont aussi justes que neuves ; seulement, si la morale ainsi conçue et restreinte conserve sa « *vérité* », conservera-t-elle son *autorité*, son caractère *impératif*? — Evidemment non. C'est ce que Guyau reconnaît encore et accepte. Et en effet, pourquoi tenir tant à n'être bon que suivant une *loi*? Pourquoi voulez-vous être généreux par commandement, dévoué par ordre, aimant par consigne? Pourquoi voulez-vous que la catégorie suprême soit celle de *loi*, au lieu d'être celle de *bonté*? Le bien est bon parce qu'il est le bien, et non parce qu'il est commandé. Il y a un idéal supérieur qui satisfait notre pensée et notre sentiment ; ne demandez rien au delà. — Mais si je ne suis pas touché de cet idéal? — Si vous n'en êtes pas touché, est-ce donc une *loi* impérative qui pourra faire que vous en soyez touché? Il faut, selon Guyau, que la morale consente à dire franchement : Dans tel cas je ne puis rien vous prescrire impérativement ; plus d'obligation alors, ni de sanction ; consultez vos instincts les plus profonds, vos sympathies les plus larges, vos répugnances les plus normales ; faites des hypothèses métaphysiques sur le fond des choses, sur la destinée des êtres et la vôtre propre ; vous êtes abandonné, à ce point précis, à votre *self-government*. « C'est la liberté en morale, consistant non dans l'absence de tout règlement, mais dans l'abstention du règlement scientifique toutes les fois qu'il ne peut se justifier avec une suffisante rigueur. Alors commence en morale la part de la spéculation métaphysique, que la science ne peut ni supprimer ni entièrement suppléer. » Lorsqu'on gravit une montagne, il arrive qu'à un certain moment on est enveloppé dans des nuages qui cachent le sommet, on est perdu dans l'obscurité. Ainsi en est-il sur les hauteurs de la pensée : « une partie de la morale, celle qui vient se confondre avec la métaphysique, peut être à jamais cachée dans les nuages; mais il faut qu'elle ait aussi une base solide et qu'on sache avec précision le point où l'homme doit se résigner à entrer dans le nuage. »

Deux choses ressortent donc du livre de Guyau, — le seul essai sérieux et original de construction éthique que nous ayons encore en France au point du vue évolutionniste : d'une part, la morale naturaliste et positive ne fournit pas de principes invariables et absolus, soit en fait d'obligation, soit en fait de sanction; d'autre part, si la morale idéaliste peut en fournir, c'est, selon lui, à titre purement hypothétique, non assertorique. « En d'autres termes, ce qui est de l'ordre des faits n'est point universel; et ce qui est universel est une hypothèse spéculative; or, nous l'avons dit, d'une hypothèse ne peut descendre une *loi;* il en résulte que l'impératif *absolu*, en tant que loi absolue et catégorique, disparaît des deux côtés. » Guyau déclare accepter pour son propre compte cette disparition, et nous avons vu qu'au lieu de regretter la variabilité morale qui pourra en résulter en certaines conjonctures, il la considère au contraire comme « la caractéristique de la morale future ». Celle-ci, sur une foule de points, ne sera pas seulement. αὐτόνομος, mais ἄνομος.

Cette doctrine si neuve et si profonde pourrait sembler un paradoxe aux esprits superficiels; c'est cependant la conclusion logique de tout système qui n'attribue à la métaphysique qu'une valeur hypothétique et qui ramène ainsi la morale à des *faits* suivis d'*hypothèses;* car la théorie kantienne d'une *loi formelle* se suffisant à elle seule est bien difficile à soutenir.

Selon nous, il n'y aurait qu'un moyen de rendre la morale moins *hypothétique* en ses fondements et moins *an-archique* en ses applications. Ce serait de montrer qu'il y a : 1° des *certitudes*, les unes négatives, les autres positives, dans la métaphysique même; 2° des probabilités susceptibles d'une *estimation* suffisamment rigoureuse, sinon d'un calcul proprement dit. D'où on conclurait que, dans la morale même, qui, en sa partie la plus fondamentale, est la mise en pratique de la métaphysique, il existe, outre les *faits* positifs et les *hypothèses* spéculatives, une part de *certitude* déterminée et de *probabilité* déterminée, par conséquent une législation générale possible, différente de l'arbitraire individuel et de l'*anomie*. Quoi qu'il en soit, Guyau a déterminé magistralement les bases *vitales*, non pas seulement sociales et utilitaires, de la moralité, la relation normale de la vie intensive et de la vie expansive malgré les exceptions qu'elle comporte, la limite où s'arrête la morale évolutionniste, enfin la nécessité d'en compléter les données positives par les inductions métaphysiques.

CHAPITRE SEPTIÈME

L'éducation.

Aux études morales se rattachent les études pédagogiques. Guyau s'était toujours inquiété des problèmes de l'éducation. Lui-même avait composé un *Cours de lecture* dont le principal volume, intitulé *la Première Année de lecture courante*, est en quelque sorte classique dans les écoles. Devenu père, il fut préoccupé plus que jamais des problèmes pédagogiques. Dans l'introduction de son livre intitulé *Education et hérédité*, il nous dit : « C'est dans la paternité seule, mais dans la paternité complète, consciente, c'est-à-dire dans l'éducation de l'enfant, que l'homme en vient à « sentir tout son cœur ». Oh! le bruit des petits pieds de l'enfant! ce bruit léger et doux des générations qui arrivent, indécis, incertain comme l'avenir! L'avenir, c'est nous qui le déciderons peut-être, par la manière dont nous aurons élevé les générations nouvelles. »

Selon Guyau, le système entier de l'éducation devrait être en quelque sorte orienté vers le maintien et le progrès de la race. C'est par l'éducation que les religions agissaient et conservaient, soit le peuple *élu*, soit le patrimoine national. C'est aussi en ce sens qu'il faut agir, et par des procédés nouveaux. On a trop considéré jusqu'à présent l'éducation comme l'art d'élever un individu isolé, pris à part de sa famille et de sa race. On cherche à obtenir de cet individu le plus grand *rendement;* mais c'est un peu comme si un cultivateur s'efforçait de faire donner à un champ la plus luxuriante récolte possible pendant l'espace d'une ou deux années sans lui restituer rien de ce qu'il lui prend; le champ serait ensuite pour longtemps épuisé. C'est ce qui arrive aux races qu'on surmène, avec cette différence que la terre d'un champ subsiste, reprend à la longue sa fécondité par le repos et la jachère, tandis que la race surmenée peut s'affaiblir et disparaître pour toujours. Les études récentes sur l'hérédité (D' Jacoby, de Candolle, M. Ribot), les statistiques sur les professions, sur les habitants des grandes villes, etc., ont montré d'une manière frappante que certains milieux, certaines situations sociales sont mortels pour la race, et qu'en général même toute supériorité trop saillante, toute aptitude trop déterminée et trop spéciale chez un individu, en venant déranger l'équilibre naturel de la vie, constitue un danger pour sa postérité. Tout le monde parle de « la vie dévorante » des grandes villes, sans se douter que ce n'est pas là une figure, mais proprement une vérité. Les villes, disait avec raison Jean-Jacques Rousseau, sont les « gouffres » de l'espèce humaine. Il faut en dire autant, non seulement des villes, mais de la plupart des lieux où l'on brille, des théâtres, des assemblées politiques, des salons; « toute surexcitation nerveuse trop continue chez un individu introduira dans sa race, en vertu de la loi du balancement des organes, soit l'affaiblissement cérébral, soit les maladies du système nerveux, soit telle ou telle autre forme de la misère physiologique, qui aboutit un jour fatalement à la stérilité. »

Comme il y a, suivant les statisticiens, des provinces dévoratrices, des villes dévoratrices, des lieux qui ne se peuplent qu'aux dépens des endroits voisins, et font le vide tout alentour, il y a aussi des « professions dévoratrices », et ce sont souvent les professions les plus utiles au progrès du corps social, les plus tentantes en même temps pour l'individu même.

On est allé jusqu'à soutenir que toute supériorité intellectuelle dans la lutte pour la vie était un arrêt de mort pour la race, que le progrès se faisait par une véritable consommation des peuples mêmes qui y travaillaient le plus, que la meilleure condition pour durer était de vivre le moins possible intellectuellement, et que toute éducation qui travaille à surexciter les facultés d'un enfant, à en faire un être rare et exceptionnel, travaille par cela même à le tuer dans son sang et sa race. Guyau croit que cette assertion est vraie en partie pour l'éducation telle qu'elle est organisée, mais il croit aussi qu'une éducation plus prévoyante et mieux entendue pourrait remédier à cet épuisement de la race comme le cultivateur remédie par la variété des cultures à l'épuisement du sol.

Au siècle dernier, on avait exagéré l'importance de l'éducation au point de se demander naïvement avec Helvétius si toute la différence entre les divers hommes ne provient pas de la seule différence dans l'instruction reçue et le milieu ; si le talent, comme la vertu, ne peut pas s'enseigner. De nos jours, après les recherches faites sur l'hérédité, on s'est jeté dans des affirmations bien contraires : beaucoup de savants et de philosophes sont maintenant persuadés que l'éducation est impuissante à modifier profondément, chez l'individu, le tempérament et le caractère de la race : on naît criminel, comme on naît poète ; toute la destinée morale de l'enfant est contenue dans le sein maternel, puis se déroule implacablement dans sa vie. Pas de remède possible, notamment, pour ce mal commun à tous les déséquilibrés, fous, criminels, poètes, visionnaires, femmes hystériques, que l'on a nommé *neurasthénie :* les races descendent l'échelle de la vie et de la moralité tout ensemble, mais ne la remontent pas. Les déséquilibrés sont à jamais perdus pour l'humanité ; s'ils se perpétuent plus ou moins longtemps, c'est un malheur pour elle. La famille Yuke, ayant pour ancêtre un ivrogne, produisit en soixante-quinze ans deux cents voleurs et assassins, deux cent quatre-vingt-huit infirmes et quatre-vingt-dix prostituées. Dans l'antiquité, des familles entières étaient déclarées impures et proscrites : c'est, selon les philosophes de l'hérédité, l'antiquité qui avait raison. Les malédictions bibliques s'étendaient jusqu'à la cinquième génération : la science moderne a des malédictions du même genre et justifie les Juifs par cette remarque que tout caractère moral, bon ou mauvais, tend en effet à persister environ jusqu'à la cinquième génération, pour s'effacer ensuite s'il est anormal. Aussi malheur aux faibles ; il faut les éliminer et leur appliquer sans pitié cette parole de Jésus à la Chananéenne, — du Jésus irrité et inclément : « Il ne convient pas de prendre le pain des enfants pour le jeter aux chiens (1). »

En somme, dit Guyau, entre le pouvoir attribué par certains penseurs à l'éducation et par d'autres à l'hérédité, il existe une

---

(1) Cf. Féré, *Sensation et mouvement;* docteur Jacoby, *la Sélection;* docteur Déjerine, *l'Hérédité dans les maladies du système nerveux;* Ribot, *l'Hérédité,* et enfin les criminalistes italiens Lombroso, Ferri, Garofalo, etc.

antinomie qui domine toute la science morale et même politique, puisque la politique est frappée d'impuissance si les effets de l'hérédité sont sans remède. Il y a donc là un problème à double face qui mérite un sérieux examen. Guyau cherche à faire la part exacte des deux termes en présence, qui ne sont autres que l'habitude héréditaire et l'habitude individuelle, l'une déjà incarnée dans les organes, l'autre acquise. Il examine si, dans ce problème, les lois de la *suggestion*, récemment constatées par nos psycho-physiologistes et dont tous les effets sont encore si imparfaitement connus, ne constituent pas un élément nouveau et ne doivent pas modifier les données de la question. Les découvertes modernes sur la suggestion lui semblent, en effet, capitales au point de vue de l'éducation, parce qu'elles permettent de constater *de facto* « la possibilité de créer toujours dans un esprit, à tout moment de son évolution, un instinct artificiel capable de faire équilibre plus ou moins longtemps aux tendances préexistantes. Si cette introduction de sentiments nouveaux est possible par un moyen tout physiologique, elle doit être possible également par les moyens psychologiques et moraux. »

Guyau fut, croyons-nous, le premier à signaler l'analogie profonde de la *suggestion* et de l'*instinct*, ainsi que l'application possible de la suggestion à l'*éducation* et à la *thérapeutique*, comme correctif d'instincts anormaux ou stimulant d'instincts normaux trop faibles (1). Toute suggestion est en effet, selon lui, un *instinct à l'état naissant*, créé par l'hypnotiseur, de même que le chimiste produit aujourd'hui par synthèse des substances organiques. Et, comme tout instinct est le germe d'un sentiment de nécessité et parfois même d'obligation, il s'ensuit que « toute suggestion est une impulsion qui commence à s'imposer à l'esprit »; c'est « une volonté élémentaire qui s'installe au sein de la personnalité »; cette volonté, le plus souvent, se croit autonome et libre, et elle ne tarderait pas à dominer l'être, avec tous les caractères du vouloir le plus énergique et le plus conscient, si elle ne rencontrait pas la résistance d'autres penchants préexistants et vivaces.

Au cas où on pourrait créer ainsi un instinct artificiel du-

(1) Voir la *Revue philosophique*, 1883.

rable, Guyau ne doute pas qu'un sentiment mystique et comme religieux ne s'attachât bientôt à cet instinct. « Suggérer, dans certaines conditions, c'est contraindre physiquement ; avec des conditions beaucoup plus complexes, on pourrait presque *obliger moralement*. » En somme, tout instinct naturel ou moral dérive, selon la remarque de Cuvier, d'une sorte de somnambulisme, puisqu'il nous donne un ordre dont nous ignorons la raison : nous entendons la « voix de la conscience », et nous localisons cette voix en nous, alors qu'elle vient de bien plus loin et qu'elle est un écho renvoyé de génération en génération. « Notre conscience même est une sorte de suggestion héréditaire. »

Il est probable, selon Guyau, qu'en procédant pour l'être humain comme pour une plante de terre, ôtée au milieu normal, et en systématisant les suggestions, on pourrait « arriver à créer de toutes pièces de véritables *devoirs artificiels* ». Ce serait la synthèse prouvant l'exactitude de l'analyse. On pourrait aussi, par une expérience inverse, annuler tel ou tel instinct naturel. On peut faire perdre à une somnambule la mémoire, par exemple la mémoire des noms ; on peut même, selon M. Richet, faire perdre *toute* la mémoire (*Revue philos.*, 8 oct. 1880). M. Richet ajoute : « Cette expérience ne doit être tentée qu'avec une grande prudence ; j'ai vu survenir dans ce cas une telle terreur et un tel désordre dans l'intelligence, désordre qui a persisté pendant un quart d'heure environ, que je ne voudrais pas recommencer souvent cette tentative dangereuse. » Guyau, identifiant la mémoire, comme la plupart des psychologues, avec l'habitude et l'instinct, pense qu'il serait possible aussi d'anéantir provisoirement, ou tout au moins d'affaiblir chez une somnambule tel instinct, même des plus fondamentaux et des plus obligatoires, comme l'instinct maternel, la pudeur, etc. Il faudrait savoir, dit-il, si cette suppression de l'instinct ne laisserait pas quelques traces après le réveil. « On pourrait alors éprouver la force de résistance des divers instincts, par exemple des instincts moraux, et constater lesquels sont les plus profonds et les plus tenaces, des penchants égoïstes ou altruistes. On pourrait, dans cette sorte de mémoire héréditaire et sociale qu'on appelle la moralité, voir les parties solides et les autres plus fragiles, plus récemment surajoutées. »

Sur ce point, les indications sommaires que Guyau avait données jadis se sont trouvées réalisées avec succès par un nombre déjà notable d'expérimentateurs. Il est démontré aujourd'hui qu'on peut souvent contre-balancer une manie ou une habitude dépravée par une habitude artificielle créée au moyen de la suggestion pendant le sommeil hypnotique. « La suggestion aura donc des conséquences dont on peut à peine mesurer encore la portée au double point de vue de la thérapeutique mentale et de l'éducation (1). »

« Ainsi, conclut Guyau, les études récentes sur le système nerveux sont propres à corriger les préjugés nés de la science par une science plus complète. La suggestion, qui crée des instincts artificiels capables de faire équilibre aux instincts héréditaires, de les étouffer même, constitue une puissance nouvelle, comparable à l'hérédité; or l'éducation n'est autre chose qu'un ensemble de suggestions coordonnées et raisonnées, et l'on comprend dès lors l'efficacité qu'elle peut acquérir au point de vue à la fois psychologique et physiologique. »

Guyau suit cette idée dans toutes ses conséquences. Il étudie d'abord l'éducation morale, puis l'éducation physique, enfin l'éducation intellectuelle. Les vues neuves abondent dans son livre, qui est, en définitive, un véritable traité de l'éducation et des moyens par lesquels elle peut corriger l'hérédité acquise en vue d'une hérédité nouvelle. C'est une nouvelle *étude sociologique* ajoutée par l'auteur à celles qui concernent l'art et la religion.

(1) Les résultats thérapeutiques de la suggestion sont déjà nombreux et importants. Le docteur Voisin affirme avoir guéri par suggestion le délire mélancolique et la dipsomanie. En tout cas, la morphinomanie est guérissable par suggestion, et la guérison peut même se faire brusquement, sans provoquer ces accès de manie furieuse dus ordinairement à la suppression de la morphine. L'ivrognerie alcoolique et la manie de fumer ont été guéries de la même manière par MM. Voisin et Liégeois. La suggestion n'a pas moins d'intérêt comme moyen correcteur et moralisateur. A la suite des troubles civils de Belgique, M*** avait une peur effroyable de sortir à la nuit tombante; même un coup de sonnette à cette heure la faisait trembler. M. Delbœuf l'hypnotise, la rassure, et lui ordonne d'être courageuse à l'avenir; ses terreurs disparurent comme par enchantement et sa conduite se modifia en conséquence (*Revue philos.*, août 1886, M. Delbœuf). — Jeanne Sch..., âgée de vingt-deux ans, voleuse, prostituée, ordurière, paresseuse et malpropre, est transformée par M. Voisin, de la Salpêtrière, — grâce à la suggestion hypnotique, — en une personne obéissante, soumise, honnête, laborieuse et propre. Elle qui n'avait pas voulu lire une ligne depuis plusieurs années, elle apprend par cœur des pages d'un livre de morale; tous ses sentiments affectifs sont réveillés, et elle est finalement admise comme employée dans un établissement hospitalier où sa conduite est irréprochable.

CHAPITRE HUITIÈME

L'expansion de la vie sociale, comme principe de la religion.

Bien des définitions différentes ont été données de la religion. Les unes sont empruntées surtout au point de vue physique, les autres au point de vue métaphysique ; elles ne le sont presque jamais au côté social. Et pourtant, dit Guyau, l'idée d'un *lien de société* entre l'homme et des puissances supérieures, mais plus ou moins semblables à lui, est précisément ce qui fait l'unité de toutes les conceptions religieuses. L'homme devient vraiment religieux quand il superpose à la société humaine où il vit une autre société plus puissante et plus élevée. « La sociabilité, dont on a fait un des traits du caractère humain, s'élargit alors et va jusqu'aux étoiles. » Guyau définit l'être religieux : « un être sociable non seulement avec tous les vivants que nous fait connaître l'expérience, mais avec des êtres de pensée dont il peuple le monde. » L'*expansion de la vie* et *surtout de la vie sociale* est donc la véritable origine de la religion, comme de la morale et de l'art.

La grande originalité du livre, c'est cette introduction du point de vue sociologique dans l'étude des religions. Où M. Renouvier, où M. Franck (tout en appelant l'ouvrage un monument) voient un « vice radical », nous voyons pour notre part un mérite scientifique. Jusqu'à présent, en effet, on avait considéré la religion comme un simple résultat de l'intelligence et de l'imagination individuelle ; on en avait placé l'origine soit dans le besoin d'expliquer les phénomènes du monde et le monde lui-même (l'époque théologique d'Auguste Comte), soit dans l'idée et le sentiment du divin, de l'absolu (Schleiermacher, Lotze, Max Müller, etc.). Sans rejeter la part de vérité que ces théories renferment, Guyau voit surtout dans la religion un phénomène sociologique. En fait, c'est seulement au sein des sociétés que les religions naissent. De plus, elles sont un des liens mêmes de la société, une de ses conditions d'existence et de progrès (1). A l'origine, la religion ne fait qu'un avec la morale et avec le droit, comme avec la philosophie et la science ; c'est même de la religion que tout le reste procède ; la morale primitive est religieuse, le droit primitif est religieux, la philosophie et la science ne se détachent de la religion que très tard. Si donc la religion est un lien des hommes avec des puissances supérieures, elle est aussi un lien des hommes entre eux, et le *vinculum supernaturale* doit être au fond une des conditions du *vinculum naturale*. Si les sociétés ont des religions, c'est qu'il y a là pour elles, dans l'état actuel, une utilité et même une *nécessité vitale*, un moyen de subsister, de s'accroître, de l'emporter dans la grande lutte pour la vie. Toute société a le sentiment plus ou moins confus de ses conditions d'existence et de progrès : un instinct presque infaillible la guide. De même qu'elle se crée toujours à elle-même un gouvernement quelconque pour le dedans et des moyens de défense pour le dehors, de même qu'elle se fait des lois et des mœurs, de même elle se fait des *croyances* et des *représentations* symboliques de la vie universelle, du principe de l'univers, de la vie humaine et de la destinée humaine ; et elle se les fait conformes à son intérêt comme société, en harmonie avec ses propres conditions d'existence ou de perfectionnement. Voilà pour le *fond* de la religion ; il est en grande partie sociologique. Guyau n'en méconnaît pas pour cela le fond psychologique ; au contraire, il est clair que, la société étant composée d'hommes, tout phénomène sociologique a des racines psychologiques. Si donc la religion est née d'un besoin social, ce besoin social est lui-même la résultante d'une somme de besoins individuels. Si l'homme, par une expansion naturelle de sa vie physique et intellectuelle, n'avait pas le besoin de dépasser les phénomènes visibles pour en chercher les causes, s'il n'était pas porté, par une loi de la vie même, à concevoir partout des fins et quelque chose d'analogue

1. On peut consulter, sur ce point, les belles études de M. Lesbazeilles et de M. Durckheim, publiées dans la *Revue philosophique*.

à la finalité vivante ; si, de plus, il n'avait pas en lui le germe des idées d'infini et de parfait, si enfin il n'avait pas le désir d'aide, le désir d'une protection supérieure pour sa vie imparfaite et sans cesse menacée, la société ne suffirait pas à créer de toutes pièces des éléments étrangers à l'individu et elle n'enfanterait pas des *religions*.

Guyau n'a pas nié davantage, au profit des causes purement sociales, le rôle des génies *individuels* dans la formation des religions. « Les sentiments et les croyances, dit M. Renouvier, sont souvent, au su de tout le monde, descendus de ces initiateurs dans les masses, et non pas entrés dans leurs esprits par la voie de la tradition ou par la force et l'autorité des pensées communes et reçues... Deux sortes d'hommes ont causé, plutôt que subi, dans une certaine mesure, les croyances générales. Les uns, les saint Paul, les Mahomet, les Luther sont si manifestement des créateurs sociaux, dans leur espèce, que l'aspect inverse sous lequel on les envisagerait, à savoir comme des produits sociaux, doit paraître entièrement subalterne. Et je ne dis rien des grands *révélateurs*, dont les figures historiques ont moins de netteté, Zoroastre, Bouddha, le Christ même ; mais, ne fût-ce qu'à titre mythique ou légendaire aux yeux de ceux qui refuseraient de voir en eux des hommes, ils établissent fortement ce fait : que l'humanité se reconnaît dépendante de l'individu en religion, et que la religion est individualiste et non point sociale en ses grandes sources. » C'est l'éternelle querelle relative aux grands hommes et au milieu social. Guyau est de ceux qui n'ont rejeté aucun de ces deux termes, pas plus dans la formation des religions que dans l'art, et nous estimons qu'il a eu raison. « Pour fonder une grande religion, dit-il lui-même, il a fallu et il faudra toujours des hommes de génie, comme l'a été Jésus ou, pour prendre un type plus *historique*, saint Paul (1). »

(1) Mais Guyau ajoute que le génie des grands fondateurs de religion a besoin de réaliser deux conditions essentielles. Il faut qu'il soit absolument sincère : nous ne vivons plus au temps où la religion semblait une œuvre d'imposture ; il faut en outre qu'il soit pour ainsi dire dupe de lui-même, dupe de ses inspirations, de ses illuminations intérieures, disposé à y voir quelque chose de surhumain, à se tenir soi-même dieu, tout au moins désigné spécialement par Dieu.« Cette seconde condition a été facilement réalisée aux temps anciens où, dans l'ignorance des phénomènes psychologiques et physiologiques, non seulement les Jésus, mais de purs philosophes, les Socrate, les Plotin et tant d'autres, crurent sentir en eux le surnaturel, prirent au sérieux leurs visions ou leurs extases, et, ne pouvant s'expliquer

Non seulement le fond sociologique des religions est incontestable, mais il en est de même pour la forme sociologique qu'elles revêtent selon Guyau. D'après lui, nous l'avons vu, la vie sociale est le modèle, le type sur lequel la société humaine se représente les puissances supérieures, leurs rapports entre elles et leurs rapports avec nous. Cette sorte d'anthropomorphisme social est ce que Guyau désigne par le nom nouveau de *sociomorphisme*. De même que l'homme est incapable de rien se représenter en dehors de ses propres *formes*, de même la société ne peut que donner une forme *sociale* à cet ensemble de puissances supérieures qu'elle projette derrière les phénomènes pour les *animer*.

Le sociomorphisme se trouve effectivement dans les trois parties essentielles de toute religion : la physique, la morale et la métaphysique. Toute religion est d'abord une sorte de physique, une conception des êtres de la nature dans leurs rapports avec l'homme et ses besoins. L'idée primitive, selon Guyau, c'est celle de l'animé, non de l'inanimé, parce que nous avons conscience avant tout de notre propre vie. L'animé

leur génie tout entier à eux-mêmes, crurent à une communication mystérieuse ou miraculeuse avec Dieu. Ranger purement et simplement ces grands hommes dans la classe des fous serait absurde ; c'étaient des inconscients cherchant à expliquer les phénomènes qui se passaient en eux et en donnant, après tout, l'explication la plus plausible pour l'époque. Aujourd'hui, avec les connaissances scientifiques que nous possédons et que possède nécessairement tout homme arrivé à un certain niveau intellectuel, des inspirés comme Moïse ou Jésus seraient forcés, pour ainsi dire, d'opter entre ces deux partis : ne voir dans leur inspiration que l'élan naturel du génie, ne parler qu'en leur nom propre, ne prétendre rien révéler, rien prophétiser, être enfin des philosophes ; ou bien se laisser tromper par leur exaltation, l'objectiver, la personnifier et devenir réellement des fous. A notre époque, ceux qui ne sont pas capables de nommer la force agissant en eux, de la déclarer naturelle et humaine, qui se laissent emporter trop loin par elle et ne peuvent plus rester maîtres d'eux-mêmes, ceux-là sont définitivement classés parmi les aliénés ; les prophètes trop dupes d'eux-mêmes sont mis à Charenton. Nous faisons ainsi des distinctions qu'on ne pouvait pas faire autrefois et que ne pouvaient faire eux-mêmes les grands promoteurs d'idées religieuses : ils étaient soulevés par le mouvement qu'ils provoquaient, divinisés par le dieu qu'ils apportaient aux hommes. Le génie est susceptible de s'instruire comme la sottise ; il porte aujourd'hui comme elle la marque des connaissances nouvelles acquises par l'humanité. On peut prévoir un temps, et ce temps est déjà probablement venu pour l'Europe, où les prophètes mêmes, les apôtres et les messies manqueront aux hommes. C'est une grande profession qui meurt. — Qui de nous, qui de nous va devenir un dieu ? — Non seulement personne ne le peut plus, mais personne ne le veut : la science a tué le surnaturel jusque dans notre conscience même, jusque dans nos extases les plus intérieures ; nos visions ne peuvent plus être pour nous des apparitions, mais de simples hallucinations, et le jour où elles seraient assez fortes pour nous tromper nous-mêmes, nous deviendrions impuissants à tromper autrui, notre folie éclaterait et souvent même serait justiciable des lois humaines. Entre l'homme de génie et le fou il n'y a plus ce moyen terme, l'homme inspiré, le révélateur, le messie, le dieu. »

et l'inanimé sont des distinctions toutes relatives et qui n'existent pas dans l'esprit des enfants ou des sauvages : pour eux tout est animé, parce que tout se remue ou paraît agir comme ils agissent. Mouvement et *action* ne se comprennent d'abord que par la vie, dont ils sont pour notre conscience les manifestations les plus immédiates. Les êtres naturels tantôt nous servent, tantôt nous nuisent; ils ont une influence sur notre vie et notre destinée. Or, un dieu, c'est un être vivant avec lequel l'homme doit compter et dont la puissance dépasse l'ordinaire. Les dieux étant des êtres plus puissants que l'homme, mais semblables à lui, il peut s'établir entre eux et l'homme des liens de société. La religion, dans sa première période, est l'ensemble des lois qui règlent les actions et réactions sociales entre les hommes et les puissances supérieures. Ces lois sont conçues à l'image de celles qui régissent les rapports mutuels des hommes *ex analogia societatis humanæ*; de là les prières, les offrandes, les marques de respect et de soumission, etc. La religion est donc une sociologie fondée : 1° sur la crainte et le désir des hommes devant les puissances naturelles ; 2° sur un raisonnement par analogie qui assimile ces puissances à des volontés.

Guyau donne ainsi pour double fondement à la religion primitive les besoins *vitaux* de l'homme, qui tremble ou espère pour sa vie même, et les besoins *intellectuels* de l'homme (besoins vitaux supérieurs), qui le poussent à imaginer derrière les phénomènes dont il jouit ou souffre des causes vivantes plus ou moins semblables à lui-même. On a d'abord étendu les relations des hommes entre eux, tantôt amis, tantôt ennemis, à l'explication des faits physiques et des forces naturelles, dont l'homme retirait des biens ou des maux, puis, bien plus tard, à l'explication métaphysique du monde, de sa production, de sa conservation, de son gouvernement, de son bonheur ou de sa misère; enfin on a universalisé les lois sociologiques et on s'est représenté l'état de paix ou de guerre qui règne entre les hommes, entre les familles, les tribus, les nations, comme existant aussi entre les volontés qu'on plaçait sous les forces naturelles ou au delà de ces forces. Une sociologie mythique ou mystique, conçue comme contenant le secret de toutes choses, mais surtout le secret du bonheur humain, de la conduite humaine et de la destinée humaine, telle est la conception de la vie universelle qui, selon Guyau, fait le fond de toutes les religions.

Guyau croit que, dans certaines circonstances, l'homme est apparu à l'animal lui-même comme doué d'une puissance si extraordinaire que cette puissance a pu éveiller chez l'animal quelque vague sentiment religieux ; si l'homme est quelquefois un dieu pour l'homme, rien n'empêche qu'il ne soit aussi une sorte de dieu pour l'animal. Aux yeux de certains philosophes et même de certains savants, la religion est exclusivement l'apanage du règne humain ; mais Guyau ne trouve dans l'adoration primitive qu'un certain nombre de sentiments simples dont aucun, pris à part, ne lui semble fort au-dessus des animaux. De même que l'industrie, l'art, le langage et la raison, la religion peut donc avoir ses premières racines dans la conscience confuse et nébuleuse de l'animal (1).

En somme, assister à la naissance des religions, c'est voir comment, sous l'influence des *passions* de crainte, d'espérance, de respect, etc., une *conception* mythique peut entrer dans l'esprit humain, se souder à d'autres illusions ou à des vérités incomplètes, faire corps avec elles, puis se subordonner peu à peu tout le reste. Les premières et grossières religions furent des superstitions systématisées, organisées sous l'influence du besoin et de la passion. Pour Guyau, la superstition consiste dans une induction mal menée, dans un effort infructueux de la raison ; il ne veut pas qu'on entende par là la simple fantaisie de l'imagination et qu'on croie que les religions ont leur principe dans une sorte de jeu de l'esprit. Combien de fois a-t-on attribué la naissance des religions à un prétendu besoin du merveilleux, de l'extraordinaire, qui saisirait les peuples jeunes comme les enfants ! Raison bien artificielle d'une tendance plus naturelle et plus profonde. A vrai dire, en imaginant les diverses religions, ce que les peuples primitifs ont cherché, outre la satisfaction de leurs sentiments individuels ou sociaux, c'était déjà une explication de choses, et l'ex-

(1) Guyau n'a nullement assimilé le sentiment religieux, comme M. Franck l'en accuse, au sentiment « bestial du chien qui craint les coups » ; et d'ailleurs il y a, chez le chien même, le sentiment d'une puissance et d'une intelligence démesurément supérieures dans l'homme ; c'est pour cela qu'il y a une sorte d'adoration et de culte du chien pour son maître, sans parler de l'affection : tout n'est pas *bestial* chez la bête. En général, montrer les débuts humbles d'une évolution, ce n'est pas prétendre que le degré supérieur se réduise à l'inférieur, que « le spiritualisme, par exemple, ne contienne pas plus de vérité que le spiritisme ».

plication la moins étonnante, la plus conforme à leur intelligence encore grossière, la plus rationnelle *pour eux*. Il était infiniment moins merveilleux pour un ancien de supposer le tonnerre lancé par la main d'Indra ou de Jupiter que de le croire produit par une certaine force appelée électricité ; le mythe était une explication beaucoup plus satisfaisante des rapports entre les êtres naturels et l'homme : c'était ce qu'on pouvait trouver de plus plausible, étant donné le milieu intellectuel d'alors. Si donc la science consiste à lier les choses entre elles, on peut dire que Jupiter ou Jéhovah étaient déjà des essais de conceptions scientifiques. C'est maintenant qu'ils ne le sont plus, parce qu'on a découvert des lois naturelles et régulières qui rendent leur action inutile. « Si nos dieux ne semblent plus maintenant que des dieux honoraires, il en était tout autrement jadis. Les religions ne sont donc pas l'œuvre du caprice ; elles correspondent à cette tendance invincible qui porte l'homme, et parfois jusqu'à l'animal, à se rendre compte de tout ce qu'il voit, à se traduire le monde à soi-même. » La religion, sous ce rapport, qui n'exclut pas les autres points de vue, est la science naissante, et ce sont les problèmes purement physiques qu'elle a tout d'abord essayé de résoudre. « Elle a été une physique *à côté*, une *paraphysique*, avant de devenir une science *au delà*, une *métaphysique*. »

N'entendons point par là que la religion soit simplement un exercice intellectuel, sans but pratique et social. Guyau admet tout le premier, et avec raison, que la fin de la vie mentale n'est pas la connaissance, mais l'action, et que, quand on entreprend l'étude d'une représentation collective, on peut être assuré que c'est une cause pratique et non théorique qui en a été la raison déterminante. C'est le cas pour ce système de représentations qu'on appelle une religion. Aussi Guyau, nous l'avons vu, assigne-t-il pour première origine aux religions des *sentiments* : crainte, espoir, sentiment de dépendance, besoin d'aide et de protection, etc. Mais il ajoute que ces sentiments ne pouvaient pas ne pas donner lieu chez un être intelligent à des essais d'explication, à des représentations d'ordre intellectuel. Si, par exemple, la foudre frappe un arbre près d'un sauvage, le sauvage éprouve d'abord le sentiment de la terreur, mais il éprouve aussi, comme conséquence, le besoin de *comprendre*, afin d'éviter dans l'avenir le danger. Et le besoin de comprendre, d'abord tout intéressé, se dégage lui-même peu à peu des intérêts immédiats pour devenir curiosité. La curiosité, elle aussi, est un *sentiment*, un *besoin* pour l'individu et la société ; comment n'aurait-elle pas eu son rôle dans la genèse des religions ? Ainsi donc, pour Guyau, la religion procède d'un double facteur : le besoin de comprendre et la sociabilité. Il admettait le jeu simultané de tous les instincts et sentiments naturels à l'homme dans la formation des religions.

A cette théorie, M. Durckheim en oppose une autre. Il y a, dit-il, deux espèces de sentiments sociaux. Les uns relient chaque individu à la personne de ses concitoyens ; ils se manifestent à l'intérieur de la communauté dans les relations quotidiennes de la vie ; tels sont les sentiments d'estime, de respect, d'affection, de crainte que nous pouvons ressentir les uns pour les autres. M. Durckheim propose de les appeler inter-individuels ou intra-sociaux. Les seconds sont ceux qui nous rattachent à l'être social pris dans sa totalité ; ils se manifestent de préférence dans les relations de la société avec les sociétés étrangères ; M. Durckheim les nomme inter-sociaux. « Les premiers, ajoute-t-il, me laissent à peu près intacte mon autonomie et ma personnalité ; ils me rendent sans doute solidaire d'autrui, mais sans me prendre beaucoup de mon indépendance. Au contraire, quand j'agis sous l'influence des seconds, je ne suis plus que la partie d'un tout dont je suis les mouvements et dont je subis la pression. C'est pourquoi ces derniers sont les seuls qui puissent donner naissance à l'idée d'obligation. » — Cette antithèse nous semble trop artificielle : un sauvage de complexion faible ou mal armé n'a guère le sentiment de son « autonomie » ou de son « indépendance » devant un autre sauvage plus fort ou mieux armé. Et si le sentiment de l'obligation n'est que celui d'une « pression », d'une « dépendance », ce sentiment de pression se rencontre tout d'abord dans la relation de l'individu faible à l'individu fort, relation qui aboutit chez le premier à une crainte très voisine du *respect*. La crainte devient même positivement du respect si l'homme fort joint à sa force physique une supériorité d'*intelligence* et de *courage* : l'intervention de ces éléments supérieurs communique à la crainte même le caractère supérieur d'une déférence justifiée par des raisons et comme par des titres. L'homme plus faible d'intelligence ou moins courageux sera alors porté à *suivre* l'homme supérieur, à lui *obéir* en échange d'une protection. Nous ne saurions donc concéder que les sentiments de ce genre aient eu besoin, pour naître, de s'attacher à un « être social pris dans sa totalité », à une société vaguement représentée comme une sorte d'entité. Cette métaphysique à l'allemande nous paraît étrangère aux hommes primitifs. Dès lors, que faut-il penser du reproche, fait à Guyau, d'avoir cherché la *première* origine des religions dans les « sentiments personnels et inter-individuels », indépendamment de la relation des diverses sociétés entre elles? M. Durckheim croit que, chez les peuples primitifs, « les dieux ne sont pas les protecteurs attitrés ou les ennemis de l'individu, mais de la société (tribu, clan, famille, cité, etc.). Le particulier n'a droit à leur assistance ou n'a à craindre leur inimitié que par contre-coup; s'il commerce avec eux, ce n'est pas personnellement, mais comme membre de la société. C'est celle-ci qu'ils persécutent ou favorisent directement. C'est qu'en effet les forces naturelles qui manifestent un degré de puissance exceptionnelle intéressent moins encore l'individu isolé que l'ensemble du groupe. C'est toute la tribu que le tonnerre menace, que la pluie enrichit, que la grêle ruine. Donc, parmi les puissances cosmiques, celles-là seulement seront divinisées qui ont un intérêt collectif. » — Ce système nous paraît confondre un état de religion déjà très développé avec l'embryon primitif. Le tonnerre menace l'individu aussi bien que la tribu, et c'est d'abord pour lui-même que l'individu a peur. Les « puissances cosmiques qui manifestent un degré de puissance exceptionnelle » n'offrent pas seulement ni primitivement « un intérêt collectif ». Ce n'est point l'intérêt individuel qui est le « contre-coup » de l'intérêt collectif; c'est au contraire l'intérêt général qui limite les intérêts particuliers (1). Nous pensons donc que Guyau a

(1) Les sentiments qui ont donné lieu aux religions ont été primitivement *personnels* et ne sont devenus sociaux qu'à la fin. L'homme primitif a eu personnellement peur du tonnerre, de la foudre, de l'ouragan, de la tempête, de la mer en fureur, du fleuve débordé, de l'avalanche, du rocher croulant sur sa tête, de la forêt pleine d'animaux féroces, etc. Il a joui personnellement de la chaleur du soleil, des avantages du feu, de la source, de la moisson, des animaux bienfaisants, du soleil éclairant le jour, de la lune éclairant la nuit, e°c. Sous l'influence des sentiments personnels, il s'est représenté des *causes*, et il n'a pu

eu raison d'assigner, dans l'évolution, la primitive influence aux sentiments personnels, la seconde aux sentiments inter-individuels, la troisième aux sentiments de communauté et à la représentation de la société comme être collectif, la quatrième et la dernière aux sentiments *inter-sociaux*, c'est-à-dire aux relations des sociétés entre elles. L'histoire des religions est la confirmation de cette évolution graduelle. Le fétiche par exemple, à l'origine, n'est pas *social* ou national, comme l'arche sainte des Hébreux ; il est personnel ou familial. L'individu le porte avec lui pour se protéger ou protéger sa famille, tout comme le Napolitain a son amulette ou son scapulaire. L'adoration du serpent, du lion, du tigre, n'est pas non plus primitivement une adoration désintéressée au nom de la tribu ; l'individu craint et adore pour son propre compte. Ce qui est vrai, c'est que, l'homme ayant toujours vécu en groupe, les sentiments de toute sorte se sont mêlés dès l'origine. « Nous ne voulons par dire avec Feuerbach, remarque Guyau, que la religion ait simplement sa racine dans l'intérêt grossier, dans l'égoïsme brutal ; en ses relations avec les dieux comme avec ses semblables, l'homme est moitié égoïste, moitié altruiste : ce que nous maintenons, c'est que l'homme n'est pas *rationaliste*. » Les sentiments inter-sociaux, tels que M. Durckheim les entend, sont trop abstraits et trop rationnels pour avoir été primitifs. Tout en accusant Guyau de rationalisme, nous craignons que M. Durckheim n'ait été trop rationaliste lui-même, parce qu'il a trop germanisé sur l'être social, *ens rationis*, et sur les relations des êtres sociaux entre eux.

La lutte entre la théorie intellectualiste et celle qui attribue la prévalence aux instincts, aux coutumes, aux mœurs, éclate surtout, comme nous allons le voir, quand il s'agit de l'avenir des religions.

se les représenter qu'à sa propre image. Enfin, cette représentation anthropomorphique a engendré, comme dernière conséquence, la représentation sociomorphique. En un mot, c'est parce qu'il a eu peur ou espoir *pour son compte*, que l'homme a cherché les causes, qu'il leur a donné une forme vivante et qu'il a employé à leur égard les moyens habituels dont il se servait pour se protéger contre ses semblables, ou pour les fléchir et pour s'assurer leur aide. La société avec les puissances naturelles n'a donc été qu'un effet, non une sorte de chose primitivement établie qu'on trouverait toute faite et dont on chercherait ensuite une représentation intellectuelle, comme le croit M. Durckheim.

Selon Guyau, puisque les religions contiennent un double élément, l'un *vital, social* et *moral*, conséquemment pratique, l'autre *spéculatif* et *métaphysique*, ce qui subsistera des religions devra avoir les mêmes caractères : ce sera d'abord un ensemble d'avantages d'ordre social ; ce sera aussi le sentiment spéculatif et désintéressé des problèmes métaphysiques relatifs à notre destinée et à notre fin morale.

L'idée pratique la plus profonde que Guyau trouve au fond de l'esprit religieux, comme au fond des tentatives de réforme sociale, c'est l'idée d'association. A l'origine, nous l'avons vu, la religion était la « société des dieux et des hommes » ; ce qui subsistera des diverses religions, c'est cette idée que le suprême idéal de l'humanité et même de la nature consiste dans l'établissement de rapports sociaux toujours plus étroits entre tous les êtres. Les religions ont donc eu raison de s'appeler elles-mêmes des *associations* et des *églises* (c'est-à-dire des assemblées). C'est par la force des associations, soit secrètes, soit ouvertes, que les grandes religions juive et chrétienne ont envahi le monde. Le christianisme a même abouti, dans l'ordre moral et social, à la notion de l'*Eglise universelle*, d'abord *militante*, puis *triomphante* et unie dans l'amour. Seulement, par une étrange aberration, au lieu de considérer l'universalité comme un idéal, limite inaccessible d'une évolution indéfinie, on a présenté la *catholicité* comme déjà réalisée dans un système de dogmes qu'il n'y aurait plus qu'à faire connaître et, au besoin, à imposer. Ce contre-sens a été la perte des religions dogmatiques, et il subsiste encore même dans les religions qui changent les dogmes en symboles ; car il y a encore moins de symbole *universel* que de dogme universel. La seule chose universelle doit être précisément l'entière liberté donnée aux individus de se représenter à leur manière l'éternelle énigme, et de s'associer avec ceux qui partagent les mêmes conceptions hypothétiques (1).

(1) M. Tarde ajoute avec raison une chose que Guyau admettait lui-même, c'est que l'hypothèse choisie pour règle de conduite a d'autant plus de force sur l'individu qu'elle est partagée par son milieu. « La suggestion ambiante, dit M. Tarde, la contagion d'un milieu social imprégné de cette croyance fondamentale (disons aussi de quelque désir non moins fondamental) est nécessaire pour produire ce genre de conviction. L'individu qui est seul à croire ce qu'il croit ne croit jamais bien fort. » (Voir la belle étude de la *Revue philosophique*, octobre 1888, intitulée *La crise de la morale*.) Mais Guyau dit avec raison : « Il y a toutefois ici un écueil à éviter. Il faut se défier de la force que les opinions, surtout les opinions

Pourquoi Guyau a-t-il voulu opposer ainsi l'*irréligion* de l'avenir à tant de travaux récents sur la *religion de l'avenir?* C'est qu'il lui a semblé que ces divers travaux reposaient sur plusieurs équivoques. D'abord, on y confond la religion proprement dite tantôt avec la métaphysique, tantôt avec la morale, tantôt avec les deux réunies, et c'est grâce à cette confusion qu'on soutient la pérennité nécessaire de la religion. N'est-ce pas par un abus de langage que Spencer, par exemple, donne le nom de religion à toute spéculation sur l'inconnaissable ou au sentiment de l'inconnaissable, d'où il lui est facile de déduire l'éternelle durée de la religion, ainsi confondue avec la métaphysique ou avec le sentiment métaphysique? De même, beaucoup de philosophes contemporains, comme de Hartmann, le théologien de l'Inconscient, n'ont point résisté à la tentation de nous décrire une religion de l'avenir qui vient se résoudre simplement dans leur système propre, petit ou grand. Beaucoup d'autres, surtout parmi les protestants libéraux, conservent le nom de religion à des systèmes rationalistes. Sans doute, dit Guyau, il y a un sens dans lequel on peut admettre que la métaphysique et la morale sont une religion, ou du moins la *limite* à laquelle tend toute religion « en voie d'évanouissement ». Mais, dans beaucoup de livres, la « religion de l'avenir » est une sorte de compromis quelque peu hypocrite avec les religions positives. A la faveur du symbolisme cher aux Allemands, on se donne l'air de conserver ce qu'en réalité on renverse. « C'est pour opposer à ce point de vue le nôtre propre que nous avons adopté le terme plus franc d'irréligion de l'avenir. Nous nous éloignerons ainsi de Hartmann et des autres prophètes qui nous révèlent point par point la religion du cinquantième siècle. Quand on aborde un objet de controverses si ardentes, il vaut mieux prendre les mots dans leur sens précis. On a fait tout rentrer dans la philosophie, même les sciences, sous prétexte que la philosophie

morales, sociales et métaphysiques, semblent prendre lorsqu'elles sont réunies en faisceau, comme les sarments de la fable ; cette force de résistance qu'elles gagnent n'augmente en rien leur valeur intrinsèque, — de même que chaque sarment reste individuellement aussi fragile, même au sein du faisceau qui résiste à la main la plus vigoureuse. Novalis disait : « Ma croyance a gagné un prix infini à mes yeux, » du moment que j'ai vu qu'une autre personne commençait à la partager. » — C'est là une constatation psychologique fort juste, mais c'est au fond la constatation d'une illusion dangereuse et contre laquelle il faut se prémunir ; car, dans un certain entraînement de passion, il est plus facile de se tromper à deux, il est plus facile même de se tromper quand on est mille, que quand on est un. »

comprit à l'origine toutes les recherches scientifiques ; la philosophie, à son tour, rentrera dans la religion, sous prétexte qu'à l'origine la religion embrassait en soi toute philosophie et toute science. Etant donnée une religion quelconque, fût-ce celle des Fuégiens, rien n'empêche de prêter à ses mythes le sens des spéculations métaphysiques les plus modernes ; de cette façon, on laisse croire que la *religion* subsiste, quand il ne reste plus qu'une enveloppe de termes religieux recouvrant un système tout métaphysique et purement philosophique. Bien mieux, avec cette méthode, comme le christianisme est la forme supérieure de la religion, tous les philosophes finiront par être des chrétiens ; enfin, l'universalité, la catholicité étant l'idéal du christianisme, nous serons tous catholiques sans le savoir et sans le vouloir. »

Comme on pouvait s'y attendre, cette conception de l'avenir des religions a excité et excite encore les plus vives controverses. Les uns veulent défendre leur propre foi, qui leur semble naturellement éternelle ; les autres, sans avoir foi eux-mêmes, croient que dans les sociétés la foi peut fort bien demeurer inaccessible aux influences de la science et de la philosophie, parce qu'elle résulte de causes toutes pratiques et sociales. Dans ce difficile problème, il y a, selon nous, une double recherche à faire : il faut examiner d'abord si la constitution psychologique de l'*individu* est par essence religieuse, puis si les raisons d'être *sociales* de la religion sont permanentes et entraîneront toujours le même effet.

Selon Guyau, la croyance à l'innéité et à la perpétuité du sentiment religieux naît de ce qu'on le confond avec le sentiment philosophique et moral ; mais, quelque étroit qu'ait été le lien de ces sentiments divers, ils sont cependant séparables et tendent à se séparer progressivement ; si universel que paraisse le sentiment religieux, il n'est point *inné*. Les esprits qui ont été depuis leur enfance sans relation avec les autres hommes, par l'effet de quelque défaut corporel, sont dépourvus d'idées religieuses, même naturelles. Le docteur Kitto, dans son livre sur la *perte des sens*, cite une dame américaine, sourde et muette de naissance, qui, plus tard instruite, n'avait pas même conçu la moindre idée d'une divinité. Le révérend Samuel Smith, après vingt-trois ans de contact avec les sourds-muets, dit que sans éducation ils n'ont aucune idée de la divinité. Lubbock et Baker citent un grand nombre de sauvages qui sont dans le même cas. « Ceux qui font dériver la religion d'un sentiment religieux inné raisonnent à peu près comme si, en politique, on faisait dériver la royauté du respect inné pour une race royale. » La perpétuité de la religion fondée sur son innéité n'est donc pas démontrée. De ce que les religions ont toujours existé, on ne peut conclure qu'elles existeront toujours : avec ce raisonnement on pourrait arriver aux conséquences les moins sûres. Par exemple, l'humanité a toujours, en tous temps et en tous lieux, associé certains événements à d'autres qui s'y trouvaient liés par hasard : *post hoc, ergo propter hoc*, c'est le sophisme universel, principe de toutes les superstitions. « Faut-il en conclure que la superstition soit innée et éternelle? »

Pour le psychologue qui, sans nier les analogies finales, tient à prendre pour point de départ les différences spécifiques (ce qui est la vraie méthode), toute religion positive et historique a, dit Guyau, trois éléments distinctifs et essentiels : 1° un essai d'explication *mythique* et non scientifique des phénomènes naturels (action divine, miracles, prières efficaces, etc.) ou des faits historiques (incarnation de Jésus-Christ ou de Bouddha, révélations, etc.); — 2° un système de *dogmes*, c'est-à-dire d'idées symboliques, de croyances imaginatives, imposées à la foi comme des vérités absolues, alors même qu'elles ne sont susceptibles d'aucune démonstration scientifique ou d'aucune justification philosophique; — 3° un *culte* et un système de *rites*, c'est-à-dire de pratiques plus ou moins immuables, regardées comme ayant une efficacité merveilleuse sur la marche des choses, une vertu propitiatrice. Une religion sans mythes, sans dogmes, sans culte ni rites, n'est plus que la *religion naturelle*, chose quelque peu bâtarde, qui vient se résoudre en hypothèses *métaphysiques*. « Par ces trois éléments différentiels et vraiment organiques, la religion se distingue nettement de la philosophie. » Aussi, au lieu d'être aujourd'hui, comme elle l'a été autrefois, une philosophie populaire et une science populaire, la religion dogmatique et mythique tend à devenir un système d'idées non philosophiques et non scientifiques. « Si ce caractère n'apparaît pas toujours, c'est à la faveur du symbolisme dont nous avons parlé, qui conserve les noms en transformant les idées et en les adaptant aux progrès de l'esprit moderne. » Or, les éléments qui distinguent la religion de la métaphysique ou de la morale, et qui la constituent proprement *religion positive*, — mythes, dogmes et rites, — sont, selon Guyau, caducs et transitoires, parce qu'ils ne sont pas essentiels à la constitution psychologique de l'homme et qu'ils tendent au contraire à disparaître par l'évolution intellectuelle.

C'est en ce sens que Guyau rejette la *religion de l'avenir*, « comme il rejetterait l'*alchimie de l'avenir* ou l'*astrologie de l'avenir* ». Mais il ne s'ensuit pas que l'*irréligion* ou l'*a-religion*, — qui est simplement la négation de tout dogme, de toute autorité traditionnelle et surnaturelle, de toute révélation, de tout miracle, de tout mythe, de tout rite érigé en devoir, — soit synonyme d'impiété, de mépris à l'égard du fond métaphysique et moral des antiques croyances. Nullement ; être *irréligieux* ou *a-religieux* n'est pas être *anti-religieux*. Bien plus, comme nous le verrons, l'irréligion de l'avenir pourra garder du sentiment religieux ce qu'il y avait en lui de plus pur : d'une part, l'admiration du Cosmos et des puissances infinies qui y sont déployées ; d'autre part, la recherche d'un idéal non seulement individuel, mais social et même cosmique, qui dépasse la réalité actuelle. « Comme on peut soutenir cette thèse que la chimie moderne est la véritable alchimie, — une alchimie reprise de plus haut, avant les déviations qui ont causé son avortement, — comme on peut faire, avec l'un de nos grands chimistes contemporains, l'éloge convaincu des alchimistes anciens et de leurs merveilleuses intuitions, de même on peut affirmer que la vraie religion, si on préfère garder ce mot, consiste à ne plus avoir de religion étroite et superstitieuse. » L'absence de religion positive et dogmatique est d'ailleurs la forme même vers laquelle tendent toutes les religions particulières. En effet, elles se dépouillent peu à peu (sauf le catholicisme et le mahométisme turc) de leur caractère sacré, de leurs affirmations antiscientifiques ; elles renoncent enfin à l'oppression qu'elles exerçaient par la tradition sur la conscience individuelle. Les développements de la religion et ceux de la civilisation ont toujours été solidaires ; or, les développements de la religion se sont toujours faits dans le sens d'une plus grande indépendance d'esprit, d'un dogmatisme moins littéral et moins étroit, d'une plus libre spéculation. L'irréligion, telle que l'entend Guyau, n'est qu' « un degré supérieur de la religion et de la civilisation même ». L'absence de religion, ainsi comprise, ne fait qu'un avec une « métaphysique raisonnée, mais hypothétique, traitant de l'origine et de la destinée ». Guyau la désigne encore sous le nom d'indépendance ou d'*anomie* religieuse, d'individualisme religieux.

« Je rencontre souvent près de chez moi un missionnaire à la barbe noire, à l'œil dur et aigu, traversé parfois d'un éclair mystique. Il semble entretenir une correspondance avec les quatre coins du monde ; il travaille assurément beaucoup, et il travaille à édifier précisément ce que je cherche à détruire. Nos efforts en sens contraire se nuisent-ils ?... Pourquoi ? Pourquoi ne serions-nous pas frères et tous deux très humbles collaborateurs dans l'œuvre humaine ? Convertir aux dogmes chrétiens les peuples primitifs, délivrer de la foi positive et dogmatique ceux qui sont arrivés à un plus haut état de civilisation, ce sont là deux tâches qui se complètent, loin de s'exclure. Missionnaires et libres penseurs cultivent des plantes diverses dans des terrains divers ; mais au fond, les uns et les autres ne font que travailler à la fécondité incessante de la vie. On dit que Jean Huss, sur le bûcher de Constance, eut un sourire de joie suprême en apercevant un paysan qui, pour allumer le bûcher, apportait la paille du toit de sa chaumière : *sancta simplicitas!* Le martyr venait de reconnaître en cet homme un frère en sincérité ; il avait le bonheur de se sentir en présence d'une conviction vraiment désintéressée. Nous ne sommes plus au temps des Jean Huss, des Bruno, des Servet, des saint Justin ou des Socrate ; c'est une raison de plus pour nous montrer tolérants et sympathiques, même envers ce que nous regardons comme une erreur, pourvu que cette erreur soit sincère. Il est un fanatisme antireligieux qui est presque aussi dangereux que celui des religions. Chacun sait qu'Érasme comparait l'humanité à un homme ivre hissé sur un cheval et qui, à chaque mouvement, tombe tantôt à droite, tantôt à gauche. Bien souvent les ennemis de la religion ont commis la faute de mépriser leurs adversaires : c'est la pire des fautes. Il y a dans les croyances humaines une force d'élasticité qui fait que leur résistance croît en raison de la compression qu'elles subissent. Autrefois, quand une cité était atteinte de quelque fléau, le premier soin des notables habitants, des chefs de la cité, était d'ordonner des prières publiques. Aujourd'hui qu'on connaît mieux les moyens pratiques de lutter contre les épidémies et les autres fléaux, on a vu cependant à Marseille, en 1885, au moment où le choléra existait, le conseil municipal presque uniquement occupé d'enlever les emblèmes religieux des écoles publiques : c'est un exemple remarquable de ce qu'on pourrait appeler une contre-superstition. Ainsi les deux espèces de fanatisme, religieux ou antireligieux, peuvent également distraire de l'emploi des moyens vraiment scientifiques contre les maux naturels, emploi qui est, après tout, la tâche humaine par excellence : ce sont des paralyso-moteurs dans le grand corps de l'humanité. » Chez les personnes instruites, il se produit une réaction parfois violente contre les préjugés religieux, et cette réaction persiste souvent jusqu'à la mort; mais, chez un certain nombre, cette réaction est suivie, avec le temps, d'une contre-réaction : c'est seulement, comme l'a remarqué Spencer, lorsque cette contre-réaction a été suffisante, qu'on peut formuler en toute connaissance de cause des jugements moins étroits et plus compréhensifs sur la question religieuse. « Tout s'élargit en nous avec le temps, comme les cercles concentriques laissés par le mouvement de la sève dans le tronc des arbres. La vie apaise comme la mort, réconcilie avec ceux qui ne pensent pas ou ne sentent pas comme nous. Quand vous vous indignez contre quelque vieux préjugé absurde, songez qu'il est le compagnon de route de l'humanité depuis dix mille ans peut-être, qu'on s'est appuyé sur lui dans les mauvais chemins, qu'il a été l'occasion de bien des joies, qu'il a vécu pour ainsi dire de la vie humaine : n'y a-t-il pas pour nous quelque chose de fraternel dans toute pensée de l'homme? »

Guyau a raison. Plus on s'élève au-dessus d'une religion, mieux on doit la comprendre ; plus aussi on doit admirer ce qu'il y a en elle de bon, comme en toute grande chose humaine. Aussi, sortir d'une religion est parfois un moyen de la mieux sentir et de l'aimer davantage, comme on découvre mieux un vallon à l'instant même où on en franchit les contreforts.

La précision des idées et des définitions ne fait pas l'affaire des apologistes de la religion positive ; ces derniers tirent toute leur force du rapport étroit de la religion à la métaphysique et à la morale, et, en montrant la nécessité des croyances métaphysiques ou morales, ils veulent nous persuader qu'ils nous démontrent la nécessité des mythes, symboles et dogmes religieux. On ne doit pourtant pas confondre la forme *mythique* et *dogmatique* des hypothèses métaphysiques avec ces hypothèses mêmes. C'est comme si l'on soutenait que quiconque croit en Dieu croit nécessairement à Jupiter lançant sa foudre, à Brahma s'incarnant, à Jéhovah dictant à Moïse le décalogue sur le Sinaï. Pour prouver la pérennité des religions, il ne suffit pas de montrer, comme font MM. Renouvier, Secrétan, Goblet d'Alviella, que l'homme fera toujours de la métaphysique et aura toujours une morale : la question n'est pas là, elle est ailleurs, elle est dans les rapports de l'*imagination* et de la *passion* avec la pensée et la volonté, surtout au sein des foules (c'est le problème psychologique); elle est dans les rapports des symboles et dogmes religieux avec la conservation et le progrès des sociétés (c'est le problème sociologique).

En ce qui concerne la première question, Guyau répond que les croyances métaphysiques et morales sont sans doute impérissables en tant qu'inhérentes à la nature humaine; mais qu'il n'est pas nécessaire de donner à ces croyances la forme de mythes, de dogmes, de lois religieuses. Même en admettant que l'homme ne puisse s'empêcher d'*imaginer* un principe de l'univers et un rapport de nous-mêmes à ce principe, même en admettant qu'il ne puisse se représenter ce rapport que sous une forme plus ou moins anthropomorphique et sociomorphique, il ne résulte pas de là une *religion*, car toute représentation sensible ou psychique du principe universel n'est pas nécessairement un dogme, une certitude imposée d'en haut et devenant loi absolue de la pensée comme de la conduite ; elle n'est pas non plus nécessairement un mythe, c'est-à-dire une représentation figurée qu'on prend pour une histoire réelle ou pour une vérité adéquate. En faisant une hypothèse, même anthropomorphique ou sociomorphique, sur le principe de l'univers physique et moral, je puis me dire que c'est une hypothèse, une représentation purement possible ou probable, mais inadéquate à son objet et de nature tout humaine parce qu'elle est nécessairement imaginative et symbolique : il n'y a plus alors de dogme, ni de révélation, ni de mystère ; il n'y a pas non plus de *foi* proprement dite, c'est-à-dire d'*affirmation* dépassant les raisons ; il y a un essai conscient de représentation imparfaite, il y a un essai de métaphysique humaine ; il n'y a pas de religion.

On ne contestera pas la possibilité de procéder ainsi pour les philosophes. Quant à savoir si les peuples peuvent aussi procéder de cette manière, c'est une autre question, c'est la question sociologique. M. Renouvier la pose ainsi : « Peut-il être donné aux classes dirigeantes d'une nation, à une époque où on les supposerait parvenues en majorité à un certain état de croyance ou d'incroyance, de se rendre maîtresses de l'éducation au point de faire ou de défaire à volonté une religion ? Est-il supposable qu'elles conservent assez longtemps la volonté et le pouvoir de modeler les esprits pour atteindre un tel but, au lieu d'être elles-mêmes soumises, en somme, aux conditions générales de développement du peuple dont elles font partie ? » — Guyau n'eût pas accepté cette position du problème : si la religion disparaît, ce ne sera nullement, selon lui, par une action volontaire et réfléchie des classes dirigeantes, par une influence artificielle qu'elles exerceraient en vue de défaire la foi en un temps donné, « à volonté ». Les classes dirigeantes n'en ont pas moins une action réelle, quoique lente, et leur exemple finit par descendre dans la masse.

M. Durckheim nous semble avoir beaucoup mieux posé le problème en ce qui concerne les sociétés : « Pour démontrer que la foi n'a plus d'avenir, dit-il, il faut faire voir que les raisons d'être qui la rendaient nécessaire ont disparu ; et, puisque ces raisons sont d'ordre sociologique, il faut examiner quel changement s'est produit dans la nature des sociétés qui rend désormais la religion inutile et impossible. » Telle est précisément la méthode que Guyau lui-même a suivie. Il a passé en revue les raisons d'être *sociales* de la religion, qui ne peuvent être que les suivantes : raisons morales et éducatives, raisons juridiques, raisons politiques, enfin raisons d'ordre intellectuel. La religion, en effet, dans les sociétés antiques, a servi de base à la morale publique et à l'éducation, au droit, au gouvernement, à l'ordre économique, à la philosophie et à la science. En dehors de ces raisons, nous ne voyons pas quelles racines sociales la religion pourrait avoir. Or, Guyau les a successivement examinées, surtout dans ses chapitres sur l'enfant, la femme et le peuple. Il est clair, selon lui, que le droit ne repose plus sur la religion et se maintient en dehors d'elle. La politique est également séparée de la religion et le droit populaire remplacera partout le droit divin. Actuellement la religion est encore un des soutiens nécessaires de l'Etat, mais, de plus en plus, l'Etat sera obligé de chercher ailleurs son point d'appui, dans des idées de patriotisme, de droit, d'intérêt général, qui sont de plus en plus étrangères aux idées religieuses. Guyau a montré que la morale va aussi se séparant de la religion ; que, si elle a besoin, dans ses derniers fondements, d'une inspiration métaphysique, cette inspiration ne prend pas nécessairement la forme d'une doctrine de religion positive. Au fond, c'est dans l'ordre *moral* qu'est la vraie question religieuse. La société a absolument besoin, pour subsister, d'une moralité publique, dont l'éducation doit être la sauvegarde. Si donc la moralité et l'éducation morale sont nécessairement liées à des croyances de religion positive, c'est-à-dire à des mythes et à des dogmes, la religion sera indestructible, parce que la société elle-même ne se laissera pas détruire et maintiendra, envers et contre tous, ses conditions d'existence. Or, selon Guyau, la moralité n'exige pas un élément mythique, révélé et érigé en dogme. Elle n'exige pas non plus un système de rites.

On a reproché à Guyau un excès d'intellectualisme dans ces prévisions sur l'avenir de la religion, comme dans celles qu'il avait faites antérieurement sur l'avenir de la morale. Il est certain que Guyau attribue à la science et à l'esprit critique un rôle considérable dans le travail de dissolution religieuse. Ce serait une erreur si ce rôle était représenté par lui comme exclusif; mais, d'autre part, est-il exact, avec l'école allemande et anglaise, de réduire presque à zéro l'influence de la science ? « Si les religions, dit-on, n'avaient eu d'autre tort que de se trouver en désaccord avec les vérités scientifiques, elles seraient encore très bien portantes. Si, malgré ce conflit, les sociétés avaient continué à avoir besoin de la foi religieuse, on en aurait été quitte pour nier la science. » Est-ce donc si facile de nier la science, lorsque celle-ci se manifeste par des résultats visibles et tangibles, par des inventions qui envahissent la vie privée et publique : télégraphes, chemins de fer, bateaux à vapeur, lumière électrique, aérostats, découvertes chimiques, découvertes physiologiques, hypnotisme, etc.? Le peuple a la foi de saint Thomas, il croit ce qu'il voit et touche ; or, c'est aujourd'hui la science qui fait les vrais miracles. La géologie a renversé les traditions de la plupart des religions ; la physiologie, en étudiant le système nerveux, donne l'explication des miracles anciens ; l'histoire et l'exégèse attaquent les religions jusque dans leurs fondements mêmes. En outre, la science pénètre de plus en plus l'éducation, même l'éducation populaire. Si quelques religions peuvent se modifier pour s'adapter aux idées nouvelles, le dogmatisme catholique, lui, est enfermé dans des limites infranchissables : il faudra toujours, pour être catholique, soutenir l'incarnation, l'enfer, l'immaculée conception et l'infaillibilité du pape. Quant au protestantisme lui-même, à force de s'adapter et de se réadapter, il finit par n'être plus qu'une religiosité vague, un symbolisme inconséquent, une philosophie par images.

Certes, on a raison de remarquer combien la logique est peu puissante pour détruire la foi individuelle. Si les arguments de la philosophie sont assez forts pour affermir l'incrédule dans son opinion, ils n'arrivent guère à convertir le croyant. Mais comment aller jusqu'à dire : « La logique peut tout aussi bien servir à défendre la foi qu'à la combattre ; le théologien, pour la prouver, ne fait pas de moins beaux raisonnements que le libre penseur pour la réfuter. » — De moins *beaux*, oui ; mais de moins *bons*?... Il y a là certainement quelque exagération ; la preuve en est que beaucoup d'entre nous ont commencé par croire, pour finir par ne plus croire, et cela grâce à l'acquisition d'un certain nombre de connaissances historiques, scientifiques et philosophiques. Accordons cependant le peu de puissance de la logique sur l'individu, surtout sur l'homme mûr, qui a, comme on dit, son siège fait, ses habitudes, sa routine, et dont les idées tendent à se cristalliser. Ce que ne remarquent pas les adversaires de « l'intellectualisme », c'est la puissance de la logique et de la science pour modifier à la longue les *sociétés*. L'argument qui ne convaincra pas le croyant finira par dissoudre avec le temps la croyance. Il en est de même en politique. Essayez de convertir un monarchiste à la république, ou réciproquement ; vous y perdez votre logique. Il n'en est pas moins vrai que les philosophes du dix-huitième siècle ont réussi à renverser la foi au caractère divin de la royauté, à l'hérédité monarchique, à la noblesse, etc., et qu'on prévoit le jour où les partisans du droit divin offriraient, dans les sociétés devenues démocratiques, l'aspect étrange de la faune antédiluvienne. Pareillement, vers l'an 500000, que seront devenus les partisans des nouveaux dogmes introduits en notre siècle par Pie IX, — lesquels ne sont point, comme les dogmes anciens de la chute, de la rédemption et du salut, susceptibles d'une interprétation symbolique et plus ou moins métaphysique ?

En résumé, nous croyons qu'il y a un certain milieu intellectuel, une certaine atmosphère morale et sociale qui est, pour telle ou telle foi, une condition nécessaire d'existence et de durée. Modifiez ce milieu et cette atmosphère, vous rendrez par cela même impossibles certaines croyances : elles subsisteront encore quelque temps, puis disparaîtront peu à peu, d'abord chez les individus les plus éclairés, puis chez ceux qui le sont moins, et ainsi de suite. Pour qu'une espèce animale disparaisse, il n'est pas besoin de détruire directement les individus; il suffit que les conditions extérieures de vie finissent par manquer à l'espèce : il en est de même des religions, elles peuvent périr par asphyxie. Or, la science, la philosophie, l'art, la législation, la politique, l'éducation sont les grands modificateurs du milieu social et de l'atmosphère intellectuelle.

Tout n'était pas faux dans la croyance des philosophes du dix-huitième siècle au « progrès des lumières », et, s'ils ne tenaient pas compte de la lenteur du temps, les adversaires actuels du rationalisme ne tiennent pas compte de la puissance dissolvante des idées, *étant donné une longueur de temps suffisante pour l'accumulation des actions*. Donc on peut maintenir que les idées, à la longue, « mènent le monde », alors même qu'elles ne mènent pas l'individu en particulier.

Guyau ne s'est nullement imaginé que tout change en nous quand l'intelligence l'exige, ni qu'une découverte scientifique suffise à bouleverser le monde, du moins immédiatement : nul plus que lui n'était persuadé de la continuité de l'évolution, de l'importance du facteur temps, de la solidité actuelle des instincts et sentiments dans l'individu; mais il admettait la modification *progressive* des instincts par la réflexion accumulée dans le temps et généralisée dans la race. Lui-même a d'ailleurs prévu les objections et indiqué la réponse : « Peut-être nous reprochera-t-on d'être un peu trop de notre pays, d'apporter dans les solutions la logique de l'esprit français, de cet esprit qui ne se plie pas aux demi-mesures, veut tout ou rien, n'a pu s'arrêter au protestantisme et, depuis deux siècles, est le foyer le plus ardent de la libre pensée dans le monde. Nous répondrons que, si l'esprit français a un défaut, ce défaut n'est pas la logique, mais plutôt une certaine légèreté tranchante, une certaine étroitesse de point de vue qui est le contraire de l'esprit de conséquence et d'analyse : la logique, après tout, a toujours eu le dernier mot ici-bas. Les concessions à l'absurde, ou tout au moins au relatif, peuvent être parfois nécessaires dans les choses humaines ; — c'est ce que les révolutionnaires français ont eu le tort de ne pas comprendre ; — mais elles sont transitoires. L'erreur n'est pas le but de l'esprit humain : s'il faut compter avec elle, s'il est inutile de la dénigrer d'un ton amer, il ne faut pas non plus la vénérer. Les esprits logiques et larges tout ensemble sont toujours sûrs d'être suivis, pourvu qu'on leur donne les siècles pour entraîner l'humanité : la vérité peut attendre ; elle restera toujours aussi jeune et elle est toujours sûre d'être un jour reconnue. Parfois, dans les longs trajets de nuit, les soldats en marche s'endorment, sans pourtant s'arrêter ; ils continuent d'aller dans leur rêve et ne se réveillent qu'au lieu d'arrivée, pour livrer bataille. Ainsi s'avancent en dormant les idées de l'esprit humain ; elles sont parfois si engourdies qu'elles semblent immobiles, on ne sent leur force et leur vie qu'au chemin qu'elles ont fait ; enfin le jour se lève et elles paraissent : on les reconnaît, elles sont victorieuses. »

CHAPITRE SEPTIÈME

L'expansion de la vie, comme principe de la métaphysique.

I. — La métaphysique, selon Guyau, comme la morale et l'art, a pour objet essentiel la vie, sa nature, ses origines et sa destinée, parce que la vie est le vrai nom de l'être et qu'il n'y a rien de mort dans l'univers. De plus, la vie ayant pour caractère essentiel la *fécondité*, — c'est-à-dire la multiplication de soi en autrui, l'expansion de l'individu en société, — il en résulte que, comme l'art et la morale, la métaphysique a un fond *sociologique*. Guyau va jusqu'à dire, et avec beaucoup de force, que, si l'instinct métaphysique est indestructible, c'est qu'il se ramène à l'instinct vital et social. La spéculation métaphysique, tout comme l'instinct moral et artistique, « se rattache à la source même de la vie (1) ». A l'origine de l'évolution, la vie est simplement une « fécondité plus ou moins aveugle, inconsciente ou mieux subconsciente », qui agit sans aucune *idée* de fin. Cette fécondité, « en prenant mieux conscience de soi, se règle, se rapporte à des objets plus ou moins rationnels », devient finalité et moralité : le devoir, nous l'avons vu, est un pouvoir de fécondité vitale et sociale « qui arrive à la pleine conscience de soi et s'organise »; l'individualité, par son accroissement même, tend donc à devenir sociabilité et moralité. La sociabilité, à son tour, s'étendant et s'élargissant à l'infini, devient religion et fait le fond de la métaphysique même. Celle-ci se demande : — Quel est le lien social qui fait l'unité primitive et l'unité finale du monde en établissant entre tous les êtres une solidarité, une parenté universelle?

(1) *L'Irréligion de l'avenir*, p. 438.

Ce qui subsistera des diverses religions au point de vue intellectuel, c'est, comme nous l'avons dit, la spéculation métaphysique, avec toute sa liberté et sa variabilité. « Les systèmes meurent, et à plus forte raison les dogmes ; ce qui reste, ce sont les sentiments et les idées. Tous les arrangements se dérangent, toutes les délimitations et toutes les définitions se brisent un jour ou l'autre, toutes les constructions tombent en poussière ; ce qui est éternel, c'est cette poussière même des doctrines, toujours prête à rentrer dans un moule nouveau, dans une forme provisoire toujours vivante et qui, loin de recevoir la vie de ces formes fugitives où elle passe, la leur donne. Les pensées humaines vivent non par leurs contours, mais par leur fond. Pour les comprendre, il faut les saisir non dans leur immobilité, au sein d'un système particulier, mais dans leur mouvement, à travers la succession des doctrines les plus diverses. Ainsi que la spéculation même et l'hypothèse, le sentiment philosophique et métaphysique qui y correspond est éternel. »

On a nié que ce qui doive rester des spéculations religieuses sur Dieu et le monde soit le sentiment métaphysique : ce sentiment, dit-on, ne fait point partie de ces nécessités sociales et pratiques qui seules peuvent assurer la pérennité. — Mais, répondrons-nous, si étranger que le sentiment métaphysique paraisse d'abord à la conduite des individus et des sociétés, il a cependant une influence considérable pour qui pénètre au fond des choses. Le sentiment métaphysique, en effet, a trait non seulement à la question des origines de notre vie, mais encore à celle de nos destinées, et surtout à celle de notre fin morale. On ne peut se représenter la fin morale et la règle de la vie de la même manière dans l'hypothèse du matérialisme et dans celle de l'idéalisme. Même en admettant que la métaphysique ne puisse aboutir à une « classification des hypothèses selon leur degré de probabilité », la métaphysique sera toujours nécessaire, selon Guyau, pour délimiter exactement le domaine de la science, délimitation qui ne sera sans doute jamais parfaite et qui exigera toujours des études nouvelles. — Mais en quoi, demande-t-on, le sentiment des bornes de la science intéresse-t-il la société humaine ? — En ce qu'il intéresse la moralité. Nous avons essayé de montrer ailleurs (1) que la limitation de l'orgueil intellectuel entraîne aussi la limitation de l'égoïsme pratique, et qu'il n'est indifférent ni pour un individu, ni pour une société, de considérer le monde sensible comme étant *tout*, ou de ne le considérer que comme un monde d'apparences relatives au delà duquel peut exister une vie plus réelle et plus profonde. En outre, jamais l'homme ne pourra s'empêcher de se représenter cette réalité sur le type de ce qu'il considérera comme étant en lui-même le plus radical et le plus irréductible, en un mot comme l'objet de l'expérience la plus fondamentale et la plus universelle. Or, la détermination de ce qu'il y a de plus fondamental dans l'expérience même est, selon nous, œuvre de métaphysique, non plus transcendante, mais immanente. Et nous croyons en outre que, dans les grandes alternatives de la vie, l'homme agit différemment selon l'idée différente qu'il se fait de sa nature radicale et, par conséquent, de sa fin morale. C'est précisément pour cela qu'il y a toujours eu des religions, c'est-à-dire des métaphysiques figurées; et si les figures, les symboles, les dogmes, les rites doivent disparaître progressivement, l'esprit restera après la disparition de la lettre, — l'esprit, c'est-à-dire le sentiment métaphysique et moral, plus nécessaire dans le fond au progrès des sociétés que l'esprit de spéculation intellectuelle et la curiosité scientifique. La métaphysique est l'expansion suprême et inévitable de la vie individuelle, tendant à rétablir son unité avec la vie universelle.

A en croire M. de Candolle, moins les peuples ont été cultivés, plus ils ont eu de goût pour les questions insolubles; d'où l'on a voulu conclure que le développement de la métaphysique est loin d'être parallèle au développement de l'esprit humain. M. de Candolle se trompe : le plus cultivé des peuples anciens fut le peuple grec, ce fut le plus scientifique et aussi le plus métaphysicien. Nous ne voyons pas non plus, dans les temps modernes, que la France et l'Allemagne, en se cultivant, aient perdu le goût des questions métaphysiques : le grand essor scientifique et littéraire, dans ces deux pays, coïncide précisément avec l'essor métaphysique des Descartes, des Spinoza, des Leibnitz, des Kant, des Hegel, des Schopenhauer.

(1) Voir notre *Critique des systèmes de morale contemporains* (introduction et conclusion), et notre *Idée moderne du droit* (conclusion).

Les peuples *cultivés* agitent les questions insolubles pour savoir s'il est bien vrai qu'elles soient insolubles et pourquoi elles le sont : personne, pas même Kant, ne peut se flatter d'avoir *a priori* déterminé les limites exactes de l'expansion intellectuelle ; d'ailleurs, là même où le savoir positif ne peut plus atteindre, encore y a-t-il place pour des hypothèses, et, si l'on veut, pour des symboles intellectuels ou moraux, accompagnés de sentiments et de volitions. Nous ne croyons donc pas que le progrès de la culture se reconnaisse à l'indifférence en matière de métaphysique, car cette indifférence entraînerait l'abaissement de la spéculation scientifique elle-même et de cette haute spéculation pratique qu'on appelle la moralité désintéressée, le dévouement pour une idée, le sacrifice des avantages certains de la vie individuelle à une conception problématique, mais grande et belle, de la vie universelle et de l'humanité (1).

La place nous manque pour passer en revue, avec Guyau, tous les systèmes métaphysiques dont il fait une exposition rapide, mais substantielle, originale et profonde. Nous ne pouvons qu'indiquer sommairement ses conclusions.

Selon lui, toutes les doctrines tendent aujourd'hui au *monisme* (2). Le matérialisme, dit-il avec raison, n'est plus autre

(1) M. Scherer, lui aussi, dans ce bel entretien avec cet autre lui-même, Montaigu, qu'il nous a raconté récemment, laisse voir son scepticisme à l'égard de toute métaphysique. C'est *l'Irréligion de l'avenir* qui lui a fourni l'occasion de cette sorte d'examen de conscience philosophique. M. Scherer assimile la métaphysique à la théologie, le *supra-sensible* et l'*idéal* au « surnaturel » des religions. Après avoir placé ainsi l'objet de la métaphysique, comme de la religion, dans le surnaturel, M. Scherer n'a plus de peine à démontrer que cet objet est « transcendant », à jamais indéterminable, enfin irreprésentable. Mais la question est de savoir si la métaphysique porte exclusivement sur le transcendant, si elle n'est pas avant tout, dans sa partie positive, une analyse radicale et une synthèse générale de l'expérience, c'est-à-dire de l'immanent et, en dernière analyse, de la vie ; si le transcendant, le noumène, est autre chose qu'une simple hypothèse finale, un problème que la pensée se pose à elle-même, une conception en quelque sorte hyperbolique comme celle du *néant*. La suppression de la métaphysique transcendante, de l'ontologie, n'entraîne donc pas nécessairement la suppression de la métaphysique, ni surtout d'une métaphysique de la vie, que nous avons définie ailleurs la réaction de la vie individuelle à l'égard de la vie universelle. (Voir nos études dans la *Revue des Deux-Mondes* sur la *Crise actuelle de la métaphysique*.)

(2) Voir *l'Irréligion de l'avenir* : « Nous n'avons pas à faire ici l'appréciation théorique du monisme comme système métaphysique. Constatons seulement que toutes les doctrines tendent aujourd'hui vers ce système. Le matérialisme n'est plus autre chose qu'un monisme mécaniste, où la loi fondamentale est conçue comme épuisée et traduite tout entière par les termes mathématiques. L'idéalisme est également un monisme où la loi essentielle est conçue comme mentale, soit qu'on la cherche plutôt dans le domaine de l'intelligence, soit qu'on la cherche dans celui de la volonté. Sous cette dernière forme, le monisme a de nombreux représentants en

chose qu'un monisme mécaniste, où la loi fondamentale des choses est conçue (bien à tort) comme épuisée et traduite tout entière par les termes mathématiques, c'est-à-dire par de purs symboles. L'idéalisme est un monisme où la loi essentielle des choses est conçue comme mentale, soit qu'on la cherche plutôt dans le domaine de l'intelligence, soit qu'on la cherche dans celui de la volonté. Selon le monisme, le monde est *un seul et même devenir* de vie physique et psychique : « il n'y a pas deux natures d'existence ni deux évolutions, mais une seule, dont l'histoire est l'histoire même de l'univers. » Au lieu de chercher à fondre la matière dans l'esprit ou l'esprit dans la matière, Guyau prend donc les deux réunis en cette synthèse que la science même, dit-il, est forcée de reconnaître : la *vie*. La science étend chaque jour davantage le domaine de la vie, et il n'existe plus de point de démarcation fixe entre le monde organique et le monde inorganique ; il y a donc probablement équation finale entre existence et vie. « Nous ne savons pas si le fond de la vie est volonté, s'il est idée, s'il est sensation, quoique avec la sensation nous approchions sans doute davantage du point central ; il nous semble seulement probable que la conscience, qui est tout pour nous, doit être encore quelque chose dans le dernier des êtres, et qu'il n'y a pas dans l'univers d'être pour ainsi dire entièrement *abstrait de soi* (1). »

II. — Si l'humanité, cherchant une explication plausible

Allemagne et en Angleterre. En France, il a été soutenu par M. Taine. Il est aussi soutenu actuellement, sous une autre forme, par M. Fouillée, qui y voit la conciliation du naturalisme et de l'idéalisme, et qui y verrait aussi, sans doute, une conciliation possible entre l'essentiel du panthéisme et l'essentiel du théisme. Selon nous, il faut maintenir la balance, plus que ne le font les philosophes précédemment cités, entre les aspects matériel et mental de l'existence, entre la science objective et le savoir subjectif de la conscience. Le monisme ne désigne donc pour nous qu'une hypothèse unifiant les données les plus positives de la science, qui sont inséparables de celles de la conscience même. L'unité fondamentale que désigne le terme de monisme n'est pas pour nous la *substance* une de Spinoza, l'*unité* absolue des Alexandrins, ni la *force* inconnaissable de Spencer, encore moins une *cause finale* préalablement existante, comme dans Aristote. Nous n'affirmons pas non plus une unité de *figure* et de *forme* qu'offrirait l'univers. Nous nous contentons d'admettre, par une hypothèse d'un caractère scientifique en même temps que métaphysique, l'homogénéité de tous les êtres, l'identité de *nature*, la parenté constitutive. Le vrai monisme, selon nous, n'est ni transcendant ni mystique, il est immanent et naturaliste. »

(1) On remarquera la force et la portée de cette formule. Nous croyons seulement, pour notre part, que la sensation, avec la sourde conscience qu'elle enveloppe, a elle-même pour racine la *volonté*.

du monde, se trouve en présence d'un grand nombre d'hypothèses entre lesquelles elle exercera de plus en plus sa libre faculté de choix, ce n'est pas à dire que ces hypothèses doivent, selon Guyau, rester l'objet de la même bienveillante neutralité, qu'elles soient équivalentes à ses yeux et ne pèsent pas plus l'une que l'autre pour la pensée humaine. Loin de là : Guyau croit que, parmi les hypothèses métaphysiques, un triage s'est fait déjà et se continuera à l'avenir. Un progrès croissant s'accomplit dans notre représentation de l'inconnaissable à mesure que s'éclaire pour nous la sphère du connaissable. Les hypothèses sur le monde et ses destinées, pour être plus voisines les unes des autres, n'en resteront pas moins nombreuses ni moins variées. La pensée humaine pourra même devenir plus personnelle, plus originale et nuancée, tout en devenant moins contradictoire d'un homme à l'autre. A mesure qu'on entreverra mieux la vérité, les points de vue, au lieu de rester uniformes, acquerront plus de diversité dans le détail et plus de beauté dans l'ensemble. « L'approche de la certitude augmente la grandeur et la probabilité des hypothèses sans en diminuer le nombre. » L'astronomie par exemple, en approfondissant la voûte du ciel, a produit ce double résultat d'accroître la somme des vérités connues sur les corps célestes et de multiplier en même temps le nombre des hypothèses possibles induites de ces vérités mêmes ; le savoir le plus certain peut être ainsi le plus fécond en vues de toute sorte, même incertaines.

Quoique, par les progrès de l'analyse, la complication des grandes hypothèses métaphysiques ou morales dans leurs détails doive aller croissant, il est cependant possible dès aujourd'hui, selon Guyau, de prévoir quels sont les principaux groupes synthétiques où viendront se ranger et se classer les systèmes divers. Son livre n'est pas un traité de métaphysique : on ne pouvait donc attendre de lui une exposition doctrinale des systèmes par le menu ; mais leur esprit caractéristique, qui a été aussi l'esprit des diverses religions, voilà ce qui l'intéresse, voilà ce qui fait pour lui leur valeur. C'est cet esprit à la fois spéculatif et pratique, conséquemment religieux au vrai sens du mot, qu'il met supérieurement en évidence, et cela sans aucune préoccupation dogmatique comme sans préoccupation polémique. « La sincérité absolue, dit-il, la sincérité impersonnelle pour ainsi dire et sans passion est le premier devoir du philosophe. Arranger le monde selon ses préférences personnelles, — par exemple ne chercher que les hypothèses les plus consolantes, non les plus probables, — ce serait ressembler à un commerçant qui, examinant son grand livre, n'alignerait que les chiffres avantageux et ne s'appliquerait à faire que de consolantes additions. La plus stricte probité est de rigueur pour qui examine le grand livre de la vie : le philosophe ne doit rien cacher ici aux autres ni à lui-même. »

Guyau examine d'abord le sort probable du dogme d'un dieu *créateur*, qui se trouve actuellement au sommet des grandes religions juive, chrétienne et islamite. La méthode de la science suit la « loi d'économie »; comme la nature économise les forces, la science économise de plus en plus les idées. La première économie à faire ne sera-t-elle point précisément celle de l'idée de création ? — L'auteur du monde peut d'abord être conçu comme moteur universel. Mais les idées de cause motrice ou de premier moteur renferment au fond des contradictions, dont se dégage de plus en plus la philosophie moderne; car ces idées supposent comme état primitif le repos. Or le repos n'est pas plus primitif et absolu que le néant. Rien n'est en repos, rien n'a jamais été en repos. L'atome d'air qui semble le plus immobile parcourt dans ses vibrations, selon Clausius, 447 mètres par seconde, en un espace de 95 millionièmes de millimètre, et reçoit pendant ce temps 4 milliards 700 millions de chocs. L'atome vibrant d'hydrogène parcourt en une seconde 1844 mètres. « Le repos est donc une illusion humaine sur laquelle s'appuie cette autre illusion d'un premier moteur divin. » Eternellement le mouvement a agité les molécules de la substance primitive, plus tard groupées en sphères, et ces sphères se sont mises d'elles-mêmes à tourner dans l'éther, sans avoir jamais eu besoin d'être poussées, selon le symbole égyptien, par le scarabée sacré roulant sa boule féconde, image de l'univers.

Si Dieu n'est pas un moteur nécessaire, est-il le nécessaire créateur de l'être même des choses? — Une cause créatrice semble à Guyau inutile pour expliquer le monde, car l'être n'a pas besoin d'explication; c'est plutôt le néant qui aurait besoin d'être expliqué. Néant, mort, repos, — idées toutes relatives et dérivées : il n'y a de mort que par rapport à la vie, et cette mort même n'est qu'un état provisoire, un intervalle entre deux métamorphoses. Il n'existe pas un *punctum mortuum*, un seul point vraiment mort dans l'univers. C'est donc par un pur artifice de la pensée que les religions ont transporté à l'origine des choses l'anéantissement, la mort, — cette conséquence lointaine de la vie, — pour faire ensuite intervenir une puissance créatrice : leur « création » est une résurrection suivant une mort fictive. Ce n'est pas l'être qui sort du néant, c'est le néant qui est un simple aspect de l'être, ou plutôt une illusion de la pensée. Aussi renoncera-t-on toujours davantage à l'idée de création, qui sera remplacée par celle de variation et d'évolution. Les divers mondes ne sont que des variantes éternelles du même thème. Le *tat twam asi* des Hindous tend à devenir une vérité scientifique. L'unité substantielle du monde et la solidarité de tous les êtres arrivera sans doute à une démonstration de plus en plus évidente.

Les raisons morales sont également défavorables, selon Guyau, à l'hypothèse d'un créateur. Le monde devient pour nous « le jugement de Dieu »; or, comme le mal et l'immoralité, avec le progrès même du sens moral, deviennent plus choquants dans l'univers, il semble de plus en plus qu'admettre un créateur du monde, c'est, pour ainsi dire, centraliser tout ce mal en un foyer unique, concentrer toute cette immoralité dans un seul être et justifier le paradoxe : « Dieu, c'est le mal. » Admettre un créateur, c'est, en un mot, faire disparaître du monde tout le mal pour le faire rentrer en Dieu comme en sa source primordiale; « c'est absurder l'homme et l'univers pour accuser leur libre auteur. »

Il est quelque chose de pire encore que de placer ainsi la source de tout mal dans une liberté créatrice : c'est, pour innocenter le créateur, de nier le mal même et de déclarer ce monde le meilleur des mondes possibles. Tel est le parti auquel se sont arrêtés Leibnitz et tous les théologiens. « Voir ainsi dans le monde la complète réalisation d'un idéal quelconque, c'est rabaisser son idéal, conséquemment se rabaisser soi-même ; c'est une erreur qui peut devenir une faute. Celui qui a un dieu devrait le respecter trop pour en faire un créateur du monde. »

La suprême ressource du christianisme et de la plupart des religions, c'est l'idée de « chute ». Mais cette explication du mal par une défaillance primitive revient à expliquer le mal par le mal même ; il faut qu'antérieurement à la chute il y ait déjà quelque chose de mauvais dans le prétendu libre arbitre lui-même, ou autour de lui, pour qu'il puisse faillir : une faute n'est jamais primitive. « On ne tombe pas quand il n'y a pas de pierres sur la route, qu'on a les jambes bien faites et qu'on marche sous l'œil de Dieu. » Il ne saurait y avoir de péché sans tentation, et nous en venons ainsi à cette idée que Dieu a été le premier tentateur ; c'est Dieu même qui déchoit alors moralement dans la chute de ses créatures, par lui voulue. Pour expliquer la faute primitive, racine de toutes les autres, la faute de Lucifer, les théologiens, au lieu d'une tentation par les sens, ont eu l'idée d'une tentation de l'intelligence même : c'est seulement par orgueil que pèchent les anges, et c'est du plus profond d'eux-mêmes que vient ainsi leur faute. Mais l'orgueil, cette faute de l'intelligence, ne tient en réalité qu'à sa courte vue ; la science la plus complète et la plus haute n'est-elle pas celle qui voit le mieux ses limites ? L'orgueil est donc donné pour ainsi dire avec l'étroitesse même du savoir : « l'orgueil des anges ne peut provenir que de Dieu ». Aujourd'hui lorsqu'une faute est commise parmi les hommes sans qu'on puisse en rendre responsable ni l'éducation, ni le milieu moral, ni une tentation trop violente pour la chair humaine, les savants remontent dans les générations antécédentes du coupable et y cherchent l'explication de cette anomalie, convaincus qu'ils sont d'être en présence d'un cas d'atavisme. Le premier-né de Dieu ne pouvait faillir pour cette raison. Alors que le monde était jeune, beau et bon, une première faute devenait chose plus étonnante que ce monde lui-même ; c'était une véritable création. « Satan, comme inventeur, devenait supérieur à Dieu : son *fiat nox* moral dépassait le *fiat lux* en génie et en puissance créatrice (1). »

III. — La seconde notion essentielle du théisme est celle de providence. Elle tend à disparaître. Nous n'entendons plus dans les batailles les pas du dieu des armées marchant avec

(1) *L'Irréligion de l'avenir.*

nous et courbant sur son passage les cimes des mûriers.

La providence peut être universelle ou particulière. La providence *universelle* l'est tellement qu'on n'en trouve plus trace dans le détail, surtout dans le mal particulier et dans toutes les souffrances particulières dont se compose la réalité de la vie. Le dieu de Malebranche, incapable de montrer individuellement à aucun de nous sa bienveillance effective, « se trouve paralysé par sa grandeur même », comme Louis XIV ; il devient le seul être qui ne puisse se mouvoir sans briser une loi naturelle et qui, conséquemment, soit condamné à un éternel repos ; la moindre de ses interventions étant un miracle, il ne peut user des voies et moyens qu'emploient les autres êtres sans faire preuve d'impuissance et sans déroger : ce Dieu est réduit, pour rester Dieu, ou à demeurer inerte, ou à contredire notre intelligence. Il cesse par cela même de nous paraître aimable, à moins qu'on ne prétende l'aimer précisément pour ce qu'il ne peut pas faire, pour la bonne volonté qu'il ne peut pas nous témoigner, pour les prières qu'il ne peut exaucer. « La pitié, tel est le seul sentiment que pourrait exciter en nous un être assez bon pour ne vouloir que le bien et assez impuissant ou assez inactif pour laisser faire tout le mal qui se fait au monde. Nulle misère humaine ne serait comparable à cette misère divine. La souffrance suprême devrait être éprouvée par un Dieu qui, ayant seul la pleine conscience de sa propre infinité, sentirait seul pleinement la réelle distance qui sépare de lui le monde créé : c'est ce Dieu qui, par une vision claire et profonde, pourrait aller jusqu'au fond de l'abîme du mal ; c'est lui qui devrait en avoir le vertige éternel (1). »

Le théisme, selon Guyau, pourra cependant subsister, mais à la condition de se renfermer dans l'affirmation la plus vague possible d'un principe analogue à l'*esprit* comme mystérieuse origine du monde et de son développement. Ce principe aura pour caractère essentiel « de ne pas être vraiment séparé du monde, ni opposé à son déterminisme ». Les idées de création et de providence tendent à se résoudre de plus en plus dans quelque action spontanée essentielle à tous les êtres, surtout aux êtres doués de conscience. Les Scythes représentaient, dans leur écriture, l'idée de Dieu par une étoile. Guyau accep-

---

(1) *L'Irréligion de l'avenir.*

terait volontiers ce symbole : Dieu est une étoile qui sert à diriger notre pensée et qui représente le bien auquel tout doit tendre. « Dieu, dit-il lui-même, est le terme humain par lequel nous désignons ce qui rend *possible* le mouvement du monde vers un état de paix, de concorde, d'harmonie. Et comme le possible, pour l'intelligence humaine, paraît se fonder sur le *réel*, la croyance à la possibilité d'un monde meilleur devient la croyance à *quelque chose de divin qui est immanent au monde* (1). » C'est sous cette forme que le théisme pourra longtemps survivre.

IV. — A mesure que le théisme devient plus immanent, il laisse davantage dans le vague la personnalité de Dieu. Selon M. Spencer et M. Fiske, au mouvement qui portait l'humanité à construire son Dieu avec des éléments humains succède un mouvement en sens contraire, qui l'entraîne à dépouiller son Dieu de tous les attributs humains, à le *désanthropomorphiser*. C'est la personnalité divine que le panthéisme en vient à nier ou à fondre avec l'univers.

Le panthéisme paraît à Guyau une doctrine très flottante, susceptible des interprétations les plus diverses, selon la manière dont on se représente l'énergie universelle, l'unité omniprésente, surtout le ressort fondamental de son évolution, qui est nécessité pure selon les uns, finalité selon les autres. De plus, la nécessité et la finalité universelle peuvent être conçues sous une double forme, optimiste ou pessimiste.

M. Fiske, pour soutenir l'immanence divine, affirme que le darwinisme a remis dans le monde autant de *théologie* qu'il en avait enlevé. Malheureusement, lui répond Guyau, rien n'est plus problématique qu'une telle interprétation de la science moderne. La science ne nous montre rien de divin dans l'univers, et l'évolution qui fait et défait sans cesse des mondes semblables les uns aux autres ne nous présente avec certitude aucune fin naturelle, consciente ou inconsciente. La fin, l'idéal pourrait donc fort bien, scientifiquement, n'être qu'une idée humaine ou du moins propre aux êtres doués de conscience réfléchie. Nulle induction d'ordre scientifique ne permet de prêter à l'univers comme tel, au grand Tout, une

(1) *L'Irréligion de l'avenir*, p. 392.

conscience de ce genre. C'est d'ailleurs une conséquence également très problématique que de se figurer l'univers comme un tout ayant une *unité* psychique et morale, puisque, pour la science, l'univers est un infini où nous ne voyons rien qui soit groupé autour d'un centre. « Le monde est une force unique peut-être matériellement parlant, mais dans un état de dispersion morale et psychique. Tout ce qui est organisé, vivant, sentant, pensant, est fini, à notre connaissance, et l'équivalence des forces de l'univers, sur laquelle s'appuie la science, n'a rien de commun avec la centralisation de ces forces. C'est peut-être précisément parce qu'elles n'ont pas de direction d'ensemble qu'elles luttent l'une contre l'autre et se maintiennent l'une l'autre. Pour que l'univers se pensât dans sa *totalité*, qui sait s'il ne faudrait point qu'il se donnât à lui-même un centre réel et peut-être, par cela même, une circonférence, qu'il arrêtât l'expansion éternelle de la matière et de la vie dans l'étendue sans bornes? »

Ce qui fait cependant que bon nombre d'esprits seront toujours tentés par le panthéisme, c'est précisément, dit Guyau, cette idée d'unité radicale sur laquelle il se fonde ; mais, quand on voudra déterminer cette unité, elle apparaîtra toujours tellement fuyante, qu'elle finira par se perdre dans l'indétermination du non-être hégélien. On se demandera alors si l'unité panthéistique ne serait pas, comme la finalité, une *idée* de notre esprit plutôt que le fond réel des choses. « Le caractère un et défini que nous offre l'univers lui vient peut-être seulement de notre cerveau, où il se projette. Sur un mur, — le mur de la caverne de Platon, — projetez l'ombre d'objets confus et innombrables, d'atomes tourbillonnants, de nuées informes : tout cela prendra une figure, semblera même l'ombre fantastique de certaines constructions humaines ; vous reconnaîtrez des tours, des villes, des corps d'animaux, là où il n'y a que la masse obscure et infinie en profondeur d'êtres opaques interceptant la lumière de vos yeux. L'unité et la figure du monde peut n'être que l'ombre qu'il fait en nous. En dehors de nous il reste l'infini, qui, pour notre intelligence, ne peut jamais être que l'informe, car il est illimité, et nous ne pouvons le dessiner, lui fixer des contours. L'unité du monde, encore une fois, n'est pas faite ; elle ne se réalise peut-être que dans notre esprit, c'est par notre esprit seulement qu'elle peut passer dans les choses et dans les êtres. Le monde, l'humanité ne sont donc des touts qu'en tant que nous les pensons et que nous agissons sur eux, que nous les rapportons ainsi à notre action et à notre pensée comme centre. »

En résumé, selon Guyau, si le besoin d'unité semble donner raison au panthéisme et, en une certaine mesure, le justifier, ce besoin ne reçoit cependant qu'une satisfaction illusoire dans ce système. « Ou l'unité primordiale et finie reste abstraite, indéterminée, ce qui en fait une pure notion subjective; ou elle se détermine par des attributs qui sont tout aussi *humains* que ceux du dieu des théistes. La *volonté* dont parle Schopenhauer, c'est ou la volonté humaine, ou simplement la *force* (qui elle-même est humaine ou animale), ou le sentiment d'effort, ou enfin une pure abstraction. De même pour la Force éternelle que M. Spencer place à l'origine du monde; ce sont là des conceptions plus pauvres, mais non pas plus nécessairement objectives que celle du Dieu-pensée, du Dieu-esprit, du Dieu-amour. »

Le panthéisme, après avoir commencé par l'optimisme de Spinoza, a fini par le pessimisme de Schopenhauer. C'est là sa forme la plus récente, qui d'ailleurs est elle-même fort ancienne. Diverses raisons ont amené cette transformation du panthéisme qui, après avoir divinisé le monde, rêve aujourd'hui son anéantissement et sa réabsorption dans l'unité originelle. La première cause, selon Guyau, est le progrès même de la métaphysique panthéiste. Après avoir adoré la nature comme l'œuvre d'une raison immanente, on a fini par y voir une œuvre de déraison, une chute de l'unité indéterminée et inconsciente dans la misère et le conflit des déterminations phénoménales, des consciences condamnées à la douleur. Tout au moins la nature apparaît-elle comme indifférente. « La Force éternelle », dont on parle tant aujourd'hui, n'est pas plus rassurante pour nous et pour notre destinée que la Substance éternelle : à tort ou à raison l'instinct métaphysique, identique en son fond à l'instinct moral, ne réclame pas seulement un principe de vie présent à toutes choses : il poursuit encore un idéal de bonté et de sociabilité universelle. — La seconde cause du pessimisme contemporain, selon Guyau, est le progrès rapide de la science positive avec les révélations que, coup sur coup, elle nous a apportées sur la nature. « Dans l'Inde on distingue les brahmanes à un point noir qu'ils portent entre les deux yeux : ce point noir, nos savants, nos philosophes, nos artistes le portent aussi sur leur front éclairé par la lumière nouvelle. » — Une troisième cause du pessimisme, qui résulte elle-même des précédentes, c'est la souffrance causée par le développement exagéré de la pensée à notre époque, par la place trop grande et finalement douloureuse qu'elle occupe dans l'organisme. On souffre d'une sorte d'hypertrophie de l'intelligence. On voit trop le jeu de ses propres puissances et le fond de ses sentiments. « Je suis trop transparent pour moi-même, dit Guyau, je vois tous les ressorts cachés qui me font agir, et cela ajoute une souffrance à toutes les autres. Je n'ai pas assez de foi ni en la réalité objective ni en la rationalité de mes joies mêmes pour qu'elles puissent atteindre leur maximum. » En même temps que l'intelligence devient plus pénétrante et plus réfléchie par le progrès des connaissances de toute sorte, la sensibilité plus délicate s'exalte.—Enfin, une dernière cause du pessimisme est la dépression de la volonté qui accompagne l'exaltation même de l'intelligence et de la sensibilité. Le pessimisme est en quelque sorte la *suggestion métaphysique* engendrée par l'impuissance physique et morale. Toute conscience d'une impuissance produit une mésestime non seulement de soi, mais des choses mêmes, mésestime qui, chez certains esprits spéculatifs, ne peut manquer de se transformer en formules à priori. « On dit que la souffrance aigrit ; la chose est plus vraie encore de l'impuissance. »

En résumé, dans ce siècle de crise, de ruine religieuse, morale, sociale, de réflexion et d'analyse dissolvante, les raisons de souffrir abondent et finissent par sembler des motifs de désespérer. Chaque progrès nouveau de l'intelligence ou de la sensibilité paraît créer des douleurs nouvelles. Le désir de savoir surtout, le plus dangereux peut-être de tous les désirs humains parce que c'est celui dont l'objet est le plus réellement infini, devient aujourd'hui insatiable, s'attache non seulement à des individus isolés, mais à des peuples entiers ; c'est lui qui est avant tout le « mal du siècle ». Ce mal du siècle, grandissant toujours, devient pour le philosophe le mal même de l'humanité : c'est dans le cerveau de l'homme qu'il a son siège, c'est de la tête que l'humanité souffre. « Comme nous sommes loin de cette naïveté des peuples primitifs qui, si on leur demande où est le siège de la pensée, montrent au hasard le ventre ou la poitrine ! Nous, nous savons bien que c'est avec la tête que nous pensons, car c'est de là que nous souffrons, c'est là que nous hante le tourment de l'inconnu, c'est là que nous portons la blessure sacrée de l'idéal, c'est là que nous nous sentons poursuivis et sans cesse ressaisis par la pensée ailée et dévorante. Parfois, dans les montagnes de la Tartarie, on voit passer un animal étrange fuyant à perdre haleine sous le brouillard du matin. Il a les grands yeux d'une antilope, des yeux démesurés éperdus d'angoisse, mais, tandis qu'il galope et de son pied frappe le sol tremblant comme son cœur, on voit s'agiter des deux côtés de sa tête deux ailes immenses qui semblent le soulever dans chacun de leurs battements. Il s'enfonce dans les sinuosités des vallées, laissant des traces rouges sur les rochers durs ; tout d'un coup il tombe : alors on voit les deux ailes géantes se détacher de son corps, et un aigle qui s'était abattu sur son front et lui dévorait lentement la cervelle s'envole rassasié vers les cieux. »

Si le monde n'a pour la science rien de divin, il n'a non plus rien de diabolique ; il n'y a pas plus lieu, selon Guyau, de maudire que d'adorer la nature extérieure. Intérieurement, les causes de souffrance précédemment analysées ne sont que provisoires. Le savoir humain, qui accable actuellement le cerveau, peut, en s'organisant mieux, comme il l'est déjà dans certaines têtes bien équilibrées, produire un jour un sentiment de bien-être et de vie plus large. — J'ai souffert dans toutes mes joies, dit Guyau, le *nescio quid amari* est venu pour moi dès les premières gouttes de toute volupté; « pas un sourire qui n'ait été un peu mouillé, pas un baiser qui n'ait été douloureux. Et cependant même cette existence peut avoir sa douceur, lorsqu'elle est sans révolte, entièrement acceptée comme une chose rationnelle : ce qui corrige l'amertume, c'est la transparence aux regards, la pureté, — que possèdent à un si haut point les flots de la mer. » Quant à la réflexion de la conscience sur elle-même, où les pessimistes voient une force dissolvante de toutes nos joies, elle ne dissout vraiment que les joies irrationnelles et, par compensation, elle dissout aussi les peines déraisonnables. « Le vrai résiste à l'analyse : c'est à nous de chercher dans le vrai non seulement le beau, mais aussi le bon. Le remède à toutes les souffrances du cerveau moderne est dans l'élargissement du cœur. » Si la sympathie, l'amour, le travail en commun, la jouissance en commun, semblent parfois augmenter les peines, ils peuvent encore mieux décupler les joies. Les peines, en se partageant, s'allègent. La sympathie par elle-même est un plaisir. Les poètes le savent, et surtout les poètes dramatiques; la pitié, fût-elle accompagnée d'une vive représentation de la souffrance d'autrui, reste douce encore en ce qu'elle fait aimer : — Cet être souffre, donc je l'aime. — Or, l'amour renferme des joies infinies; il multiplie largement le prix de la vie individuelle à ses propres yeux, en lui donnant une valeur sociale, qui est en même temps la vraie valeur religieuse. L'homme, a dit le poète anglais Wordsworth :

> Vit d'admiration, d'espérance et d'amour;

mais, ajoute Guyau, celui qui a l'admiration et l'amour aura toujours par surcroît l'espérance; « celui qui aime et admire aura cette légèreté du cœur qui fait qu'on marche sans sentir la fatigue, qu'on sourit en marchant et que toutes les visions du chemin semblent vous sourire. L'amour et l'admiration sont donc les grands remèdes de la désespérance : aimez, et vous voudrez vivre. Quelle que soit la valeur de la vie pour la sensibilité, savoir, agir, et principalement agir pour autrui, constitueront toujours des raisons de vivre. Or, on peut dire que c'est surtout pour les raisons de vivre qu'il faut tenir à la vie. »

Le pessimisme ne veut voir dans la vie que le côté sensitif, mais il y a aussi, dit Guyau, le côté actif et intellectuel : outre l'agréable, il y a le grand, le beau, le généreux. Guyau ne croit donc pas, avec Schopenhauer et M. de Hartmann, que le panthéisme pessimiste puisse être la religion de l'avenir. On ne persuadera pas à la vie de ne plus vouloir vivre, à la vitesse acquise par le mouvement même de se changer tout à coup en immobilité. « C'est une même raison, dit Guyau, qui rend l'existence possible et qui la rend désirable : si la somme des peines emportait la balance dans une espèce vivante, cette espèce s'éteindrait par l'affaissement consécutif de la vitalité. » Les peuples occidentaux, ou pour mieux dire les peuples *actifs*, à qui appartient l'avenir, ne se convertiront jamais aux idées pessimistes; « celui qui agit sent sa force, celui qui se sent fort est heureux ». Même en Orient, le pessimisme des grandes religions n'est que superficiel quand il s'adresse à la foule, et il n'a pas laissé dans la vie populaire de trace très profonde; les maximes banales sur les maux de l'existence et sur la résignation nécessaire aboutissent, en fait, à un *farniente* approprié aux mœurs de l'Orient. D'autre part, quand il s'adresse aux penseurs, le pessimisme n'est que provisoire, il leur montre aussitôt le remède dans le nirvâna; mais cette panacée-là, nous n'y croyons plus, et le salut par la négation ou par la destruction violente de l'existence ne peut tenter longtemps le bon sens moderne. « Comment attribuer à l'homme le pouvoir d'écraser l'œuf sacré d'où est sortie la vie avec ses invincibles illusions, et d'où elle sortira toujours, quoi que fassent les ascètes, quoi que fassent les partisans du suicide individuel ou, comme M. de Hartmann, du suicide cosmique? Il serait peut-être moins difficile encore de créer que d'anéantir, de faire Dieu que de le tuer. »

V. — Le naturalisme consiste à croire que la nature, avec les êtres qui la composent, épuise toute l'existence. Mais, même à ce point de vue, il reste toujours à savoir ce qui constitue le fond de l'être et ce qui, parmi les diverses formes d'existence à nous connues, est le plus voisin de ce fond. La nature est-elle matière, est-elle pensée, est-elle l'unité des deux? Le problème relatif à l'« essence » de l'être, quoique descendu dans le domaine immanent de la nature, n'en subsiste donc pas moins.

La théorie qui semble dominer aujourd'hui, c'est celle des deux *aspects* irréductibles l'un à l'autre, l'intérieur et l'extérieur, des deux faits *sui generis*, le fait de conscience et le mouvement. Nous aurions, selon le mot de M. Taine, deux « textes » du livre éternel, au lieu d'un seul. Il s'agit de savoir lequel est le texte primitif et sacré. Les uns choisissent celui qui nous est fourni par la seule conscience, les autres celui que déchiffre à grand'peine la science objective. De là deux directions opposées dans toute spéculation non seulement psychologique, mais métaphysique : l'une est tournée vers le dedans, l'autre vers le dehors, l'une idéaliste, l'autre matérialiste. Mais on peut et on doit concevoir quelque unité des deux aspects :

notre pensée, devant deux lignes convergentes, ne peut consentir à ne pas les prolonger jusqu'à un sommet d'angle. Il y a donc en somme trois formes du naturalisme : idéaliste, matérialiste, moniste. Ce sont là, selon Guyau, « les vrais systèmes fondamentaux et immanents, dont le théisme, l'athéisme et le panthéisme ne sont que des dérivés transcendants ».

Si on prend les mots de *pensée* et d'*idée* en ce sens large que préféraient les Descartes et les Spinoza, et qui désignait toute la vie mentale, tout le contenu possible de la conscience, on peut appeler *idéalisme* le système qui ramène la réalité à la pensée, à l'existence psychique, si bien qu'être, c'est être pensé ou penser, être senti ou sentir, être voulu ou vouloir, être l'objet d'un effort ou le sujet d'un effort.

Selon Guyau, l'idéalisme est un des systèmes où le sentiment religieux pourra trouver une satisfaction, puisque ce sentiment rentre dans l'instinct métaphysique, et que l'instinct métaphysique sera toujours porté à retrouver en toutes choses l'esprit, la pensée, le mental, le moral. « Le fond du théisme, ce par quoi il vaut, c'est ce que nous avons appelé le *moralisme*, c'est-à-dire la croyance que la vraie force est de nature mentale et morale. Dieu n'est qu'une représentation de cette force conçue comme transcendante. Le panthéisme, de son côté, après avoir divinisé et subtilisé l'univers, après l'avoir pour ainsi dire fondu en Dieu, tend à prendre la forme d'un naturalisme idéaliste, lequel fait rentrer le dieu même ainsi conçu dans la pensée qui le conçoit, lui dénie toute existence autre que dans la pensée, par la pensée, pour la pensée. » Par là, toute existence matérielle est ramenée à un mode d'existence mentale : l'être est identifié, soit avec la loi idéale qui préside au développement de cet être, soit avec le fond réel de nos consciences, de nos sensations, de nos désirs. « Le monde, a dit Emerson, est de l'esprit précipité. » Cette hypothèse semble à Guyau une de celles qui peuvent le mieux servir de substitut au théisme, si le théisme disparaît jamais de la métaphysique religieuse. Mais, selon lui, la grande objection qu'on peut faire à l'idéalisme ainsi entendu est la suivante : — « Sert-il beaucoup d'objectiver l'esprit, si on ne change rien par là à l'existence du mal, que Platon identifiait à la matière? On a beau transformer toute évolution en une évolution mentale, on ne la hâte pas pour cela. On transporte seulement au dedans de l'esprit les obstacles mystérieux qu'il croyait rencontrer dans une matière extérieure : on spiritualise donc le mal même. Après avoir identifié les choses qui évoluent avec la loi intelligible et intellectuelle qui préside à cette évolution, il reste toujours à expliquer pourquoi cette loi est sur tant de points mauvaise, pourquoi l'intelligence essentielle aux choses présente tant de contradictions et de défaillances. »

Malgré cette objection, qui ne recevra peut-être jamais de complète réponse, il est certain, selon Guyau, que l'idéalisme nous laisse plus d'espérance morale et sociale que les autres systèmes. A la *pensée,* comme à une suprême ressource, peut se rattacher encore, malgré le mal et la douleur, ce désir de progrès et de « salut » qui fait le fond de la spéculation religieuse. Toutefois, pour donner à cette doctrine une forme plus acceptable, Guyau croit qu'il ne faudra pas seulement entendre par pensée l'intelligence : il faudra entendre aussi le sentiment, le désir, le vouloir. Et de fait, à l'idéalisme purement intellectualiste d'autrefois nous voyons succéder, de nos jours, un idéalisme fondé surtout sur la volonté comme principe des choses. La sensibilité universellement répandue est la conséquence de la volonté universellement présente, et l'intelligence proprement dite, du moins en tant que *représentation*, est plus « superficielle » que le sentir et le vouloir. « Ces trois formes diverses et toujours unies de la vie mentale sont les grandes forces sur lesquelles le sentiment moral et religieux pourra toujours chercher un point d'appui. »

Le naturalisme idéaliste est donc un des meilleurs refuges du sentiment religieux dégagé de ses formes mystiques, comme de sa transcendance, et ramené dans les sphères de la nature. L'activité inconnue qui est au fond de la nature même en étant venue à produire, dans l'homme, la conscience et le désir réfléchi du mieux, il y a là un motif d'espérer, un motif de croire que le mot de l'énigme des choses n'est pas, au point de vue métaphysique et moral : « Il n'y a rien. »

On se rappelle la définition de la religion donnée par Schleiermacher : sentiment de notre absolue dépendance par rapport à l'univers et à son principe. Quand le sentiment religieux, dit Guyau, se transforme en idéalisme moral, il tend vers une formule qui, sous certains rapports, est l'inverse de la précédente : — « sentiment de la dépendance de l'univers par rapport à la *volonté du bien* que nous constatons en nous et que nous supposons être ou pouvoir devenir le principe directeur de l'évolution universelle ». La pensée de l'idéal moral et social, l' « idée de liberté », au lieu d'être dans l'univers un simple accident de surface, serait alors la révélation et la conscience progressive de ses lois les plus fondamentales, de son moteur le plus intime, de la vraie « essence des choses », la même chez tous les êtres à des degrés divers et en des combinaisons diverses. La nature entière est comme une ascension éternelle vers un idéal qu'elle conçoit de mieux en mieux, mais qui la domine toujours. « Quand on monte sur un sommet pour contempler une chaîne de montagnes, on voit, à mesure qu'on s'élève, surgir et se ranger tout le long de l'horizon les cimes blanches de neige ; debout, l'une à côté de l'autre, étincelantes sous leurs glaciers, elles montent en silence dans la lumière : il semble qu'un immense effort soulève ces masses énormes et les porte en haut, il semble que leur immobilité ne soit qu'apparente ; on croit se sentir emporté avec elles vers le zénith. Ainsi les héros de la légende indienne, quand ils sont fatigués de la vie et de la terre, réunissent leurs dernières forces, gravissent, la main dans la main, la haute montagne, l'Himalaya ; la montagne les porte dans la nue. Pour tous les anciens peuples, la montagne était la transition entre la terre et le ciel ; c'était là que les âmes, profitant de l'élan que la terre s'était imprimé à elle-même, prenaient plus librement leur essor : la montagne était une voie vers les cieux ouverte par la nature même. Peut-être y a-t-il quelque chose de profond dans ces idées naïves qui prêtent à la nature des aspirations plutôt humaines : n'existe-t-il pas en elle de grandes voies tracées, de grandes lignes, de grandes ébauches ? Elle a fait tout cela sans le savoir, comme les blocs de pierre se sont soulevés lentement vers les étoiles sans savoir où ils allaient. A l'homme de mettre un sens à son œuvre, de se servir de ses efforts, d'employer les siècles passés comme des matériaux sur lesquels s'élèvera l'avenir : en gravissant la nature, il aura gravi le ciel. »

VI. — Guyau ne dit que quelques mots du matérialisme pur,

parce que c'est le système le plus éloigné de la pensée même qui a produit les religions et les métaphysiques. Le matérialisme absolu n'est du reste pas facile à définir, parce que le mot même de matière est un des plus vagues qui existent. Si on veut se représenter les derniers éléments de la matière indépendamment de toute pensée, de toute conscience, de toute vie plus ou moins parente de la nôtre, « on poursuit évidemment une chimère »; on aboutit à l'indétermination pure de la matière platonicienne, aristotélique, hégélienne, *dyade indéfinie, virtualité*, identité de l'*être* et du *non-être*. Aussi les matérialistes sont-ils obligés de donner un nom déterminé et matériel à la force simple et primitive dont le monde entier n'est pour eux qu'une évolution. Si toute matière, par exemple, suivant les théories les plus récentes, se réduit à l'hydrogène, le matérialisme posera l'hydrogène comme constituant une sorte d'unité matérielle ou substantielle du monde. La variété n'aurait lieu que dans les formes de l'élément primitif, hydrogène ou, si l'on préfère, préhydrogène. Pour Guyau, cette conception est quelque peu naïve et *nominale* : le nom matériel ou chimique n'exprimera jamais que le dehors, les propriétés extérieures de l'élément primordial. « L'atome d'hydrogène est probablement déjà un composé d'une complexité extrême, un monde formé de mondes en gravitation. » L'idée même de l'atome indivisible et insécable est philosophiquement enfantine. Thomson et Helmholtz ont montré que nos atomes sont des tourbillons, et ils ont réalisé expérimentalement des tourbillons analogues formés de fumée.

Une fois élargi, le matérialisme devra tout d'abord attribuer au moins la vie à l'élément universel, au lieu d'en faire ce qu'on nomme une matière brute. La seconde amélioration dont le matérialisme a besoin pour pouvoir satisfaire le sentiment métaphysique, c'est, avec la vie, de placer dans l'élément primordial au moins un germe du « psychique ». Seulement, cette matière primitive étant une force capable de vivre et finalement de penser, ce n'est plus là ce qu'on entend vulgairement et même scientifiquement par matière, encore bien moins par hydrogène. « Le pur matérialiste, palpant la sphère du monde et s'en tenant à l'impression la plus grossière, celle du tact, s'écrie : tout est matière ; mais la matière même se résout bientôt, pour lui, dans la force, et la force n'est qu'une forme primitive de la vie. Le matérialisme devient donc en quelque sorte animiste et, devant la sphère roulante du monde, il est obligé de dire : elle vit. Alors intervient un troisième personnage, qui, comme Galilée, la frappe du pied à son tour : — Oui, elle est force, elle est action, elle est vie ; et pourtant elle est encore autre chose, puisqu'elle pense en moi et se pense par moi. *E pur si pensa !* »

Nous voilà donc obligés à faire de nouveau sa part au naturalisme idéaliste. Le matérialisme, d'ailleurs, selon Guyau, rentre assez facilement dans l'idéalisme. Le matérialisme pur, en effet, aboutit à un mécanisme tout abstrait, qui lui-même vient se fondre dans les lois de la logique et de la pensée. Quant au fond de ce mécanisme, — atomes et mouvements, — il se résout en « un ensemble de sensations tactiles et visuelles affaiblies, subtilisées, raréfiées, et prises ensuite comme expression de la réalité ultime ». Ce prétendu fond de la réalité objective n'est que le dernier résidu de nos sensations les plus essentielles. Le matérialiste croit faire de la science positive ; il fait, lui aussi, tout comme l'idéaliste, de la poésie métaphysique ; « seulement ses poèmes, avec leurs constructions imaginatives, sont écrits en langue d'atomes et de mouvements, au lieu d'être écrits en langue d'idées ». Les symboles qu'il choisit sont plus voisins du terre-à-terre et de la réalité visible, ils ont plus de portée et plus de généralité ; mais ce sont toujours des symboles. Ce sont, en quelque sorte, des métaphores où les termes scientifiques perdent leur sens positif pour prendre un sens métaphysique, transportés qu'ils sont dans un domaine que n'atteint pas l'expérience. « Ceux de nos savants qui spéculent ainsi sur la nature des choses sont des Lucrèce qui s'ignorent. »

VII. — Le système le plus probable, en définitive, est le naturalisme moniste. Reste à savoir si ce système, par sa conception de la vie individuelle et universelle, laisse une place aux espérances sur lesquelles s'est toujours appuyé le sentiment moral et métaphysique, dans ses efforts pour faire de la pensée et de la bonne volonté autre chose que « vanité » ?

Selon Guyau, concevoir l'évolution comme ayant un but dès le commencement et comme étant providentielle en son ensemble, c'est une hypothèse métaphysique qui, par malheur, ne s'appuie sur aucune induction scientifique ; mais on peut concevoir l'évolution de la vie comme aboutissant à des êtres capables de se donner à eux-mêmes un but et d'aller vers ce but en entraînant plus ou moins après eux la nature. « La sélection naturelle se changerait ainsi finalement en une sélection morale et, en quelque sorte, divine. » C'est là sans doute une hypothèse encore bien hardie, mais qui est pourtant dans la direction des hypothèses scientifiques. Rien ne la contredit formellement dans l'état actuel des connaissances humaines. « L'évolution, en effet, a pu et dû produire des espèces, des types supérieurs à notre humanité : il n'est pas probable que nous soyons le dernier échelon de la vie, de la pensée et de l'amour. Qui sait même si l'évolution ne pourra ou n'a pu déjà faire ce que les anciens appelaient des dieux ? » Guyau montre excellemment que, de cette manière, peut se trouver conservé le fond le plus pur du sentiment religieux : « sociabilité non seulement avec tous les êtres vivants connus par l'expérience, mais encore avec des êtres de pensée et des puissances supérieures dont nous peuplons l'univers ». Pourvu que ces êtres n'aient rien pour ainsi dire d'antiréel, pourvu qu'ils puissent se trouver réalisés quelque part, sinon dans le présent, du moins dans l'avenir, le sentiment religieux n'offre plus rien lui-même d'incompatible avec le sentiment scientifique. En même temps, il se confond tout à fait avec l'élan métaphysique et poétique. Le croyant se transforme en philosophe ou en poète, mais en poète qui vit son poème et qui rêve l'extension de sa bonne volonté propre à la société universelle des êtres réels ou possibles. La formule du sentiment moral et religieux que Feuerbach avait proposée : — réaction du désir humain sur l'univers, — peut alors se prendre en un sens supérieur : — « Double désir et double espérance : 1° que la volonté *sociable*, dont nous nous sentons animés personnellement, se retrouve aussi, comme le fait supposer la biologie, dans tous les êtres placés au sommet de l'évolution universelle ; 2° que ces êtres, après avoir été ainsi portés en avant par l'évolution, réussissent un jour à la fixer, à arrêter en partie la dissolution, et qu'ils fixent par là même dans l'univers l'amour du bien social ou, pour mieux dire, l'amour même de l'universel. » Ainsi formulé, le sentiment religieux demeure ultra-scientifique, mais il n'est plus antiscientifique. Il suppose beaucoup, sans doute, en admettant une *direction possible* de l'évolution par les êtres arrivés au degré supérieur; mais, après tout, dit Guyau, « comme nous ne pouvons affirmer avec certitude que cette direction n'existe pas ou ne pourra jamais exister, le sentiment moral et social nous excite à agir, dans notre sphère, de manière à produire, autant qu'il est en nous, cette direction supérieure de l'évolution universelle. » La plus haute conception de la morale et de la métaphysique est donc « celle d'une sorte de ligue sacrée, en vue du bien, de tous les êtres supérieurs de la terre et même du monde ».

Maintenant, quels sont les faits scientifiques qui pourraient s'opposer à ces espérances sur la destinée des mondes et de l'humanité? Guyau les passe en revue et, avec une fécondité admirable de spéculations et de raisonnements, il s'efforce de maintenir ce qu'on pourrait appeler les droits de l'espérance.

L'idée décourageante par excellence dans la théorie de l'évolution, telle qu'on l'expose aujourd'hui, c'est celle de la dissolution. Guyau fait voir que cette idée n'y est pas invinciblement liée. Depuis Héraclite jusqu'à M. Spencer, les philosophes n'ont jamais séparé ces deux idées. Et nous ne connaissons, il est vrai, que des mondes qui ont fait ou feront naufrage. « Quand le cadavre d'un marin a été jeté à la mer, les compagnons qui l'ont aimé relèvent le point exact de latitude et de longitude où son corps a disparu dans l'uniforme Océan : deux chiffres sur un feuillet de papier sont le seul vestige qui subsiste alors d'une vie humaine. On peut croire qu'un sort analogue est réservé au globe terrestre et à l'humanité entière : ils peuvent un jour sombrer dans l'espace et se dissoudre sous les ondes mouvantes de l'éther; à ce moment, si de quelque astre voisin et ami on nous a observés, on marquera le point de l'abîme céleste où notre globe a disparu, on relèvera l'ouverture de l'angle que formaient pour des yeux étrangers les rayons partis de notre terre, et cette mesure de l'angle de deux rayons éteints sera l'unique trace laissée par tous les efforts humains dans le monde de la pensée. » Néanmoins, le devoir de la science étant de ne jamais dépasser, pas plus dans ses négations que dans ses affirmations, ce qu'elle peut constater ou démontrer, il importe de ne pas étendre sans preuve à tout l'avenir ce que le passé seul a vérifié. Jusqu'à présent il n'est pas d'individu, pas de groupe d'individus, pas de monde qui soit arrivé à une pleine *conscience* de soi, à une connaissance complète de sa vie et des lois de cette vie. Guyau en conclut qu'on ne peut affirmer ni démontrer que la dissolution soit essentiellement et éternellement liée à l'évolution par la *loi* même de l'être : « la loi des lois nous demeure x ». Pour la saisir un jour, il faudrait un état de la pensée assez élevé pour se confondre avec cette loi même. On peut d'ailleurs rêver un pareil état : s'il est impossible de prouver son existence, il est encore plus impossible de prouver sa non-existence. « Peut-être qu'un jour, si la pleine connaissance de soi, la pleine conscience était réalisée, elle produirait une puissance correspondante assez grande pour arrêter désormais le travail de dissolution à partir du point où elle serait arrivée à l'existence. Les êtres qui sauraient, dans l'infinie complication des mouvements du monde, distinguer ceux qui favorisent son évolution de ceux qui tendent à le dissoudre, de tels êtres seraient peut-être capables de s'opposer aux mouvements de dissolution, et le salut définitif de certaines combinaisons supérieures serait assuré. »

L'évolution, pour atteindre dans l'ordre mental des résultats à l'abri de la dissolution, a trois grandes ressources : l'infinité du nombre, celle du temps, celle de l'espace. Les combinaisons possibles des nombres et des choses sont elles-mêmes innombrables ; les hasards de la sélection, qui ont déjà produit tant de merveilles, peuvent en produire de supérieures encore. Quant à l'infinité du temps, elle est d'abord un motif de découragement, puisque l'éternité *à parte post* semble un demi-avortement de l'effort universel. On se rappelle que Guyau a lui-même exposé cette objection dans les vers magnifiques de *l'Analyse spectrale* : la découverte de l'homogénéité universelle semble nous *révéler* l'universelle monotonie, nous rendre visible l'*eadem sunt omnia semper* (1).

A ces tentations de désespoir, *l'Irréligion de l'avenir* répond que des deux infinis de durée, un seul s'est écoulé stérile, du moins en partie. Même en supposant l'avortement complet de l'œuvre humaine et de l'œuvre que poursuivent sans doute avec nous une infinité de « frères extraterrestres », il

---

(1) L'éternité n'a donc abouti qu'à ce monde!
La vaut-il? . . . .

restera toujours mathématiquement à l'univers au moins *une chance* sur *deux* de réussir : c'est assez pour que le pessimisme ne puisse jamais triompher dans l'esprit humain. « Si les coups de dé qui, selon Platon, se jouent dans l'univers, n'ont produit encore que des mondes mortels et des civilisations bientôt fléchissantes, le calcul des probabilités démontre qu'on ne peut, même après une infinité de coups, prévoir le résultat du coup qui se joue en ce moment ou se jouera demain. » Guyau ajoute avec une force de pensée frappante que l'avenir n'est pas entièrement déterminé par le passé *connu de nous :* l'avenir et le passé sont dans un rapport de réciprocité, et on ne peut connaître l'un absolument sans l'autre, ni conséquemment deviner l'un par l'autre. Supposez une fleur épanouie à un point quelconque de l'espace infini, une fleur sacrée, celle de la pensée. « Depuis l'éternité, des mains cherchent en tous sens dans l'espace obscur à saisir la fleur divine. Quelques-unes y ont touché par hasard, puis se sont égarées de nouveau, perdues dans la nuit. La fleur divine sera-t-elle jamais cueillie? Pourquoi non? Toute négation, ici, n'est qu'une prévention née du découragement; ce n'est pas l'expression d'une probabilité. » Supposez encore un rayon franchissant l'espace en ligne droite sans y être réfléchi par aucun atome solide, aucune molécule d'air, et des yeux qui, dans l'éternelle obscurité, cherchent ce rayon sans pouvoir être avertis de son passage, tâchent de le découvrir au point précis où il perce l'espace. « Le rayon va, s'enfonce dans l'infini, ne rencontre toujours rien, et cependant des yeux ouverts, une infinité d'yeux ardents le désirent et croient parfois sentir le frissonnement lumineux qui se propage autour de lui et accompagne sa percée victorieuse. Cette recherche sera-t-elle éternellement vaine? — S'il n'y a pas de raison définitive et sans réplique pour affirmer, il y a encore moins de raison catégorique pour nier. Affaire de hasard, dira le savant; de persévérance aussi et d'intelligence, dira le philosophe. »

Outre l'infinité des nombres et l'éternité des temps, Guyau trouve une nouvelle raison d'espérance dans l'immensité même des espaces, qui ne nous permet pas de juger l'état à venir du monde uniquement sur notre système solaire et même stellaire. Sommes-nous les seuls êtres pensants dans l'univers? — « Nous avons déjà vu que, sans dépasser de beaucoup, les données certaines de la science, on peut dès maintenant répondre non. On peut admettre dans l'univers, sans trop d'invraisemblance, une infinité d'humanités analogues à la nôtre pour les facultés essentielles, quoique peut-être très différentes pour la forme des organes, et supérieures ou inférieures en intelligence. Ce sont « nos frères planétaires ». Peut-être quelques-uns d'entre eux sont-ils comme des dieux par rapport à nous; c'est là ce qui reste scientifiquement de possible ou de vrai dans les antiques conceptions qui peuplent les « cieux » d'êtres divins. Notre témoignage, dit Guyau, quand il s'agit de l'existence de tels êtres, n'a pas plus de valeur que celui d'une fleur de neige des régions polaires, d'une mousse de l'Himalaya ou d'une algue des profondeurs de l'océan Pacifique, « qui déclareraient la terre vide d'êtres vraiment intelligents parce qu'elles n'ont jamais été cueillies par une main humaine ».

On admet aujourd'hui qu'à toute pensée correspond un mouvement. Guyau suppose qu'une analyse plus délicate que l'analyse spectrale nous permît de fixer et de distinguer sur un spectre non seulement les vibrations de la lumière, mais les invisibles vibrations de la pensée qui peuvent agiter les mondes : nous serions peut-être, dit-il, surpris de voir, à mesure que décroît la trop vive lumière et la trop intense chaleur des astres incandescents, y éclore par degrés la conscience — les plus petits et les plus obscurs des astres étant les premiers à la produire, « tandis que les plus éblouissants et les plus énormes, les Sirius et les Aldébaran, seront les derniers à ressentir ces vibrations plus subtiles, mais verront peut-être une éclosion plus considérable de force intellectuelle, une humanité de plus grandes proportions et en rapport avec leur énormité ».

Dans nos organismes inférieurs, la conscience ne paraît se propager d'une molécule vivante à une autre que lorsqu'il y a contiguïté de cellules dans l'espace; néanmoins, d'après les plus récentes découvertes sur le système nerveux et sur la propagation de la pensée par suggestion mentale à d'assez grandes distances, Guyau ne trouve pas contraire aux faits de supposer la possibilité d'une sorte de rayonnement de la conscience à travers l'étendue, au moyen d'ondulations d'une subtilité encore inconnue de nous. « Alors nous pourrions concevoir non plus des sociétés de consciences enfermées en un petit coin de l'espace, dans un organisme étroit qui est une prison, mais la victoire d'une conscience sociale sur l'espace; — victoire par laquelle l'idéal de sociabilité universelle, qui fait le fond de l'instinct religieux, finirait par devenir une réalité de fait. De même qu'un jour, par la communication plus étroite des consciences individuelles, pourra s'établir sur notre propre terre une sorte de conscience humaine, de même on pourrait sans absurdité rêver, dans l'infini des âges, la réalisation d'une conscience intercosmique. »

La partie la plus originale des « spéculations métaphysiques » auxquelles Guyau s'abandonne à la fin de son livre sur l'Irréligion de l'avenir, c'est celle qui concerne notre destinée. L'idée de la mort l'avait toujours préoccupé. Il croyait même qu'on peut juger en partie la valeur morale d'une doctrine à la force qu'elle donne pour mourir. Guyau ne prétend nullement « démontrer » ni l'existence, ni même la probabilité *scientifique* d'une vie supérieure. Son dessein est plus modeste : c'est déjà beaucoup de faire voir que l'impossibilité d'une telle vie n'est pas encore prouvée et que, devant la science moderne, l'immortalité demeure toujours un problème : si ce problème n'a pas reçu de solution positive, il n'a pas reçu davantage, comme on le prétend parfois, une solution négative. En même temps, Guyau recherche quelles hypothèses hardies, aventureuses même, il faudrait faire aujourd'hui pour traduire et transposer en langage philosophique les symboles sacrés des religions sur la « destinée de l'âme ». — Ces pages sont les plus belles, à notre avis, qui aient été écrites sur l'immortalité depuis le *Phédon* et l'*Ethique*.

Guyau commence par ce qui est le plus voisin de l'expérience positive et cherche, dans ce domaine, ce dont la philosophie de l'évolution nous permet le mieux d'espérer l'immortalité. Il y a, pour ainsi dire, dans la sphère de la conscience, des cercles concentriques qui vont se rapprochant de plus en plus du centre insondable : la personne. Guyau passe en revue ces diverses manifestations de la personnalité pour voir si elles offriront quelque chose d'impérissable.

La sphère du moi la plus extérieure en quelque sorte et la plus observable, ce sont nos *œuvres* et nos *actions*. On comprend donc ce que peut renfermer de vrai cette doctrine, de haute impersonnalité et d'entier désintéressement selon laquelle on *vit* là où on *agit*. Il y a ici mieux qu'une œuvre matérielle, il y a une action d'ordre intellectuel et moral. « L'homme de bien est précisément celui qui veut avant tout vivre et revivre dans ses bonnes actions; le penseur, dans les pensées qu'il a léguées au patrimoine humain et qui continuent la sienne. »

Suivons l'action dans ses effets, dans les mouvements où elle se prolonge, dans les traces qui sont comme les résidus de ces mouvements. Notre action va plus loin que notre savoir et étend à l'infini ses conséquences. Même au point de vue purement physique et physiologique, le bien pensé n'est pas perdu, le bien tenté n'est pas perdu, puisque la pensée, le désir même façonne les organes. L'idée même de ce qui est aujourd'hui une chimère implique un mouvement réel de notre cerveau; elle est encore une « idée-force » qui contient son élément de vérité et d'influence. « Nous héritons non seulement de ce que nos pères ont fait, mais de ce qu'ils n'ont pu faire, de leur œuvre inachevé, de leur effort en apparence inutile. Nous frémissons encore des dévouements et des sacrifices de nos ancêtres, des courages dépensés même en vain, comme nous sentons au printemps passer sur nos cœurs le souffle des printemps antédiluviens et les amours de l'âge tertiaire. »

Puisque l'essor des générations présentes a été rendu possible par une série de chutes et d'avortements passés, ce passé même, ce passé ébauché et embryonnaire devient la garantie de notre avenir. « Il est, dans le domaine moral comme dans le domaine physiologique, des fécondations encore mal expliquées. Parfois, longtemps après la mort de celui qui l'a aimée le premier, une femme met au monde un enfant qui ressemble à celui-là : c'est ainsi que l'humanité pourra enfanter l'avenir sur un type entrevu et chéri dans le passé, même quand le passé semblait enseveli pour toujours, si dans ce type il y avait quelque obscur élément de vérité et, par conséquent, de force impérissable. »

Dans la philosophie de l'évolution, vie et mort sont des idées relatives et corrélatives : la vie en un sens est une mort, et la mort est encore le triomphe de la vie sur une de ses formes particulières. « On ne pouvait voir et saisir le Protée de la fable sous une forme arrêtée que pendant le sommeil image de la mort ; ainsi en est-il de la nature : toute forme n'est pour elle qu'un sommeil, une mort passagère, un arrêt dans l'écoulement éternel et l'insaisissable fluidité de la vie. Le *devenir* est essentiellement informe, la *vie* est informe. Toute forme, tout individu, toute espèce ne marque donc qu'un engourdissement transitoire de la vie : nous ne comprenons et nous ne saisissons la nature que sous l'image de la mort. Et ce que nous appelons la mort, — la mienne ou la vôtre, — est encore un mouvement latent de la vie universelle, semblable à ces vibrations qui agitent le germe pendant des mois d'apparente inertie et préparent son évolution. »

— Oui, je survivrai dans le tout et je survivrai dans mes œuvres ; mais cette immortalité scientifique de l'action et de la vie est-elle suffisante pour le sentiment religieux ? Comme individu, qu'est-ce que la science, qu'est-ce que la philosophie de l'évolution peuvent me promettre ou me laisser espérer ? De l'immortalité en quelque sorte extérieure et impersonnelle, pouvons-nous passer à l'immortalité intérieure et personnelle ?

Assurément, répond Guyau, ce n'est point à la *science* que l'individualité peut demander des preuves de sa durée. La génération, aux yeux du savant, est comme une première négation de l'immortalité individuelle ; l'instinct social, qui ouvre notre cœur à des milliers d'autres êtres et le partage à l'infini, en est une seconde négation ; l'instinct scientifique lui-même et l'instinct métaphysique, qui fait que nous nous intéressons au monde entier, à ses lois et à ses destinées, diminue encore, pour ainsi dire, notre raison d'être comme individus bornés. « Notre pensée brise le moi où elle est enfermée, notre poitrine est trop étroite pour notre cœur. Oh ! comme on apprend rapidement, dans le travail de la pensée ou de l'art, à se compter pour peu soi-même ! Cette défiance de soi ne diminue en rien l'enthousiasme ni l'ardeur ; elle y mêle seulement une sorte de virile tristesse, quelque chose de ce qu'éprouve le soldat qui se dit : — « Je suis une simple unité dans la bataille, moins que cela, un cent-millième ; si je disparaissais, le résultat de la lutte ne serait sans doute pas changé ; pourtant je resterai et je lutterai. »

Devons-nous donc consentir de gaieté de cœur au sacrifice du *moi*, mourir sans révolte pour la vie universelle ? — Tant qu'il s'agit de soi, dit Guyau, on peut encore marcher légèrement au sacrifice. Mais la mort pour les autres, l'anéantissement pour ceux qu'on aime, voilà ce qui est inacceptable pour l'homme, être pensant et aimant par essence. Nous avons raison de nous révolter contre la nature qui tue, si elle tue ce qu'il y a de meilleur moralement en nous et en autrui. « L'amour vrai ne devrait jamais s'exprimer dans la langue du temps. Nous disons : J'aimais mon père de son vivant; j'ai beaucoup aimé ma mère ou ma sœur. — Pourquoi ce langage, cette affection mise au passé? Pourquoi ne pas dire toujours : J'aime mon père, j'aime ma mère? L'amour ne veut-il pas et ne doit-il pas être un éternel présent ?

» Comment dire à une mère qu'il n'y a rien de vraiment et définitivement vivant, de personnel, d'unique dans les grands yeux souriants et pourtant réfléchis de l'enfant qu'elle tient sur ses genoux; que ce petit être qu'elle rêve bon, grand, en qui elle pressent tout un monde, est un simple accident de l'espèce? Non, son enfant n'est pas semblable à ceux qui ont vécu, ni à ceux qui vivront : nul aura-t-il jamais ce même regard? Tous les sourires qui passent successivement sur le visage des générations ne seront jamais un certain sourire qui illumine là, près de moi, le visage aimé. La nature entière n'a pas d'équivalent pour l'individu, qu'elle peut écraser, non remplacer. Ce n'est donc pas sans raison que l'amour refuse de consentir à cette substitution des vivants les uns aux autres qui constitue le mouvement même de la vie; il ne peut accepter le tourbillon éternel de la poussière de l'être : il voudrait fixer la vie, arrêter le monde en sa marche. Et le monde ne s'arrête pas : l'avenir appelle sans cesse les générations, et cette puissante force d'attraction est aussi une force de dissolution. La nature n'engendre qu'avec ce qu'elle tue, et elle ne fait la joie des amours nouveaux qu'avec la douleur des amours brisés. »

Ainsi, dans la question de l'immortalité individuelle, deux grandes forces tirent en sens contraires la pensée humaine : la science, au nom de l'évolution naturelle, est portée à sacrifier partout l'individu; l'amour, au nom d'une évolution supérieure, voudrait le conserver tout entier. « C'est l'une des plus inquiétantes antinomies qui se posent devant l'esprit du philosophe. » Doit-on accorder entièrement gain de cause à la science, ou bien faut-il croire qu'il y a quelque chose de véridique dans l'instinct social qui fait le fond de toute affection, comme il y a un pressentiment et une anticipation de vérité dans tous les autres grands instincts naturels ? L'instinct social a ici d'autant plus de valeur, aux yeux de Guyau, qu'on tend aujourd'hui à considérer l'individu même comme une société, l'association comme une loi universelle de la nature. L'amour, qui est le plus haut degré de la force de cohésion dans l'univers, a donc peut-être raison de vouloir retenir quelque chose de l'association entre les individus. « Son seul tort est d'exagérer ses prétentions ou de mal placer ses espérances. »

Là encore, Guyau introduit d'une manière nouvelle l'idée sociologique. La science qui semble surtout opposée à la conservation de l'individu, dit-il, c'est la *mathématique*, qui ne voit dans le monde que des chiffres toujours variables et transformables l'un dans l'autre, et qui joue trop avec des abstractions. Au contraire, la plus concrète peut-être des sciences, la *sociologie*, voit partout des *groupements de réalités;* au lieu de *rapports abstraits* et au lieu de *substances* non moins abstraites, elle aperçoit des sociétés vivantes en voie de formation. Le problème de la stabilité et de la durée indéfinie, remarque Guyau, est précisément celui que cherchent à résoudre les sociétés humaines. Le problème de l'immortalité est donc au fond identique au problème social; seulement il porte sur la conscience individuelle conçue comme une sorte de conscience collective. A ce point de vue, il est probable que, plus la conscience personnelle est parfaite, plus elle réalise à la fois une harmonie durable et une puissance de métamorphose indéfinie. Par conséquent, en admettant même ce que disaient les pythagoriciens, que la conscience est un nombre, une harmonie, un accord de voix intérieures, on peut encore se demander si certains accords ne deviendront pas assez parfaits pour retentir toujours, sans cesser pour cela de pouvoir toujours entrer comme éléments dans des harmonies plus complexes et plus riches. « Il existerait des sons de lyre vibrant à l'infini sans perdre leur tonalité fondamentale sous la multiplicité de leurs variations. » Au fait, il doit y avoir une évolution dans l'organisation des consciences comme il y en a une dans l'organisation des molécules et des cellules vivantes, et, là aussi, ce sont les combinaisons les plus vivaces, les plus durables et les plus flexibles tout ensemble, qui doivent l'emporter dans la lutte pour la vie. La nature en viendrait alors, non à force de simplicité, mais à force de complexité savante, à réaliser une sorte d'immortalité progressive, produit dernier de la sélection.

Considérons maintenant les consciences dans leur rapport mutuel et, pour ainsi dire, social. La psychologie contemporaine tend à admettre que des consciences différentes, ou, si l'on préfère, des agrégats différents d'états de conscience peuvent s'unir et même se pénétrer; c'est quelque chose d'analogue à ce que les théologiens ont appelé la pénétration des âmes. Dès lors il est permis de se demander si les consciences, en se pénétrant, ne pourront un jour se continuer l'une dans l'autre, se communiquer une durée nouvelle, au lieu de rester, selon le mot de Leibniz, plus ou moins « momentanées », et si ce serait là un avantage pour l'espèce humaine. Dans l'intuition mystique des religions on entrevoit parfois le pressentiment de vérités supérieures : saint Paul nous dit que les cieux et la terre passeront, que les prophéties passeront, que les langues passeront, qu'une seule chose ne passera point, la charité, l'amour. Pour interpréter philosophiquement cette haute doctrine religieuse, dit Guyau, il faudrait admettre que le lien de l'amour mutuel, qui est le moins *simple* et le moins primitif de tous, sera cependant un jour le plus *durable*, le plus capable aussi de s'étendre et d'embrasser progressivement un nombre d'êtres toujours plus voisin de la totalité, de la « cité céleste ». C'est par ce que chacun aurait de meilleur, de plus désintéressé, de plus impersonnel et de plus aimant qu'il arriverait à pénétrer de son action la conscience d'autrui; et ce désintéressement coïnciderait avec le désintéressement des autres, avec l'amour des autres pour lui : « il y aurait ainsi fusion possible, il y aurait pénétration mutuelle si intense que, de même qu'on souffre à la poitrine d'autrui, on en viendrait à vivre dans le cœur même d'autrui. Certes, nous entrons ici dans le domaine des rêves, mais nous nous imposons toujours comme règle que ces rêves, s'ils sont ultra-scientifiques, ne soient pas anti-scientifiques. » La science du système nerveux et cérébral ne fait que commencer; nous ne connaissons encore que les exaltations maladives de ce système, les sympathies et les suggestions à distance de l'hypnotisme ; mais nous entrevoyons déjà tout un monde de phénomènes où, par l'intermédiaire de mouvements d'une formule encore inconnue, tend à se produire une communication de consciences, et même, quand les volontés mutuelles y consentent, une sorte d'absorption de personnalités l'une dans l'autre. Cette complète fusion des consciences, où d'ailleurs chacune pourrait garder sa nuance propre tout en se composant avec celle d'autrui, est ce que rêve et poursuit dès aujourd'hui l'amour, qui, « étant lui-même une des grandes forces naturelles et sociales, ne doit pas travailler en vain ».

Dans cette hypothèse, dont on ne contestera ni la nouveauté ni la valeur philosophique, le problème serait d'être tout à la fois assez aimant et assez aimé pour vivre et survivre en autrui. « Le moule de l'individu, avec ses accidents extérieurs, sombrerait, disparaîtrait, comme celui d'une statue : le dieu intérieur revivrait en l'âme de ceux qu'il a aimés, qui l'ont aimé. » La désunion deviendrait impossible, comme dans ces « atomes-tourbillons » qui semblent ne former qu'un seul être parce que nulle force ne peut réussir à les couper : leur unité ne vient pas de leur simplicité, mais de leur inséparabilité. Puis, par un retour sur lui-même et sur les siens, Guyau ajoute ces paroles d'une simplicité et d'une tendresse touchantes : « Dès maintenant il se rencontre parfois des individus si aimés qu'ils peuvent se demander si, en s'en allant, ils ne resteraient pas encore presque tout entiers dans ce qu'ils ont de meilleur, et si leur pauvre conscience, impuissante encore à briser tous les liens d'un organisme trop grossier, n'a pas réussi cependant, — tant elle a été aidée par l'amour de ceux qui les entourent, — à passer presque tout entière en eux : c'est en eux déjà qu'ils vivent vraiment, et de la place qu'ils occupent dans le monde, le petit coin auquel ils tiennent le plus et où ils voudraient rester toujours, c'est le petit coin qui leur est gardé dans deux ou trois cœurs aimants. »

Ce phénomène de palingénésie mentale, d'abord isolé, irait s'étendant de plus en plus dans l'espèce humaine. L'immortalité serait ainsi une *acquisition finale*, faite par l'*espèce* au profit de *tous ses membres*. Toutes les consciences finiraient par participer à cette survivance au sein d'une conscience plus large. La fraternité envelopperait toutes les âmes et les rendrait plus transparentes l'une pour l'autre : l'idéal moral et religieux serait réalisé.

Ce sont là, à coup sûr, des spéculations dans un domaine qui, s'il ne sort pas de la *nature*, sort de notre expérience et de notre science actuelle. Mais la même raison qui frappe d'incertitude toutes ces hypothèses est aussi celle qui les rend et les rendra toujours possibles : notre ignorance irrémédiable du fond même de la conscience. « Il y a là, dit Guyau avec une précision et une sûreté frappantes, il y a là et il y aura toujours là un mystère philosophique qui vient de ce que la conscience, la pensée est une chose *sui generis*, sans analogie, absolument inexplicable, dont le fond demeure à jamais inaccessible aux formules scientifiques, par conséquent à jamais ouvert aux hypothèses métaphysiques. De même que l'être est le grand genre suprême, *genus generalissimum*, enveloppant toutes les espèces de l'objectif, la conscience est le grand genre suprême enveloppant et contenant toutes les espèces du subjectif; on ne pourra donc jamais répondre entièrement à ces deux questions : — Qu'est-ce que l'*être?* qu'est-ce que la *conscience?* ni, par cela même, à cette troisième question qui présupposerait la solution des deux autres : *la conscience sera-t-elle?* » Puis il ajoute avec cette poésie qui ne nuit jamais chez lui à la profondeur, quoique parfois elle la déguise en la rendant accessible à tous : « On lit sur un vieux cadran solaire d'un village du midi : *Sol non occidat!* — Que la lumière ne s'éteigne pas! telle est bien la parole qui viendrait compléter le *fiat lux*. La lumière est la chose du monde qui devrait le moins nous trahir, avoir ses éclipses, ses défaillances; elle aurait dû être créée « à toujours », εἰς ἀεί, jaillir des cieux pour l'éternité. Mais peut-être la lumière intellectuelle, plus puissante, la lumière de la conscience finira-t-elle par échapper à cette loi de destruction et d'obscurcissement qui vient partout contre-balancer la loi de création; alors seulement le *fiat lux* sera pleinement accompli : *lux non occidat in æternum*. »

Mais, dira-t-on, ceux qui ne se laissent pas prendre aux tentations de toutes ces belles et lointaines hypothèses sur l'au-delà de l'existence, ceux qui voient la mort dans toute sa brutalité, telle que nous la connaissons, et qui, comme vous-même peut-être, penchent vers la négative en l'état actuel de l'évolution, — quelle consolation, quel encouragement avez-vous pour eux au moment critique, que leur direz-vous sur le bord de l'anéantissement? — Guyau répond avec une éloquence toute virile, mais où l'on sent l'émotion contenue de celui qui se voit lui-même condamné; pour ceux qui ont assisté aux derniers mois de sa vie, il est difficile de relire sans un serrement de cœur ces pages admirables d'une tristesse si profonde et pourtant sereine, qui sont comme une vision de l'avenir.

— « Rien de plus que les préceptes du stoïcisme antique, qui lui aussi ne croyait guère à l'immortalité individuelle : trois mots très simples et un peu durs : Ne pas être lâche. Autant le stoïcisme avait tort lorsque, devant la mort d'autrui, il ne comprenait pas la douleur de l'amour, condition de sa force même et de son progrès dans les sociétés humaines, lorsqu'il osait interdire l'attachement et ordonnait l'impassibilité; autant il avait raison quand, nous parlant de notre propre mort, il recommandait à l'homme de se mettre au-dessus d'elle. De consolation, point d'autre que de pouvoir se dire qu'on a bien vécu, qu'on a rempli sa tâche, et de songer que la vie continuera sans relâche après vous, peut-être un peu par vous; que tout ce que vous avez aimé vivra, que ce que vous avez pensé de meilleur se réalisera sans doute quelque part, que tout ce qu'il y avait d'impersonnel dans votre conscience, tout ce qui n'a fait que passer à travers vous, tout ce patrimoine immortel de l'humanité et de la nature que vous aviez reçu et qui était le meilleur de vous-même, tout cela vivra, durera, s'augmentera sans cesse, se communiquera de nouveau sans se perdre; qu'il n'y a rien de moins dans le monde qu'un miroir brisé; que l'éternelle continuité des choses reprend son cours, que vous n'*interrompez* rien. Acquérir la parfaite conscience de cette continuité de la vie, c'est par cela même réduire à sa valeur cette apparente discontinuité, la mort de l'individu, qui n'est peut-être que l'évanouissement d'une sorte d'illusion vivante. Donc, encore une fois, — au nom de la raison, qui comprend la mort et doit l'accepter comme tout ce qui est intelligible, — ne pas être lâche.

» Le désespoir serait grotesque d'ailleurs, étant parfaitement inutile : les cris et les gémissements chez les espèces animales, — du moins ceux qui n'étaient pas purement réflexes, — ont eu pour but primitif d'éveiller l'attention ou la pitié, d'appeler au secours : c'est l'utilité qui explique l'existence et la propagation dans l'espèce du langage de la douleur ; mais comme il n'y a point de secours à attendre devant l'inexorable, ni de pitié devant ce qui est conforme au tout et conforme à notre pensée elle-même, la résignation seule est de mise, et bien plus un certain consentement intérieur, et plus encore ce sourire détaché de l'intelligence qui comprend, observe, s'intéresse à tout, même au phénomène de sa propre extinction. On ne peut pas se désespérer définitivement de ce qui est beau dans l'ordre de la nature.

» Si quelqu'un qui a déjà senti les « affres de la mort » se moque de notre prétendue assurance en face d'elle, nous lui répondrons que nous ne parlons pas nous-même en pur ignorant de la perspective du « moment suprême ». Nous avons eu l'occasion de voir plus d'une fois, et pour notre propre compte, la mort de très près, — moins souvent sans doute qu'un soldat ; mais nous avons eu plus le temps de la considérer tout à notre aise, et nous n'avons jamais eu à souhaiter que le voile d'une croyance irrationnelle vînt s'interposer entre elle et nous. Mieux vaut voir et savoir jusqu'au bout, ne pas descendre les yeux bandés les degrés de la vie. Il nous a semblé que le phénomène de la mort ne valait pas la peine d'une atténuation, d'un mensonge. Nous en avons eu plus d'un exemple sous les yeux. Nous avons vu notre grand-père (qui, lui aussi, ne croyait guère à l'immortalité) frappé par des attaques successives d'apoplexie, plus fortes d'heure en heure ; il nous dit en souriant, dans les éclaircies du mal, qu'il n'avait qu'un regret en s'en allant : c'était de voir lui survivre tant de superstitions et le catholicisme garder précisément la force dans les mains (nous étions au moment où la France marchait au secours de la papauté). Remarquons-le, le progrès des sciences physiologiques et médicales tend à multiplier aujourd'hui ces cas où la mort est prévue, où elle devient l'objet d'une attente presque sereine ; les esprits les moins stoïques se voient parfois entraînés vers un héroïsme qui, pour être en partie forcé, n'en a pas moins sa grandeur. Dans certaines maladies à longue période, comme la phtisie, le cancer, celui qui en est atteint, s'il possède quelques connaissances scientifiques, peut calculer les probabilités de vie qui lui restent, déterminer à quelques jours près le moment de sa mort : tel Bersot, que j'ai connu, tel encore Trousseau, bien d'autres. Se sachant condamné, se sentant une chose parmi les choses, c'est d'un œil pour ainsi dire impersonnel qu'on en vient alors à se regarder soi-même, à se sentir marcher vers l'inconnu.

» Si cette mort, toute consciente d'elle-même, a son amertume, c'est pourtant celle qui séduirait peut-être le plus un pur philosophe, une intelligence souhaitant jusqu'au dernier moment n'avoir rien d'obscur dans sa vie, rien de non prévu et de non raisonné. D'ailleurs, la mort la plus fréquente surprend plutôt en pleine vie et dans l'ardeur de la lutte ; c'est une crise de quelques heures, comme celle qui a accompagné la naissance ; sa soudaineté même la rend moins redoutable à la majorité des hommes qui sont plus braves devant un danger plus court : on se débat jusqu'au bout contre ce dernier ennemi avec le même courage obstiné que contre tout autre. Au contraire, lorsque la mort vient à nous lentement, nous ôtant par degrés nos forces et prenant chaque jour quelque chose de nous, un autre phénomène assez consolant se produit.

» C'est une loi de la nature que la diminution de l'être amène une diminution proportionnée dans tous les désirs, et qu'on aspire moins vivement à ce dont on se sent moins capable : la maladie et la vieillesse commencent toujours par déprécier plus ou moins à nos propres yeux les jouissances qu'elles nous ôtent, et qu'elles ont rendues amères avant de les rendre impossibles. La dernière jouissance, celle de l'existence nue pour ainsi dire, peut être aussi graduellement diminuée par l'approche de la mort. L'impuissance de vivre, lorsqu'on en a bien conscience, amène l'impuissance de vouloir vivre. Respirer seulement devient douloureux. On se sent soi-même se disperser, se fragmenter, tomber en une poussière d'êtres, et l'on n'a plus la force de se reprendre. L'intelligence commence du reste à sortir du pauvre moi meurtri, à pouvoir mieux s'objectiver, à mesurer du dehors notre peu de valeur, à comprendre que dans la nature la fleur fanée n'a plus le droit de vivre, que l'olive mûre, comme disait Marc-Aurèle, doit se détacher de l'arbre. Dans tout ce qui nous reste de sensation ou de pensée domine un seul sentiment, celui d'être las, très las. On voudrait apaiser, relâcher toute tension de la vie, s'étendre, se dissoudre. Oh ! ne plus être debout ! comme les mourants comprennent cette joie suprême et se sentent bien faits pour le repos du dernier lit humain, la terre! Ils n'envient même plus la file interminable des vivants qu'ils entrevoient dans un rêve se déroulant à l'infini et marchant sur ce sol où ils dormiront. Ils sont résignés à la solitude de la mort, à l'abandon. Ils sont comme le voyageur qui, pris du mal des terres vierges et des déserts, rongé de cette grande fièvre des pays chauds qui épuise avant de tuer, refuse un jour d'avancer, s'arrête tout à coup, se couche : il n'a plus le courage des horizons inconnus, il ne peut plus supporter toutes les petites secousses de la marche et de la vie, il demande lui-même à ses compagnons qu'ils le délaissent, qu'ils aillent sans lui au but lointain, et alors, allongé sur le sable, il contemple amicalement, sans une larme, sans un désir, avec le regard fixe de la fièvre, l'ondulante caravane de frères qui s'enfonce dans l'horizon démesuré, vers l'inconnu qu'il ne verra pas.

» Assurément quelques-uns d'entre nous auront toujours de la peur et des frissons en face de la mort, ils prendront des mines désespérées et se tordront les mains. Il est des tempéraments sujets au vertige, qui ont l'horreur des abîmes, et qui voudraient éviter celui-là surtout à qui tous les chemins aboutissent. A ces hommes Montaigne conseillera de se jeter dans le trou noir « tête baissée », en aveugles; d'autres pourront les engager à regarder jusqu'au dernier moment, pour oublier le précipice, quelque petite fleur de montagne croissant à leurs pieds sur le bord ; les plus forts contempleront tout l'espace et tout le ciel, rempliront leur cœur d'immensité, tâcheront de faire leur âme aussi large que l'abîme, s'efforceront de tuer d'avance en eux l'individu, et ils sentiront à peine la dernière secousse qui brise définitivement le moi. La mort d'ailleurs, pour le philosophe, cet ami de tout inconnu, offre encore l'attrait de quelque chose à connaître; c'est, après la naissance, la nouveauté la plus mystérieuse de la vie individuelle. La mort a son secret, son énigme, et on garde le vague espoir qu'elle vous en dira le mot par une dernière ironie en vous broyant, que les mourants, suivant la croyance antique, devinent, et que leurs yeux ne se ferment que sous l'éblouissement d'un éclair. Notre dernière douleur reste aussi notre dernière curiosité. »

VII. — Une exposition et une critique de l'épicurisme qui constituent le travail le plus complet sur la matière, avec des considérations absolument neuves sur la théorie de la contingence, du hasard et de la liberté dans Epicure ; une exposition et une critique non moins approfondies de la morale anglaise contemporaine, dans un livre qu'un disciple de Spencer, M. Pollock, déclare le plus remarquable de tous ceux qui ont paru sur ce sujet et sans analogue même en Angleterre ; dans l'*Esquisse d'une morale sans obligation ni sanction*, une théorie de la *vie* et de la *fécondité* dans l'ordre moral qui ajoute des éléments nouveaux et essentiels à l'éthique naturaliste ; une détermination originale des « équivalents de la moralité » ; une critique subtile et serrée des idées traditionnelles d'obligation et de sanction ; dans les *Problèmes d'esthétique contemporaine*, une doctrine parfaitement justifiée du *sérieux dans l'art*, et une théorie de la *vie comme principe du beau* qui rectifie la théorie kantienne et spencérienne du « jeu dans l'art » ; dans les *Vers d'un philosophe*, une application personnelle de l'art sérieux et sincère, où se trouve toujours l'accent de la vérité et qui, par cela même, ne peut manquer d'émouvoir ; plus tard, l'introduction du *point de vue sociologique dans l'art* avec les principes nouveaux de critique qui en résultent ; dans *Education et Hérédité*, autre « étude sociologique », des principes analogues renouvelant la théorie de l'éducation et aboutissant à montrer comment l'éducation peut contre-balancer l'hérédité déjà établie, au profit d'une hérédité nouvelle ; enfin, dans *l'Irréligion de l'avenir*, une transformation des études religieuses par l'application de la même méthode *sociologique*, et, comme couronnement de tant de travaux divers, une esquisse magistrale des grands systèmes métaphysiques, avec des vues nouvelles et hardies sur l'avenir de l'humanité et du monde ; en un mot, une doctrine de la vie et de son expansion individuelle ou collective, qui fait de la métaphysique même une manifestation suprême et une investigation radicale de la vie : tels sont les titres philosophiques qui demeureront acquis à ce jeune homme de trente-trois ans, dont toute l'existence réalisa si bien son propre idéal de la fécondité de la vie. Quant à ses titres littéraires, si on extrayait de ses livres les pensées qui frappent par leur force ou leur profondeur, les pages poétiques, gracieuses, éloquentes, et qui, à certains instants, sans jamais sortir du naturel, s'élèvent jusqu'au sublime, on aurait un recueil à mettre en comparaison avec plus d'un livre devenu classique.

Déjà, avec l'*Esquisse d'une morale* avaient éclaté les grandes qualités de penseur et d'écrivain déjà visibles dans les précédents ouvrages de l'auteur, et que nous avons retrouvées à leur plus haut degré dans *l'Irréligion de l'avenir*. Elles procèdent toutes d'une qualité qui est maîtresse en philosophie comme en littérature : l'absolue sincérité. Cette sincérité aborde courageusement tous les problèmes, va à l'encontre des idées reçues sans se soucier de ce qu'on pourra penser ou dire, sans autre préoccupation que de se mettre en présence de la réalité, comme le croyant se met « en présence de Dieu ». Et pourtant, que de regrets et de tristesses pour celui qui doute de ce qui lui paraîtrait le plus doux à croire, qui ébranle ce qu'il aurait voulu conserver! Notre philosophe n'en garde pas moins jusqu'au bout l'abnégation et le détachement de soi :

> Le vrai, je sais, fait souffrir;
> Voir, c'est peut-être mourir;
> N'importe! ô mon œil, regarde (1) !

Sa pensée, sans dessein préconçu de soutenir tel système ou de combattre tel autre, s'aventure seule à la recherche de ce qui est, avec les hardiesses et les angoisses de celui qui voyage sans compagnon; il n'essaye pas plus de vous faire illusion sur ce qu'il n'a pu découvrir que sur ce qu'il a cru trouver; la limite qu'il n'est pas parvenu à franchir, il la marque lui-même; l'objection qu'on peut lui faire, il la fait tout le premier et vous dit d'avance : voilà ce que je ne puis éclaircir. S'il se met parfois en scène, c'est pour vous y mettre vous-même : c'est le moi humain qu'il a étudié en lui; il n'a pas dessein de vous intéresser à sa personnalité, mais à la vôtre.

Si la sincérité est l'inspiratrice de la vraie philosophie, elle est aussi celle du grand art. Jointe à la force de la pensée et à la tendresse du cœur, elle aboutit nécessairement à produire,

---

(1) *Vers d'un philosophe. La douce mort.*

au point de vue du style, deux impressions dominantes, selon que les questions ont plus ou moins de grandeur et d'importance : c'est d'abord l'impression d'une grâce naturelle, qui est comme la transparence d'une belle âme s'abandonnant telle qu'elle est aux regards ; c'est ensuite, quand l'horizon s'élargit avec la hauteur même des questions abordées, l'impression du sublime, qui naît de ce qu'on aperçoit, comme sur un sommet, une pensée face à face avec l'infini mystère. Ces deux impressions, de l'avis unanime des critiques, sont fréquentes dans les ouvrages de Guyau ; il aura le rare honneur de compter parmi les écrivains qui, en leurs meilleurs moments, comme soulevés au-dessus d'eux-mêmes, excitent naturellement et sans effort le sentiment du sublime. Dans l'*Esquisse d'une morale*, les pages sur l'Océan dont nous n'avons cité qu'une partie (1), les pages sur la charité et « l'appel intérieur vers ceux qui souffrent (2) » ; dans les *Vers d'un philosophe*, la *Question* sur Dieu, une partie de l'invocation à la nature (*Genitrix hominumque deumque*), plusieurs strophes de *l'Analyse spectrale* ; enfin et surtout, dans *l'Irréligion de l'avenir*, après tant de pages qu'il serait trop long de citer, les pages finales sur l'immortalité, sur la destinée du monde et de l'homme, ne sont rien moins que des inspirations sublimes : c'est du Pascal moins troublé, avec plus de sérénité et de résignation scientifique.

A ces mérites dont un autre aurait pu tirer quelque vanité, il joignait une modestie vraiment philosophique. C'est précisément, disait-il, parce que le philosophe sait combien de choses il ignore, qu'il ne peut pas affirmer au hasard et qu'il est réduit sur bien des points à rester dans le doute, dans l'attente anxieuse, « à respecter la semence de vérité qui ne doit fleurir que dans l'avenir lointain ». Au moment de la mort surtout, ajoutait-il, — à cette heure où les religions disent à l'homme : Abandonne-toi un instant, laisse-toi aller à la force de l'exemple, de l'habitude, au désir d'affirmer même là où tu ne sais pas, à la peur enfin, et tu seras sauvé, — à cette heure où l'acte de foi aveugle est la suprême faiblesse, le doute est assurément la position la plus haute et la plus courageuse que puisse prendre la pensée humaine ; c'est

(1) *Esquisse d'une morale*, pp. 103 à 106.
(2) *Ibid.*, page 24.

la lutte jusqu'au bout, sans capitulation ; c'est la mort debout, en présence du problème non résolu, mais indéfiniment regardé en face (1) ».

Ses travaux déjà si nombreux et si féconds ne lui paraissaient que peu de chose auprès de ce qu'il espérait faire. A ce moment de sa vie, tout lui souriait, les joies de l'amour partagé, celles de la famille et de la paternité, le succès toujours grandissant de ses ouvrages, l'avenir pour lui plein de promesses. Le seul point noir était cette santé si chancelante et depuis si longtemps menacée. Pendant une dernière maladie de cinq mois, en voyant ses forces et sa vie lui échapper jour par jour, quelle amertume dut lui monter au cœur ! Il n'en laissa rien voir. Il n'était préoccupé que de cacher ses souffrances et ses tristes pressentiments, pour ne point affliger les siens. On ne saurait avoir plus de force d'âme, plus de douceur sereine en face de la douleur, en face de la mort, qu'il attendait, comme il l'avait dit, « debout ».

La veille du 31 mars, cet esprit infatigable avait travaillé encore : il dicta quelques pages. Le soir, quand il se coucha, il était encore plus las, plus épuisé que les soirs précédents. Pendant la nuit, il laissa pour la première fois sentir aux siens qu'il ne s'était fait aucune illusion sur sa fin prochaine : « J'ai bien lutté », disait-il ; puis voulant adoucir la seule peine qu'il ne fût plus en son pouvoir d'épargner aux autres : — « Je suis content, ajouta-t-il à demi-voix, — oh ! absolument content ;... il faut l'être aussi, vous tous... » Sa mère était accourue. Déjà il ne pouvait plus parler, mais, en apercevant celle à qui il devait ce qu'il y avait en lui de meilleur, — une grande intelligence, un cœur plus grand encore, — il la regarda longuement et sourit : il avait mis toute sa pensée dans ce regard, tout son amour dans ce sourire. La main de sa mère saisit la sienne ; il répondit à son étreinte, et désormais, jusqu'à l'instant de la dernière séparation, ces deux mains ne devaient plus se quitter. Il continua de sourire aux trois personnes aimées qui l'entouraient et qui, dans une inexprimable angoisse, tenaient fixés sur lui leurs yeux,

(1) *L'Irréligion de l'avenir*, p. 330.

comme pour le retenir, le rattacher à elles et à la vie par la puissance du regard. Pendant ce temps, l'enfant de quatre ans dormait dans son petit lit, sans se douter qu'il allait perdre ce qu'il avait de plus cher au monde ; et nous respections ce sommeil. Le père, lui, finit par abaisser ses paupières ; sa respiration, d'abord saccadée, devint plus douce et plus lente, puis plus lente encore, si faible qu'on l'entendait à peine ; à la fin, en un soupir imperceptible, elle s'éteignit.

Nul de nous ne voulut plus le quitter un seul instant, et nous passâmes de longues heures à son chevet, perdus dans nos pensées. — C'est donc là mourir ! me répétais-je, en voyant étendu devant moi cet autre moi-même, cet enfant de ma pensée que je chérissais plus, peut-être, que s'il eût été mon propre fils, et j'aurais volontiers dit de la mort ce qu'il en avait dit un jour :

La mort !... J'en avais faim et soif, et je l'aimais !

C'était la nuit du vendredi saint. Dans son livre sur *l'Irréligion de l'avenir*, avec cet esprit de sympathie qu'il avait apporté à la critique même des religions, avec cette profonde intelligence de leur côté moral et poétique, il avait dit qu'on peut trouver une haute vérité dans le symbole du Christ : « le nouveau drame de la passion s'accomplit dans les consciences, et il n'en est pas moins déchirant. » A voir cette figure aux nobles traits, tout empreinte de pensée, et dont la souffrance même n'avait pu altérer la douceur sereine, à voir la mère en pleurs, aussi pâle que son fils, on songeait malgré soi à quelque image du Christ descendu de la croix. Le drame de la passion est le drame humain par excellence, l'emblème des tourments de la pensée, éprise d'un idéal auquel l'humanité peut dire, comme le Christ à son père : « Pourquoi m'avez-vous abandonné ? »

On l'enterra le matin du jour de Pâques. Les croyants, eux, célébraient par toute la terre l'espoir de la délivrance finale et le pardon tombé du haut d'une croix sur les hommes. Nous, à l'écart de cette pompe religieuse, dans un profond silence, nous suivions celui qu'on emportait accompagné de ses seuls amis. Son cercueil s'avançait, recouvert seulement des fleurs qu'il avait aimées. Quelques personnes d'Angleterre, — un des pays où son nom est placé le plus haut, — avaient spontanément apporté des couronnes de lauriers. Le cortège passa le long des bois d'oliviers pour gravir la colline. Le soleil resplendissait ; la mer bleue s'étendait à perte de vue, sans une ride. Tandis qu'il y avait au fond de nous-mêmes un vide infini laissé par celui qui s'en allait, un abîme que rien ne pourrait plus combler, la nature, elle, « la grande indifférente », la « nourrice mercenaire qui nous berce tous, vivants ou morts, sur ses genoux », ne sentait aucun vide. Dans nos cœurs brisés ce contraste faisait sourdre une indignation contenue. Hélas ! après dix-huit siècles de découvertes scientifiques et de méditations philosophiques, c'est sur la nature entière, telle qu'elle se révèle à la science, avec son aveugle fécondité et ses destructions aveugles, que, du plus haut de la pensée, doit aujourd'hui tomber le pardon :

S'il est des malheureux, il n'est point de bourreaux,
Et c'est innocemment que la nature tue.
Je vous absous, soleil, espace, ciel profond,
Etoiles qui glissez, palpitant dans la nue !
Ces grands êtres muets ne savent ce qu'ils font.

Sur les flancs de la montagne, d'où l'œil aperçoit le « double infini de la mer et des cieux », tout près de ces grands oliviers au feuillage pâle, de ces « eucalyptus élancés vers la nue » dont il avait si souvent contemplé les cimes, une pierre entourée de rosiers, de cinéraires, de géraniums toujours en fleurs, porte cette simple inscription :

Jean-Marie GUYAU
philosophe et poète
MORT A L'AGE DE TRENTE-TROIS ANS, LE 31 MARS 1888

Au-dessous, ces paroles tirées de son dernier livre, et qui sont comme sa voix même sortant de la tombe, — sa voix retentissante de l'accent des pensées éternelles :

« Ce qui a vraiment vécu une fois revivra, ce qui semble mourir ne fait que se préparer à renaître. Concevoir et vouloir le mieux, tenter la belle entreprise de l'idéal, c'est y convier, c'est y entraîner toutes les générations qui viendront après nous. Nos plus hautes aspirations, qui semblent précisément les plus vaines, sont comme des ondes qui, ayant pu venir jusqu'à nous, iront plus loin que nous, et peut-être, en se réunissant, en s'amplifiant, ébranleront le monde. Je suis bien sûr que ce que j'ai de meilleur en moi me survivra. Non, pas un de mes rêves peut-être ne sera perdu; d'autres les reprendront, les rêveront après moi, jusqu'à ce qu'ils s'achèvent un jour. C'est à force de vagues mourantes que la mer réussit à façonner sa grève, à dessiner le lit immense où elle se meut. »

DEUXIÈME PARTIE

LES ŒUVRES POSTHUMES DE GUYAU

CHAPITRE PREMIER

L'Art au point de vue sociologique.

I. — Avant de nous être enlevé, Guyau venait d'écrire deux nouvelles œuvres de grande portée : l'une sur *l'Art au point de vue sociologique*, l'autre sur *l'Éducation et l'hérédité*. En publiant la première, nous l'avons fait précéder d'une étude analytique. Nous croyons devoir ici reproduire cette étude, afin de compléter la vue d'ensemble que nous voudrions donner des ouvrages de Guyau.

Le travail sur l'art est la suite naturelle du livre universellement admiré sur *l'Irréligion de l'avenir*. Après avoir montré l'idée sociologique sous l'idée religieuse, Guyau a voulu faire voir qu'elle se retrouve aussi au fond même de l'art; que l'émotion esthétique la plus complète et la plus élevée est une émotion d'un caractère social; que l'art, tout en conservant son indépendance, se trouve ainsi relié par son essence même à la vraie religion, à la métaphysique et à la morale.

D'après Guyau, l'originalité du dix-neuvième siècle et surtout des siècles qui viendront ensuite consistera, selon toute probabilité, dans la constitution de la science sociale et dans son hégémonie par rapport à des études qui, auparavant, en avaient paru indépendantes : science des religions, métaphysique même, science des mœurs, science de l'éducation, enfin esthétique.

Nous avons vu que, dans son *Irréligion de l'avenir*, Guyau considère la religion comme étant, par essence, un « phénomène sociologique », une extension à l'univers et à son principe des rapports sociaux qui relient les hommes, un effort, en un mot, pour concevoir le monde entier sous l'idée de *société*. Qu'est-ce à son tour que la métaphysique, qui paraît d'abord un exercice solitaire de la pensée, la réalisation de l'idéal érigé en Dieu par Aristote : — la pensée suspendant tout à ses propres lois et se repliant sur soi dans la pensée de la pensée? — A y regarder de plus près, la métaphysique n'est point aussi subjective, aussi formelle, aussi individualiste qu'elle le semblait d'abord, car ce qu'elle cherche dans le sujet pensant lui-même, c'est l'explication de l'univers, c'est le lien qui relie l'existence de l'individu au tout. Aussi, pour Guyau, la métaphysique même est une expansion de la vie, et de la vie *sociale* : c'est la sociabilité s'étendant au cosmos, remontant aux lois suprêmes du monde, descendant à ses derniers éléments, allant des causes aux fins et des fins aux causes, du présent au passé, du passé à l'avenir, du temps et de l'espace à ce qui engendre le temps même et l'espace; en un mot, c'est l'effort suprême de la vie individuelle pour saisir le secret de la vie universelle et pour s'identifier avec le tout par l'*idée* même du tout. La science ne saisit qu'un fragment du monde; la métaphysique s'efforce de concevoir le monde même, et elle ne peut le concevoir que comme une société d'êtres, car qui dit *univers* dit *unité*, *union*, lien; or, le seul lien véritable est celui qui relie par le dedans, non par des rapports extrinsèques de temps et d'espace; c'est la *vie* universelle, principe du « monisme », et tout lien qui unit plusieurs vies en une seule est foncièrement social (1). Le caractère social de la morale est plus manifeste encore. Tandis que la métaphysique, tandis que la religion, cette

---

(1) Voir plus haut, ch. IX.

forme figurée et imaginative de la métaphysique, s'efforcent de réaliser dans la société humaine, par la communauté des idées directrices de l'intelligence, la liaison intellectuelle des hommes entre eux et avec le tout, la morale réalise l'union des volontés et, par cela même, la convergence des actions vers un même but. C'est ce qu'on peut appeler la *synergie* sociale. Guyau n'absorbait point la morale entière dans la sociologie, car il considérait que le principe « de la vie la plus intensive et la plus extensive », c'est-à-dire de la moralité, est immanent à l'individu, mais il n'en admettait pas moins que l'individu est lui-même une société de cellules vivantes et peut-être de consciences rudimentaires ; d'où il suit que la vie individuelle, étant déjà sociale par la *synergie* qu'elle réalise entre nos puissances, n'a besoin que de suivre son propre élan, de se dégager des entraves extérieures et des besoins les plus physiques, pour devenir une coopération à la vie plus large de la famille, de la patrie, de l'humanité et même du monde.

Mais l'union sociale, à laquelle tendent la métaphysique et la morale, n'est pas encore complète : elle n'est qu'une communauté d'idées ou de volontés ; il reste à établir la communauté même des sensations et des sentiments ; il faut, pour assurer la *synergie* sociale, produire la *sympathie* sociale : c'est le rôle de l'art.

L'art est social à trois points de vue différents, par son *origine*, par son *but*, enfin par son *essence* même ou sa loi interne. Ces trois thèses sont développées dans *l'Art au point de vue sociologique*; mais, comme on l'a très justement remarqué, c'est surtout la dernière qui est essentiellement propre à Guyau. L'art est social non pas seulement parce qu'il a son origine et son but dans la société réelle dont il subit l'action et sur laquelle il réagit, mais parce qu'il « porte en lui-même », parce qu'il « crée une société idéale », où la vie atteint son maximum d'intensité et d'expansion. Il est ainsi une forme supérieure de la sociabilité même et de la sympathie universelle qu'elle enveloppe. « L'art, dit Guyau, est une extension, par le sentiment, de la société à tous les êtres de la nature, et même aux êtres conçus comme dépassant la nature, ou enfin aux êtres fictifs créés par l'imagination humaine. L'émotion artistique est donc essentiellement sociale. Elle a pour résultat d'agrandir la vie individuelle en la faisant se confondre avec une vie plus large et universelle. » La loi interne de l'art, c'est de « produire une émotion esthétique d'un caractère social (1). » Les sensations et les sentiments sont, au premier abord, ce qui divise le plus les hommes ; si on ne « discute » pas des goûts et des couleurs, c'est qu'on les regarde comme personnels, et cependant il y a un moyen de les *socialiser* en quelque sorte, de les rendre en grande partie identiques d'individu à individu : c'est l'art. Du fond incohérent et discordant des sensations et sentiments individuels, l'art dégage un ensemble de sensations et de sentiments qui peuvent retentir chez tous à la fois ou chez un grand nombre, qui peuvent ainsi donner lieu à une *association* de jouissances. Et le caractère de ces jouissances, c'est qu'elles ne s'excluent plus l'une l'autre, à la façon des plaisirs égoïstes, mais sont au contraire en essentielle « solidarité ». Comme la métaphysique, comme la morale, l'art enlève donc l'individu à sa vie propre pour le faire vivre de la vie universelle, non plus seulement par la communion des idées et croyances, ou par la communion des volontés et actions, mais par la communion même des sensations et sentiments. Toute esthétique est véritablement, comme semblaient le croire les anciens, une musique, en ce sens qu'elle est une réalisation d'harmonies sensibles entre les individus, un moyen de faire vibrer les cœurs sympathiquement comme vibrent des instruments ou des voix. Aussi tout art est-il un moyen de concorde sociale, et plus profond peut-être encore que les autres ; car *penser* de la même manière, c'est beaucoup sans doute, mais ce n'est pas encore assez pour nous faire *vouloir* de la même manière : le grand secret, c'est de nous faire *sentir* tous de la même manière, et voilà le prodige que l'art accomplit.

D'après ces principes, l'art est d'autant plus grand, selon Guyau, qu'il réalise mieux les deux conditions essentielles de cette société des sentiments. En premier lieu, il faut que les sensations et sentiments dont l'art produit l'*identité* dans

(1) *L'Art au point de vue sociologique*, p. 21.

tout un groupe d'individus soient eux-mêmes de la nature la plus *élevée*; en d'autres termes, il faut produire la sympathie des sensations et sentiments *supérieurs*. Mais en quoi consistera cette supériorité? Précisément en ce que les sensations et sentiments supérieurs auront un caractère à la fois plus intense et plus expansif, par conséquent plus social. Les plaisirs qui n'ont rien d'impersonnel n'ont rien de durable ni de beau : « le plaisir qui aurait, au contraire, un caractère tout à fait universel, serait éternel; et étant l'amour, il serait la *grâce*. C'est dans la négation de l'égoïsme, négation compatible avec la vie même, que l'esthétique, comme la morale, doit chercher ce qui ne périra pas (1). » En second lieu, l'identité des sensations et des sentiments supérieurs, c'est-à-dire la sympathie sociale que l'art produit, doit s'étendre au groupe d'hommes le plus vaste possible. Le grand art n'est point celui qui se confine dans un petit cercle d'initiés, de gens du métier ou d'amateurs; c'est celui qui exerce son action sur une société entière, qui renferme en soi assez de simplicité et de sincérité pour émouvoir tous les hommes intelligents, et aussi assez de profondeur pour fournir substance aux réflexions d'une élite. En un mot, le grand art se fait admirer à la fois de tout un peuple (même de plusieurs peuples), et du petit nombre d'hommes assez compétents pour y découvrir un sens plus intime. Le grand art est donc comme la grande nature : chacun y lit ce qu'il est capable d'y lire, chacun y trouve un sens plus ou moins profond, selon qu'il est capable de pénétrer plus ou moins avant; pour ceux qui restent à la surface, il y a les grandes lignes, les grands horizons, la magie visible des couleurs et les harmonies qui emplissent l'oreille; pour ceux qui vont plus avant et plus loin, il y a des perspectives nouvelles qui s'ouvrent, des perfections de détail qui se révèlent, des infinis qui s'enveloppent. Ainsi que l'a dit Victor Hugo,

> La fauvette à la tête blonde
> Dans la goutte d'eau boit un monde :
> Immensités ! immensités !

(1) *L'Art au point de vue sociologique*, page 16.

L'art de l'homme, comme celui de la nature, consiste à mettre en effet dans la goutte d'eau un monde : la fauvette ne sentira que la fraîcheur vivifiante de l'eau, le philosophe et le savant apercevront dans la goutte d'eau les immensités.

II. — La nature de l'art nous éclaire sur celle du génie. Selon Guyau, le génie artistique et poétique est « une forme extraordinairement intense de la sympathie et de la sociabilité, qui ne peut se satisfaire qu'en créant un monde nouveau, et un monde d'êtres vivants. Le génie est une puissance d'aimer qui, comme tout amour véritable, tend énergiquement à la fécondité et à la création de la vie (1). » Le principe de la vie « la plus intense et la plus sociale » se retrouve donc partout. Vie intense, en effet, sera celle de l'artiste, car « on ne donne après tout la vie qu'en empruntant à son propre fonds... Produire par le don de sa seule vie personnelle une vie *autre* et *originale*, tel est le problème que doit résoudre tout créateur (2). » La caractéristique du génie est donc, pour Guyau, « une sorte de vision intérieure des formes possibles de la vie », vision qui fera reculer au rang d'accident la vie réelle. Au fond, l'œuvre de l'artiste sera la même que celle du savant ou encore de l'historien : « Découvrir les faits significatifs, expressifs d'une loi; ceux qui, dans la masse confuse des phénomènes, constituent des points de repère et peuvent être reliés par une ligne, former un dessin, une figure, un système. » Le grand artiste est évocateur de la vie sous toutes ses formes, évocateur « des objets d'affection, des sujets *vivants* avec lesquels nous pouvons entrer en société (3). »

Le génie et son milieu social, dont les rapports ont tant préoccupé les esthéticiens contemporains et surtout M. Taine, nous donnent, selon Guyau, le spectacle de trois *sociétés* liées par une relation de dépendance mutuelle : 1° la société réelle préexistante, qui *conditionne* et en partie suscite le génie; 2° la société idéalement modifiée que conçoit le génie même, le monde de volontés, de passions, d'intelligences qu'il crée dans son esprit et qui est une spéculation sur le

(1) *L'Art au point de vue sociologique*, page 27.
(2) *L'Art au point de vue sociologique*, page 28.
(3) *L'Art au point de vue sociologique*, page 66.

possible; 3° la formation consécutive d'une société nouvelle, celle des admirateurs du génie, qui, plus ou moins, réalisent en eux par *imitation* son *innovation*. C'est un phénomène analogue aux lois astronomiques qui créent au sein d'un grand système un système particulier, un centre nouveau de gravitation. Platon avait déjà comparé l'influence du poète inspiré sur ceux qui l'admirent et partagent son inspiration à l'aimant qui, se communiquant d'anneau en anneau, forme toute une chaîne soulevée par la même influence. Les génies d'*action*, comme les César et les Napoléon, réalisent leurs desseins par le moyen de la société nouvelle qu'ils suscitent autour d'eux et qu'ils entraînent. Les génies de *contemplation* et d'*art* font de même, car la contemplation prétendue n'est qu'une action réduite à son premier stade, maintenue dans le domaine de la pensée et de l'imagination. Les génies d'*art* ne meuvent pas les corps, mais les âmes : ils modifient les mœurs et les idées. Aussi l'histoire nous montre-t-elle l'effet civilisateur des arts sur les sociétés, ou parfois, au contraire, leurs effets de dissolution sociale. « Sorti de tel ou tel milieu, le génie est un créateur de milieux nouveaux ou un modificateur des milieux anciens. »

L'analyse des rapports entre le génie et le milieu permet de déterminer ce que doit être la critique véritable. Selon Guyau, elle doit être l'examen de l'œuvre même, non de l'écrivain et du milieu. De plus, la qualité dominante du vrai critique, c'est cette même puissance de sympathie et de sociabilité qui, poussée plus loin encore et servie par des facultés créatrices, constituerait le génie. Pour bien comprendre un artiste, dit Guyau, il faut se mettre « en rapport » avec lui, selon le langage de l'hypnotisme ; et, pour bien saisir les qualités de l'œuvre d'art, il faut se pénétrer si profondément de l'idée qui la domine, qu'on aille jusqu'à l'âme de l'œuvre ou qu'on lui en prête une, « de manière à ce qu'elle acquière à nos yeux une véritable individualité et constitue comme une autre vie debout à côté de la nôtre. » C'est là ce que Guyau appelle la *vue intérieure* de l'œuvre d'art, dont beaucoup d'observateurs superficiels demeurent incapables. Il y a souvent, dit-il, chez les esprits trop *critiques*, un certain fond « d'insociabilité » qui fait que nous devons nous défier de leurs jugements comme ils devraient s'en défier eux-mêmes. Le « public », au contraire, n'ayant pas de personnalité qui résiste à l'artiste, entre plus facilement en société avec lui, et son jugement est souvent meilleur, par cela même, que celui des critiques de profession.

III. — L'art, ayant pour but d'établir un lien de société sensible et de sympathie *entre* des êtres vivants, n'y peut arriver, nous l'avons vu, que par le moyen terme d'une sympathie inspirée *pour* des êtres vivants qui sont sa création. De là ce problème : Sous quelles conditions un personnage est-il *sympathique* et a-t-il droit en quelque sorte d'entrer en société avec tous? Guyau passe en revue ces conditions, dont la première et la plus fondamentale est que l'être représenté par l'artiste soit vivant : « La vie, fût-ce celle d'un être inférieur, nous intéresse toujours par cela seul qu'elle est la vie. » Et Guyau arrive à cette conclusion que « nous ne pouvons pas éprouver d'antipathie absolue et définitive pour aucun être vivant ». Pourvu que nous sentions dans la création de l'artiste la spontanéité et la sincérité d'expression que nous rencontrons partout dans la réalité, « l'antipathique même redevient en partie sympathique, en devenant une vérité vivante qui semble nous dire : Je suis ce que je suis, et telle je suis, telle j'apparais (1). » Ainsi sera refaite, dans l'art à tout le moins, une place et une large place aux individualités, ces ondulations et miroitements divers du grand flot de la vie, qui semblait tout d'abord les emporter pêle-mêle. La vie, dans sa réalité immédiate, c'est l'individualité : « On ne sympathise donc qu'avec ce qui est ou semble individuel; de là, pour l'art, l'absolue nécessité en même temps que la difficulté de donner à ses créations la marque de l'*individuation* (2). »

Une restriction cependant, ou plutôt une condition d'élargissement toujours possible, c'est que l'individualité, en tant que telle, sera assez parfaite pour atteindre à la hauteur du type : « Ce qui ne serait qu'individuel et n'exprimerait

(1) *L'Art au point de vue sociologique*, pages 66, 67.
(2) *L'Art au point de vue sociologique*, page 68.

rien de typique ne saurait produire un intérêt durable. L'art, qui cherche en définitive à nous faire sympathiser avec les individus qu'il nous représente, s'adresse ainsi aux côtés sociaux de notre être; il doit donc aussi nous représenter ses personnages par leurs côtés sociaux. » Le héros en littérature est avant tout un être social : « Soit qu'il défende, soit même qu'il attaque la société, c'est par ses points de contact avec elle qu'il nous intéresse le plus. » Guyau montre que les grands types créés par les auteurs dramatiques ou les romanciers de premier ordre, et qu'il appelle « les grandes individualités de la cité de l'art », sont à la fois profondément *réels* et cependant *symboliques* : Hamlet, Alceste, Faust, Werther, Balthazar Claëtz. En outre il est des types proprement sociaux, qui ont pour but de représenter l'homme d'une époque dans une société donnée; or, les conditions de la société humaine sont de deux sortes : il y en a d'éternelles et il y en a de conventionnelles. Le moyen, pour l'art, d'échapper à ce qu'il y a de fugitif dans toute convention, c'est la *spontanéité du sentiment individuel* qui fournit ses inspirations au génie. « Le grand artiste, simple jusqu'en ses profondeurs, est celui qui garde en face du monde une certaine nouveauté de cœur et comme une éternelle fraîcheur de sensation. Par sa puissance à briser les associations banales et communes, qui pour les autres hommes enserrent les phénomènes dans une quantité de moules tout faits, il ressemble à l'enfant qui commence la vie et qui éprouve la stupéfaction vague de l'existence fraîche éclose. Recommencer toujours à vivre, tel serait l'idéal de l'artiste : il s'agit de retrouver, par la force de la pensée réfléchie, l'inconsciente naïveté de l'enfant. »

IV. — Ce qui est aux yeux de Guyau la règle suprême de l'art, c'est cette qualité morale et sociale par excellence : la *sincérité;* si donc il attache à la forme une très grande importance, il ne veut point qu'on sépare la forme du fond. Dans l'être vivant, c'est le fond qui projette sa forme, pour transparaître en elle; il en doit être de même dans l'œuvre du génie. Le formalisme dans l'art, au contraire, finit par faire de l'art une chose tout artificielle et conséquemment morte. Un des défauts caractéristiques auxquels se laisse aller celui qui vit trop exclusivement pour l'art et s'attache au culte des formes, c'est de ne plus voir et sentir avec force dans la vie que ce qui lui paraît le plus facile à représenter par l'art, « ce qui peut immédiatement se transposer dans le domaine de la fiction ». Flaubert, qui était artiste dans la moelle des os et qui s'en piquait, a exprimé cet état d'esprit avec une précision merveilleuse : selon lui, vous êtes né pour l'art si les accidents du monde, dès qu'ils sont perçus, vous apparaissent transposés comme pour l'emploi d'une illusion à décrire, tellement que toutes les choses, y compris votre existence, ne vous semblent pas avoir d'autre utilité. Guyau répond à Flaubert qu'un être ainsi organisé échouerait au contraire dans l'art : « Il faut *croire* en la vie pour la rendre dans toute sa force ; il faut sentir ce qu'on sent, avant de se demander le pourquoi et de chercher à utiliser sa propre existence. C'est s'arrêter à la superficie des choses que d'y voir seulement des *effets* à saisir et à rendre, de confondre la nature avec un musée, de lui préférer même au besoin un musée. » Le grand art est celui qui traite la nature et la vie « non en illusions, mais en réalités », et qui sent en elles le plus profondément « non pas ce que l'art humain peut le mieux rendre, mais ce qu'il peut au contraire le plus difficilement traduire, ce qui est le moins transposable en son domaine. Il faut comprendre combien la vie déborde l'art pour mettre dans l'art le plus de vie. » L'art pour l'art, la contemplation de la pure forme des choses finit toujours par aboutir au sentiment d'une monotone Maya, d'un spectacle sans fin et sans but. En outre, elle fait de l'art quelque chose de concentré en soi et d'isolé, non d'expansif et de social, car la société humaine ne saurait s'intéresser à un pur jeu de formes.

Selon Guyau, le moyen de renouveler et de rajeunir l'art, c'est d'introduire sous les sentiments mêmes les idées, car l'idée est nécessaire à l'émotion et à la sensation pour les empêcher d'être banales et usées. « L'*émotion* est toujours neuve, prétend V. Hugo, et le *mot* a toujours servi ; de là l'impossibilité d'exprimer l'émotion. » — « Eh bien non, répond Guyau, et c'est là ce qu'il y a de désolant pour le poète, l'émotion la plus personnelle n'est pas si neuve ; au moins a-t-elle un fond éternel ; notre cœur même a déjà servi à la nature, comme son soleil, ses arbres, ses eaux et ses parfums ; les amours de nos vierges ont trois cent mille ans, et la plus grande jeunesse que nous puissions espérer pour nous ou pour nos fils est semblable à celle du matin, à celle de la joyeuse aurore, dont le sourire est encadré dans le cercle sombre de la nuit : nuit et mort, ce sont les deux ressources de la nature pour se rajeunir à jamais. » La masse des sensations humaines et des sentiments simples est à peu près la même à travers la durée et l'espace, mais ce qui s'accroît constamment et se modifie pour la société humaine, c'est la masse des idées et des connaissances, qui elles-mêmes réagissent sur les sentiments. « L'intelligence peut seule exprimer dans une œuvre extérieure le suc de la vie, faire servir notre passage ici-bas à quelque chose, nous assigner une fonction, un rôle, une œuvre très minime dont le résultat a pourtant chance de survivre à l'instant qui passe. La science est pour l'intelligence ce que la charité est pour le cœur ; elle est ce qui rend infatigable, ce qui toujours relève et rafraîchit ; elle donne le sentiment que l'existence individuelle et même l'existence sociale n'est pas un piétinement sur place, mais une ascension. Disons plus, l'amour de la science et le sentiment philosophique peuvent, en s'introduisant dans l'art, le transformer sans cesse, car nous ne voyons jamais du même œil et nous ne sentons jamais du même cœur lorsque notre intelligence est plus ouverte, notre science agrandie, et que nous voyons plus d'univers dans le moindre être individuel. »

V. — La part croissante des idées scientifiques dans les sociétés modernes produira, selon Guyau, une transformation de l'art dans le sens d'un réalisme bien entendu et conciliable avec le véritable idéalisme. Le réalisme digne de ce nom n'est encore que la sincérité dans l'art, qui doit aller croissant avec le progrès scientifique. Les sociétés modernes ont un esprit critique qui ne peut plus tolérer longtemps le mensonge : la fiction n'est acceptée que « lorsqu'elle est symbolique, c'est-à-dire expressive d'une idée vraie ». La puissance de l'idéalisme même, en littérature, est à cette condition qu'il ne s'appuie pas sur un « idéal factice », mais sur « quelque aspiration intense et durable de notre nature ». Quant au réalisme, son mérite est, en recherchant « l'intensité dans la réalité », de donner une expression de réalité plus grande, par cela même de vie et de sincérité : « La vie ne ment pas, et toute fiction, tout mensonge est une sorte de trouble passager apporté dans la vie, une mort partielle. » L'art doit donc avoir « la véracité de la lumière ». Mais, pour compenser ce qu'il y a d'insuffisant dans la représentation du réel, l'art est obligé, en une juste mesure, d'augmenter l'intensité de cette représentation ; c'est là, en somme, un moyen de la rendre vraisemblable. L'écueil est de confondre le moyen avec le but ; or le réalisme, trop souvent, donne pour but à l'art ce que Guyau appelle « un idéal quantitatif », l'énorme remplaçant le correct et la beauté ordonnée. C'est là rendre l'art malsain « par un dérangement de l'équilibre naturel auquel il n'est déjà que trop porté de lui-même ».

On a dit que l'art, en devenant plus réaliste, devait se *matérialiser;* Guyau montre ce qu'il y a d'inexact dans cette opinion. Selon lui, le réalisme bien entendu ne cherche pas à agir sur nous par une « sensation directe », mais par l'éveil de « sentiments sympathiques ». Un tel art est sans doute moins abstrait et nous fait vibrer tout entiers, mais, par cela même, « on peut dire qu'il est moins sensuel et recherche moins pour elle-même la pure jouissance de la sensation ». D'ailleurs, les symptômes de l'émotion peuvent s'emprunter aussi bien au domaine de la psychologie qu'à celui de la physiologie.

Si le réalisme bien compris doit laisser une certaine place aux dissonances mêmes et aux laideurs dans l'art, c'est qu'elles sont la forme extérieure des misères et limitations inhérentes à la vie. « Le parfait de tout point, l'impeccable ne saurait nous intéresser, parce qu'il aurait toujours ce défaut de n'être point vivant, en relation et en société avec nous. La vie telle que nous la connaissons, en solidarité avec toutes les autres vies, en rapport direct ou indirect avec des maux sans nombre, exclut absolument le parfait et l'absolu. L'art moderne doit être fondé sur la notion de l'imparfait, comme la métaphysique moderne sur celle du relatif. » Le progrès de l'art se mesure en partie, selon Guyau, à l'intérêt sympathique qu'il porte aux côtés misérables de la vie, à tous les êtres infimes, aux petitesses et aux difformités : « C'est une extension de la sociabilité esthétique. » Sous ce rapport, l'art suit nécessairement le développement de la science, « pour laquelle il n'y a rien de petit, de négligeable, et qui étend sur toute la nature l'immense nivellement de ses lois ». Les premiers poèmes et les premiers romans ont conté les aventures des dieux ou des rois; dans ce temps-là, le héros marquant de tout drame devait nécessairement avoir la tête de plus que les autres hommes. « Aujourd'hui, nous comprenons qu'il y a une autre manière d'être grand : c'est d'être profondément quelqu'un, n'importe qui, l'être le plus humble. C'est donc surtout par des raisons morales et sociales que doit s'expliquer, — et aussi se régler, — l'introduction du laid dans l'œuvre d'art réaliste. »

L'art réaliste a pour conséquence d'étendre progressivement la sociabilité, en nous faisant sympathiser avec des hommes de toutes sortes, de tous rangs et de toute valeur; mais il y a là un danger que Guyau met en évidence. Il se produit, en effet, une certaine antinomie entre l'élargissement trop rapide de la sociabilité et le maintien en leur pureté de tous les instincts sociaux. D'abord, « une société plus nombreuse est aussi moins choisie ». De plus, « l'accroissement de la sociabilité est parallèle à l'accroissement de l'activité; or, plus on agit et voit agir, et plus aussi on voit s'ouvrir des voies divergentes pour l'action, lesquelles sont loin d'être toujours des voies droites ». C'est ainsi que, peu à peu, en élargissant sans cesse ses relations, « l'art en est venu à nous mettre en société avec tels et tels héros de Zola. » La cité aristocratique de l'art, au dix-huitième siècle, admettait à peine dans son sein les animaux; elle en excluait presque la nature, les montagnes, la mer. « L'art, de nos jours, est devenu de plus en plus démocratique, et a fini même par préférer la société des vicieux à celle des honnêtes gens. » Tout dépend donc, conclut Guyau, du type de société avec lequel l'artiste a choisi de nous faire sympathiser : « Il n'est nullement indifférent que ce soit la société passée, ou la société présente, ou la société à venir, et, dans ces diverses sociétés, tel groupe social plutôt que tel autre. » Il est même des littératures, — Guyau le montre dans un chapitre spécial, — qui prennent pour objectif « de nous faire sympathiser avec les *insociables*, avec les déséquilibrés, les névropathes, les fous, les délinquants »; c'est ici que « l'excès de sociabilité artistique aboutit à l'affaiblissement même du lien social et moral ».

Un dernier danger auquel l'art est exposé par son évolution vers le réalisme, c'est ce que Guyau appelle le *trivialisme*. Le réalisme bien entendu en est juste le contraire, car « il consiste à emprunter aux représentations de la vie habituelle toute la force qui tient à la netteté de leurs contours, mais en les dépouillant des associations vulgaires, fatigantes et parfois repoussantes. » Le vrai réalisme s'applique donc à dissocier le réel du trivial; c'est pour cela qu'il constitue un côté de l'art si difficile : « Il ne s'agit de rien moins que de trouver la poésie des choses qui nous semblent parfois les moins poétiques, simplement parce que l'émotion esthétique est usée par l'habitude. Il y a de la poésie dans la rue par laquelle je passe tous les jours et dont j'ai, pour ainsi dire, compté chaque pavé, mais il est beaucoup plus difficile de me la faire sentir que celle d'une petite rue italienne ou espagnole, de quelque coin de pays exotique. » Il s'agit de rendre de la fraîcheur à des sensations fanées, « de trouver du nouveau dans ce qui est vieux comme la vie de tous les jours, de faire sortir l'imprévu de l'habituel; » et pour cela le seul vrai moyen est d'approfondir le réel, d'aller par delà les surfaces auxquelles s'arrêtent d'habitude nos regards, d'apercevoir quelque chose de nouveau là où tous avaient regardé auparavant. « La vie réelle et commune, c'est le rocher d'Aaron, rocher aride, qui fatigue le regard; il y a pourtant un point où l'on peut, en frappant, faire jaillir une source fraîche, douce à la vue et aux membres, espoir de tout un peuple : il faut frapper à ce point, et non à côté; il faut sentir le frisson de l'eau vive à travers la pierre dure et ingrate. »

Guyau passe en revue et analyse finement les divers moyens d'échapper au *trivial*, d'embellir pour nous la réalité sans la fausser; et ces moyens constituent « une sorte d'idéalisme à la disposition du naturalisme même ». Ils consistent surtout à éloigner les choses ou les événements soit dans le temps, soit dans l'espace, « par conséquent à étendre la sphère de nos sentiments de sympathie et de sociabilité, de manière à élargir notre horizon ». Guyau étudie à ce sujet l'esthétique du *souvenir*, qui lui inspire des pages d'une poésie charmante. Il analyse aussi les effets du pittoresque et de l'exotique, « l'extraordinaire rendu sympathique, le lointain rapproché de nous (Bernardin de Saint-Pierre, Flaubert, Loti). » Notre sociabilité s'élargit encore de cette manière, s'affine dans ce contact avec des sociétés lointaines. « Nous sentons s'enrichir notre cœur quand y pénètrent les souffrances ou les joies naïves, sérieuses pourtant, d'une humanité jusqu'alors inconnue, mais que nous reconnaissons avoir autant de droit que nous-mêmes, après tout, à tenir sa place dans cette sorte de conscience impersonnelle des peuples qui est la littérature. »

Enfin la sociabilité humaine doit s'étendre à la nature entière ; de là cette part croissante que prend dans l'art moderne la description de la nature. Guyau montre que la vraie représentation des choses doit en être une « animation sympathique ». Le faux, c'est notre conception abstraite du monde, c'est la vue des surfaces immobiles et la croyance en l'inertie des choses, auxquelles s'en tient le vulgaire. « Le poète, en animant jusqu'aux êtres qui nous paraissent le plus dénués de vie, ne fait que revenir à des idées plus philosophiques sur l'univers. » Toutefois, en animant ainsi la nature, il est essentiel de mesurer les degrés de vie qu'on lui prête : il est permis à la poésie « de hâter un peu l'évolution de la nature, non de la dénaturer ».

VI. — Passant aux applications de son principe, Guyau montre que l'art, sous ses diverses formes, évolue dans le sens social. Il signale d'abord l'importance du roman moderne, qui est « un *genre* essentiellement psychologique et sociologique ». Zola, avec Balzac, voit avec raison dans le roman une épopée sociale : « Les œuvres écrites sont des expressions sociales, pas davantage ; la Grèce héroïque écrit des épopées ; la France du dix-neuvième siècle écrit des romans. » Le roman, dit Guyau, raconte et analyse des *actions* dans leurs rapports avec le *caractère* qui les a produites et avec le *milieu* social ou naturel où elles se manifestent. Le roman psychologique lui-même n'est complet que s'il aboutit, dans une certaine mesure, à des généralisations *sociales* et humaines. Le vrai roman réunit donc en lui tout l'essentiel de la poésie et du drame, de la psychologie et de la science sociale; c'est « de l'histoire condensée et systématisée, dans laquelle on a restreint au strict nécessaire la part des événements de hasard, aboutissant à stériliser la volonté humaine; c'est de l'histoire *humanisée* en quelque sorte, où l'individu est transplanté dans un milieu plus favorable à l'essor de ses tendances intérieures. Par cela même, c'est une exposition simplifiée et frappante des lois sociologiques. » Guyau consacre une étude spéciale au roman naturaliste, qui a précisément aujourd'hui, plus que tous les autres, la prétention d'être un roman social. Mais, si la vraie sociabilité des sentiments est la condition d'un naturalisme digne de ce nom, le romancier naturaliste, en voulant être d'une froideur absolue, arrive à être partial. « Il prend son point d'appui dans les natures antipathiques, au lieu de le prendre dans les natures sympathiques. » Zola n'est-il pas allé jusqu'à prétendre que le personnage sympathique était une invention des idéalistes qui ne se rencontre presque jamais dans la vie? Vraiment, dit Guyau, il n'a pas eu de bonheur dans ses rencontres. La seule excuse des réalistes, de Zola comme de Balzac, c'est précisément qu'ils ont voulu peindre les hommes dans leurs rapports sociaux; c'est qu'ils ont fait surtout des romans « sociologiques », et que le milieu social, examiné non dans les apparences extérieures, mais dans la réalité, est une continuation de la lutte pour la vie qui règne dans les espèces animales. « De peuple à peuple, chacun sait comment on se traite. D'individu à individu, la compétition est moins terrible, mais plus continuelle : ce n'est plus l'extermination, mais c'est la *concurrence* sous toutes ses formes. En outre, on n'est jamais sûr de trouver chez les autres les vertus ou l'honnêteté qu'on désirerait; il en résulte qu'on craint d'être dupe, et on hurle avec les loups. » Pourtant, il ne faut pas exagérer cette part de la compétition dans les relations sociales : il y a aussi, de tous côtés, *coopération*. Et c'est justement ce que les naturalistes négligent. Ils s'en tiennent de parti pris aux vicieux, aux grotesques, aux avortés, aux monstrueux; leur « société » est donc incomplète.

VII. — Après avoir constaté l'introduction progressive des

idées philosophiques et sociales dans le roman, Guyau nous la montre dans la poésie de notre époque, dont elle devient un trait caractéristique. Il estime que la conception moderne et scientifique du monde n'est pas moins esthétique que la conception fausse des anciens. L'idée philosophique de l'évolution universelle est voisine de cette autre idée qui fait le fond de la poésie : vie universelle (1). Si le mystère du monde ne peut être complètement éclairci, il nous est pourtant impossible de ne pas nous faire une représentation du fond des choses, de ne pas nous répondre à nous-mêmes dans le silence morne de la nature. Sous sa forme abstraite, cette représentation est la métaphysique; sous sa forme imaginative, cette représentation est la poésie, qui, jointe à la métaphysique, remplacera de plus en plus la religion. Voilà pourquoi le sentiment d'une mission sociale et religieuse de l'art a caractérisé tous les grands poètes de notre siècle; s'il leur a parfois inspiré une sorte d'orgueil naïf, il n'en était pas moins juste en lui-même. « Le jour où les poètes ne se considéreront plus que comme des ciseleurs de petites coupes en or faux où on ne trouvera même pas à boire une seule pensée, la poésie n'aura plus d'elle-même que la forme et l'ombre, le corps sans l'âme : elle sera morte. » Notre poésie française, heureusement, a été dans notre siècle tout animée d'idées philosophiques, morales, sociales. Guyau, pour le montrer, passe en revue les grands poètes de notre temps, Lamartine, Vigny, Musset; il insiste de préférence sur celui qui a vécu le plus longtemps parmi nous, qui a ainsi le plus longtemps représenté en sa personne le dix-neuvième siècle : Victor Hugo. Avec Hugo, la poésie devient vraiment sociale en ce qu'elle résume et reflète les pensées et sentiments d'une société tout entière, et sur toutes choses. On pourrait extraire de V. Hugo une doctrine métaphysique, morale et sociale. Il ne s'ensuit point sans doute que ce fût un philosophe; mais il paraît incontestable que ce n'était pas seulement un imaginatif, comme on le répète sans cesse : c'était un penseur, — à moins qu'on ne veuille faire cette distinction qu'il faisait lui-même entre le penseur et le songeur : le premier *veut*, disait-il, le second *subit*. En

(1) *L'Art au point de vue sociologique*, page 167.

ce sens, V. Hugo apparaîtra plutôt comme un grand songeur, mais « ce genre de songe profond est la caractéristique de la plupart des génies, qui sont emportés par leur pensée plutôt qu'ils ne la maîtrisent ». Après une exposition complète des doctrines de Victor Hugo vient l'examen de celles que ses successeurs, tels que Sully-Prudhomme et Leconte de Lisle, ont introduites dans leurs poésies.

VIII. — Comme l'évolution du roman et de la poésie, Guyau montre celle du style. La théorie du style n'a guère été faite jusqu'ici qu'à un point de vue purement littéraire, ou, chez Spencer, au point de vue un peu trop mécanique de la « moindre dépense de force et d'attention ». Guyau donne, dans son livre, une théorie plus sociologique du style, considéré comme instrument de « communication sympathique » et de « sociabilité esthétique »; il a ainsi indiqué un aspect nouveau et intéressant de la question. Il insiste surtout sur la transformation par laquelle la prose devient de plus en plus « poétique », non au vieux sens de ce mot, qui désignait la recherche des ornements et les fleurs du style, mais au sens vrai, qui désigne « l'effet significatif et surtout suggestif » produit par l'entière adaptation de la forme au fond, du rythme et des images à la pensée émue.

IX. — Après l'évolution de l'art, Guyau en étudie la dissolution et recherche les vraies causes des décadences littéraires. Il rapproche les décadents des déséquilibrés et des névropathes, dont il étudie la littérature. L'émotion esthétique se ramenant en grande partie à la contagion nerveuse, on comprend que les puissants génies littéraires ou dramatiques préfèrent ordinairement représenter le vice, plutôt que la vertu. « Le vice est la domination de la passion chez un individu; or, la passion est éminemment contagieuse de sa nature, et elle l'est d'autant plus qu'elle est plus forte et même déréglée. » Dans le domaine physique, la maladie est plus contagieuse que la santé; dans le domaine de l'art, la reproduction puissante de la vie avec toutes ses injustices, ses misères, ses souffrances, ses folies, ses hontes mêmes, offre un certain danger moral et social qu'il ne faut pas méconnaître : « Tout ce qui est sympathique est contagieux dans une certaine mesure, car la sympathie même n'est qu'une forme raffinée de la contagion. » La misère morale peut donc se communiquer à une société entière par la littérature même; les déséquilibrés sont, dans le domaine esthétique, des amis dangereux par la force de la sympathie qu'éveille en nous leur cri de souffrance. En tout cas, conclut Guyau, la littérature des déséquilibrés ne doit pas être pour nous un objet de prédilection exclusive, et une époque qui s'y complaît comme la nôtre ne peut, par cette préférence, qu'exagérer ses défauts. « Et parmi les plus graves défauts de notre littérature moderne, il faut compter celui de peupler chaque jour davantage ce cercle de l'enfer où se trouvent, selon Dante, ceux qui, pendant leur vie, pleurèrent quand ils pouvaient être joyeux. »

X. — Dans l'ouvrage dont nous venons de donner une esquisse, Guyau s'est placé à un point de vue dont tous les critiques ont reconnu l'originalité. C'est la première étude approfondie qu'on ait faite de l'art au point de vue sociologique, — nous ne disons pas seulement social, car ce n'est pas simplement l'influence réciproque de l'art et du milieu que Guyau a étudiée : il a proposé une conception proprement *sociologique* de l'essence même de l'art, et il a montré l'application de cette idée sous ses principales formes. Guyau attachait d'autant plus d'importance au caractère social et à l'influence sociale de l'art qu'il considérait les religions comme destinées à s'affaiblir et à disparaître de plus en plus, d'abord dans les classes supérieures de la société, puis, par une contagion lente, dans les classes inférieures. Plus les religions dogmatiques deviennent insuffisantes à contenter notre besoin d'idéal, plus il est nécessaire que l'art les remplace en s'unissant à la philosophie, non pour lui emprunter des théorèmes, mais pour en recevoir des inspirations de sentiment. « La moralité humaine est à ce prix, et la félicité. » Aussi, selon Guyau, les grands poètes, les artistes redeviendront un jour les initiateurs des masses, les prêtres d'une religion sociale sans dogme. « C'est le propre du vrai poète que de se croire un peu prophète, et après tout, a-t-il tort ? Tout grand homme se sent providence, parce qu'il sent son propre génie. »

On retrouvera dans ce livre les qualités maîtresses de Guyau : l'analyse pénétrante et en même temps la largeur des idées, un mélange de profondeur et de poésie, cette rectitude d'esprit jointe à la chaleur du cœur qui fait qu'on pourrait lui appliquer à lui-même ses deux beaux vers :

> Droit comme un rayon de lumière,
> Et comme lui vibrant et chaud.

Vie et sympathie universelle était sa devise comme philosophe, et comme poète il en a fait celle de l'art. Il s'est peint lui-même et il a peint le véritable artiste, en disant : « Pour comprendre un rayon de soleil, il faut vibrer avec lui ; il faut aussi, avec le rayon de lune, trembler dans l'ombre du soir ; il faut scintiller avec les étoiles bleues ou dorées ; il faut, pour comprendre la nuit, sentir passer sur nous le frisson des espaces obscurs, de l'immensité vague et inconnue. Pour sentir le printemps, il faut avoir au cœur un peu de la légèreté de l'aile des papillons, dont nous respirons la fine poussière répandue en quantité appréciable dans l'air printanier (1). » L'art, étant ainsi presque synonyme de sympathie universelle, consiste à saisir et à rendre *l'esprit des choses*, « c'est-à-dire ce qui relie l'individu au tout et chaque portion du temps à la durée entière » ; mais ce rapprochement entre la grande vie répandue à l'infini et la vie humaine ne s'opérera qu'en écartant les limites élevées par l'individualité, au besoin en brisant ce que l'individualité a d'exclusif et d'égoïste. Le sentiment, avec son caractère communicatif et vraiment social, deviendra l'homme même, sa plus haute et dernière expression ; quant à son individualité propre, elle comptera pour peu de chose. Nul ne pouvait mieux comprendre cette vérité que Guyau, dont l'âme fut toujours si profondément désintéressée. « Mon amour, dit-il, est plus vivant et plus vrai que moi-même. Les hommes passent et leurs vies avec eux, le sentiment

---

(1) *L'Art au point de vue sociologique*, pages 14, 15.

demeure... Ce qui fait que quelques-uns d'entre nous donnent parfois si facilement leur vie pour un sentiment élevé, c'est que ce sentiment leur apparaît en eux-mêmes plus réel que tous les autres faits secondaires de leur existence individuelle ; c'est avec raison que devant lui tout disparaît, s'anéantit. Tel sentiment est plus vraiment nous que ce qu'on est habitué à appeler notre personne ; il est le cœur qui anime nos membres, et ce qu'il faut avant tout sauver dans la vie, c'est son propre cœur (1). » Voilà pourquoi le savant, par exemple, fait tout naturellement « la science humaine avec sa vie ». L'art, figuration du réel, représentation de la vie, n'en deviendra l'expression véritable et n'acquerra toute sa valeur sociale que s'il a pour objet de rendre frappants, en les condensant, les idées ou sentiments qui « animent et dominent toute vie » et « valent seuls en elle ».

L'auteur, sous l'influence de cette doctrine, montre un souci constant de chercher leur sens aux choses, — ce qui revient à leur donner à toutes un intérêt. Au fond, il demeure convaincu que tout ce qui, dans les choses et les êtres, nous laisse indifférents, ou même nous irrite, est simplement incompris, et qu'il suffirait de trouver la vraie raison des choses pour les regarder d'un œil affectueux ou indulgent. Il semble qu'il y ait en lui, comme chez tout véritable poète, assez d'émotion et de sympathie pour traverser et animer la nature entière ; il n'écoute battre son propre cœur que pour sentir venir jusqu'à lui quelques-unes des vibrations de la vie universelle : il agrandit la nature en lui prêtant le retentissement du cœur humain, et il élargit le cœur en y faisant entrer toute la nature. Mais il est philosophe en même temps que poète, et il ne s'illusionne pas : il estime que, dans ce commerce que nous tentons d'établir entre les choses et nous, c'est nous qui donnerons. La sympathie humaine, comme la grâce prévenante, va au-devant, pénètre, même sans attendre rien ; seulement, donner, c'est déjà recevoir, et cela lui suffit. Pour qui sait retrouver ainsi dans le naturel tout l'idéal, le plus grand charme sera précisément de n'en jamais sortir ; les aspirations les plus hautes n'auront de prix que si elles reposent sur cette base humble et profonde, le

---

(1) *L'Art au point de vue sociologique*, pages 64, 65.

réel : de là, sans doute, vient à Guyau cet accent d'extrême simplicité avec lequel il exprime des idées et des sentiments d'une constante élévation ; de là lui vient aussi ce caractère persuasif qui se confond avec celui de l'absolue sincérité. Son œuvre, toute pénétrée d'un haut désintéressement, est à la fois très personnelle et très impersonnelle : on ne sent nulle part quelqu'un qui songe à s'affirmer, mais il semble qu'on reconnaisse partout la présence d'un ami. Nous avons vu que, selon lui, nous devons sympathiser avec l'œuvre d'art comme avec les œuvres de la nature, « car la pensée humaine, comme l'individualité même d'un être, a besoin d'être aimée pour être comprise ; » jusque dans la lecture d'un simple livre soyons donc de bonne volonté : « l'affection éclaire » ; et il ajoute ces belles paroles, qu'on peut appliquer à son propre ouvrage sur l'art : « Le livre ami est comme un œil ouvert que la mort même ne ferme pas, et où se fait toujours visible, en un rayon de lumière, la pensée la plus profonde d'un être humain ».

CHAPITRE DEUXIÈME

Éducation et hérédité

Nous avons déjà, plus haut, donné une rapide esquisse du livre de Guyau sur l'éducation et l'hérédité. C'est l'honneur des œuvres fortes et neuves que de soulever des discussions. Les thèses originales soutenues dans *Education et Hérédité* ne pouvaient manquer de donner lieu à des controverses : les plus intéressantes sont celles qui concernent, d'une part, la comparaison établie par Guyau entre la suggestion et l'éducation, d'autre part, la puissance relative de l'éducation et de l'hérédité.

I. — La suggestion physiologique et névropathique n'est, dit Guyau, que l'exagération de faits qui se passent à l'état normal. On peut donc et on doit admettre une suggestion psychologique, morale, sociale, qui se produit même chez les plus sains, sans acquérir cette sorte de « grossissement artificiel » que lui donnent les troubles du système nerveux. Si la suggestion mentale existe à un degré exceptionnel chez quelques sujets particulièrement bien doués, elle doit, en vertu de l'analogie de constitution dans la race humaine, exister aussi à un degré imperceptible chez tout le monde : « Rien ne se passe donc dans le sommeil provoqué qui ne puisse se produire, à un degré plus ou moins rudimentaire, chez beaucoup de gens à l'état de veille ; nous sommes tous susceptibles de suggestions, et même la vie sociale n'est, pour ainsi dire, qu'une balance de suggestions réciproques ».

L'idée fondamentale de Guyau sur la suggestion est d'une parfaite justesse ; nul n'a mieux que lui marqué à la fois les analogies et les différences entre la suggestion hypnotique et la suggestion morale. Le cerveau de l'hypnotisé est dans un état de désagrégation et de déséquilibre ; de là : 1° un rétrécissement du champ de la conscience, dont l'effet est la réduction à un petit nombre d'idées ou à une seule ; 2° un affaiblissement simultané du pouvoir directeur et inhibiteur de la volonté. De plus, tous ces résultats sont obtenus grâce à un trouble pathologique du système nerveux produit par des moyens artificiels. Au premier abord, on peut ne pas voir la relation qui existe entre le cerveau de l'hypnotisé et le cerveau de l'enfant ; aussi quelques critiques, comme M. Compayré, n'ont-ils pas manqué de nier l'analogie. L'analogie est pourtant réelle. Le cerveau de l'enfant n'est pas déséquilibré, mais il n'est pas encore complètement équilibré ; s'il n'offre pas de désagrégation mentale, il offre une imparfaite agrégation ; s'il n'est pas vidé de pensées, il est encore relativement vide de pensées ; si la conscience de l'enfant n'est pas artificiellement rétrécie, elle est naturellement étroite. En outre, elle est plus intimement malléable que la conscience de l'hypnotisé, chez qui l'effet de la suggestion est plus passager et moins profond, parce qu'il est bientôt annulé par l'ensemble des idées et tendances organisées qui constituent le caractère naturel ou acquis de l'individu. Quant à la volonté, si elle est comme repliée chez l'hypnotisé, elle n'est pas encore déployée chez l'enfant ; dans les deux cas, il y a faiblesse du pouvoir directeur et inhibiteur. Toutes ces ressemblances, que n'empêchent point d'évidentes différences, autorisent à raisonner par analogie, et il est clair que la plasticité du cerveau sous l'influence de moyens artificiels et anormaux permet de déterminer, comme par une expérimentation psychologique et physiologique, la plasticité du cerveau sous l'influence de moyens naturels et normaux. La méthode suivie par Guyau était donc strictement scientifique.

Ces principes posés, la force de la suggestion éducatrice s'en déduit. On peut, par l'hypnotisme, déséquilibrer progressivement un esprit, le déformer d'une part et le reformer de l'autre sur un nouveau plan, avec d'autres idées centrales, avec un autre système de gravitation ; on modifie ainsi peu à peu le caractère ; on ente un second caractère sur le premier, parfois même une seconde personnalité sur la première. M. Pierre Janet s'est servi de ce moyen pour guérir certaines de ses malades (1).

On peut donc artificiellement introduire dans le cerveau des idées impulsives ou répressives, et leur donner une fixité plus ou moins grande. Par une action prolongée, on leur donnerait une fixité complète. S'il en est ainsi, la puissance de la suggestion éducative est démontrée, car il est encore plus facile d'agir sur un cerveau non formé et en *devenir* que sur un cerveau déjà formé et stable. Chez l'hypnotisé, les idées artificiellement isolées de la masse et rendues prédominantes, exclusives même, sont comme les seules portes ouvertes à l'activité : aussi se précipite-t-elle nécessairement par ces issues qui lui restent. Chez l'enfant, toute idée nouvelle introduite par l'éducation et ayant rapport à la conduite est une porte ouverte à la volonté. Soyez sûr que la volonté y passera d'autant plus infailliblement qu'elle aura moins d'autres issues dans un esprit encore peu riche de pensées et de connaissances.

Quelques critiques inattentifs, — ceux qui se contentent de lire une phrase et se mettent à disserter sur ce texte, — se sont imaginé que Guyau proposait d'hypnotiser les enfants pour faire leur éducation. Il a pourtant, mieux que personne, montré le danger d'un procédé semblable. « Il vaut mieux, dit-il à propos d'une expérience de M. Liébault sur un garçon paresseux, laisser un enfant dans la paresse que de le rendre névropathe. »

La vraie suggestion est, selon lui, « la transformation par laquelle un organisme plus passif tend à se mettre à l'unisson avec un organisme plus actif; celui-ci domine l'autre et en vient à régler ses mouvements extérieurs, ses volontés, ses croyances intérieures ». Le commerce de parents respectés, d'un maître, d'un supérieur quelconque doit produire des suggestions qui s'étendent ensuite à toute la vie. « L'éducation a de ces enchantements, de ces charmes, dont parle Calliclès dans le *Gorgias*, et qui lui servent à dompter au besoin les jeunes lions. Il est chez l'homme, comme on l'a dit, des pensées par imitation qui se trans-

---

(1) *L'Automatisme psychologique.*

mettent d'individu en individu et de race en race, avec la même force que de véritables instincts (1). » Il faut faire que ces pensées soient les plus vraies et les plus morales.

II. — Une autre matière à controverse, c'est la puissance de l'éducation, à laquelle on oppose la puissance de l'hérédité. Cette antinomie est précisément ce qui inspira à Guyau le titre de son livre. Évolutionniste, il admetttait la transmission par l'hérédité non seulement des qualités congénitales, mais même des qualités acquises. On sait que cette dernière transmission est contestée, — à l'excès selon nous, — par Weissmann et ses partisans. Si Weissmann a raison, c'est une influence de moins au compte de l'hérédité. Toujours est-il qu'il y a des capacités ou incapacités natives, quelle qu'en soit l'origine, et il en résulte que le cerveau d'un enfant n'est pas indéfiniment malléable et modifiable, comme le croyait Helvétius; que, par exemple, on ne donnera point de génie à qui n'en a pas reçu. Les Mozart se révèlent dès l'âge de quatre à cinq ans, et il ne suffit pas de mettre le doigt d'un enfant sur un piano ou un violon pour lui inspirer la passion musicale de Mozart enfant. C'est ce que Guyau a tout le premier mis en lumière. Mais le but de l'éducation est-il de donner du génie? Non : c'est de rendre le génie utilisable et de le mettre en œuvre là où il existe; c'est aussi et surtout de développer harmonieusement les facultés natives du corps et de l'esprit, soit au point de vue physique, soit au point de vue intellectuel, soit au point de vue moral.

On a objecté la loi de l'hérédité établie par les statistiques de Galton et désignée sous le nom de *retour à la moyenne,* sans s'apercevoir que cette loi fournissait au contraire un argument de plus en faveur de l'éducation. C'est ce que nous croyons avoir mis hors de doute dans notre livre sur l'*Enseignement au point de vue national.* Quand il se produit chez des individus quelques grands écarts, dans le bon ou dans le mauvais sens, ces écarts ont bientôt disparu chez leurs descendants, qui reviennent au type moyen. Voici des époux ayant tous les deux une taille exceptionnelle; leurs enfants

---

(1) *Éducation et Hérédité,* p. 11.

auront chance d'avoir une taille au-dessus de la moyenne, quoique probablement inférieure à celle de leurs parents; leurs petits-enfants seront moins grands et, au bout de quelques générations, la taille moyenne reparaîtra. D'autre part, remontez l'échelle en sens inverse et cherchez ce que furent les ascendants de nos géants. Au bout d'un certain nombre de générations, vous verrez qu'ils descendent de gens ayant eu la taille moyenne. Mais alors que deviennent ces fatalités héréditaires qu'on oppose à l'action de l'éducation, laquelle précisément s'exerce sur la moyenne? Pour la taille, l'éducation ne peut rien, parce qu'on ne connaît aucun moyen direct d'ajouter ou de retrancher un millimètre à la taille : tout ce qu'on peut faire, c'est de bien nourrir et de bien exercer les enfants, qui atteindront ainsi le maximum de taille possible pour eux. Mais, quand il s'agit de l'instruction intellectuelle, niera-t-on la puissance des connaissances acquises? Descartes sans instruction ne sera plus Descartes et sera bien inférieur à un Clairaut instruit. A plus forte raison un homme de la moyenne n'est-il plus reconnaissable s'il a acquis une instruction étendue et solide. Avec tout le génie du monde, que pouvez-vous produire d'utile si vous n'avez pas commencé par recevoir l'héritage de la science acquise avant vous? Les idées transmises par l'instruction sont, elles aussi, une sorte d'hérédité, mais ouverte à tous ceux qui ne sont pas absolument incapables. C'est une seconde naissance que de naître à la science et de conquérir ainsi, dans l'ordre intellectuel, des organes nouveaux.

Dans l'ordre moral, étant donné un enfant sain, la puissance de l'éducation est impossible à délimiter d'avance. Il est difficile, dit fort bien Guyau, de prétendre qu'on naisse vertueux par hérédité : « On peut avoir certainement une bonté, une douceur, une générosité naturelles, mais tout cela n'est pas encore la moralité proprement dite. Celle-ci est vraiment fille de l'intelligence, qui conçoit le mieux, qui se pose à elle-même un idéal et qui, ayant conscience d'un premier *pouvoir* de réalisation provenant de la pensée même, érige en *loi*, en devoir, la réalisation complète de l'idéal. Pour développer cette tendance ascendante, ce *sursum* continuel, l'éducation a une puissance énorme; elle est, à notre avis, selon les circonstances, ou la grande moralisatrice, ou la grande démoralisatrice. » Et Guyau conclut avec force : « L'hérédité peut bien suffire à produire le génie ; elle ne suffira jamais à produire la vraie moralité. »

III. — Fidèle à son principe général, Guyau donne la première place à l'éducation morale. Cette question l'amène à approfondir de nouveau le principe de la moralité, et on peut remarquer un progrès, sous ce rapport, de l'*Esquisse d'une morale* à *Éducation et Hérédité*.

Dans l'*Esquisse d'une morale*, Guyau avait insisté sur le côté individuel de la moralité, conçue comme la vie la plus intense et la plus expansive. Dans *Éducation et Hérédité*, il insiste surtout sur le côté social de la moralité, et c'est ce qui fait un des principaux intérêts du livre. Pour Guyau, la vraie activité de l'individu est son activité sociale. Il décrit ce moment encore lointain, cet idéal-limite, impossible à atteindre complètement, où les sentiments de sociabilité, devenus le fond même de tout être, seraient assez puissants pour proportionner la quantité et la qualité de ses joies intérieures à sa moralité, c'est-à-dire à sa sociabilité même. La conscience individuelle reproduirait si exactement la conscience sociale que toute action capable de troubler celle-ci troublerait l'autre dans la même mesure, « toute ombre portée au dehors viendrait se projeter sur nous : l'individu sentirait dans son cœur la société vivante tout entière. »

De son principe sociologique Guyau déduit que l'homme n'est pas foncièrement mauvais, par cette seule raison que c'est un être naturellement sociable. Tout être qui n'est pas monocellulaire, dit-il, est sûr de posséder quelque chose de bon, puisqu'il est « une société embryonnaire » et qu'une société ne subsiste pas sans un certain équilibre, une balance mutuelle des activités. D'ailleurs, l'être monocellulaire lui-même redeviendrait plusieurs par une analyse plus complète : « Rien n'est *simple* dans l'univers ; or, tout ce qui est complexe est toujours plus ou moins solidaire d'autres êtres. L'homme, étant l'être le plus complexe que nous connaissions, est aussi le plus solidaire par rapport aux autres ; il est en outre l'être qui a le plus conscience de cette solidarité. Or, *celui-là est le meilleur qui a le plus con-*

science de sa solidarité avec les autres êtres et avec le tout. »

Outre l'idée de solidarité sociale, Guyau montre l'importance de l'idée de *normalité* dans l'idée de *moralité*. C'est encore un des côtés nouveaux de son dernier ouvrage. Il y a, dit-il, quelque chose de choquant pour la pensée comme pour la sensibilité à être une monstruosité, à ne pas se sentir en harmonie avec tous les autres êtres, à ne pouvoir se mirer en eux ou les retrouver en soi-même. De ce point de vue, Guyau résume sa morale en ces termes, qui en montrent bien le caractère sociologique : « En un mot, nous pensons l'*espèce*, nous pensons les *conditions* sous lesquelles la vie est possible dans l'espèce, nous concevons l'existence d'un certain *type normal d'homme* adapté à ces conditions, nous concevons même la vie de l'*espèce entière* comme adaptée au *monde*, et enfin les conditions sous lesquelles cette adaptation se maintient. D'autre part, notre intelligence individuelle n'étant autre chose que l'espèce humaine et même le monde devenus en nous conscients, c'est l'espèce et le monde qui tendent à agir en nous. Dans le miroir de la pensée chaque rayon envoyé par les choses se transforme en un mouvement. »

On peut dire que, pour Guyau, l'éducation morale consiste essentiellement à développer, dans l'esprit de l'enfant, la représentation d'un moi idéal qui, par la persistance et la profondeur de son action intime, devienne l'idée-force directrice de sa conduite. Ce moi idéal est en même temps le moi *normal*. De plus et surtout, il faut faire comprendre à l'enfant que la réalisation de son moi idéal est possible seulement par la réalisation de son moi *social*, c'est-à-dire par « l'élargissement de ses sympathies vraiment humaines et de ses intérêts vraiment humains ». Il faut que l'enfant se sente continuellement en communication étroite avec la société entière dont il fait partie et que son moi devienne ainsi de plus en plus identique à celui de tous. « Il y a quelque chose de nous dans les autres hommes, et ce n'est pas sans raison que nous nous sentons dégradés à nos propres yeux par quiconque dégrade l'humanité. »

Toute la partie pratique du livre, surtout celle qui se rapporte à l'éducation morale et intellectuelle, est pleine de réflexions neuves. On y trouve l'application du grand principe qui domine la morale de Guyau : « Le devoir n'étant que la conscience du pouvoir supérieur, il faut avant tout donner ce pouvoir, ou au moins la persuasion de ce pouvoir, qui elle-même tend à le produire. » Pour cela, il faut d'abord réaliser chez l'enfant une sorte d'équilibre intérieur et de stabilité dans le vouloir; et il faut faire en même temps que cet équilibre soit « harmonie avec autrui, sociabilité ». Une fois accumulée, la force morale tend à se répandre d'elle-même : la puissance d'agir fait l'obligation d'agir, obligation qui n'est pas une simple contrainte physique, mais une conscience de ce qui doit être, par la conscience même de ce qui peut être. Faire aux enfants une volonté en même temps qu'un cœur, c'est la conclusion naturelle du livre. Nous ne pouvons suivre Guyau dans le détail de ses analyses psychologiques et morales. Que de pages tantôt charmantes, tantôt profondes, sur le rôle de la mère dans l'éducation et sur cette « religion maternelle » qui est la première de toutes; sur le développement de l'attention, sur la culture de la mémoire et sur les illusions qu'on se fait à ce sujet; sur l'abus de l'emmagasinage intellectuel, des concours et des diplômes, qui ne sont souvent que « le droit d'oublier »; sur l'alternance des exercices physiques et des exercices intellectuels; sur les méthodes d'enseignement, soit dans l'instruction primaire, soit dans l'instruction secondaire; sur la grande querelle de l'enseignement classique et de l'enseignement moderne; sur l'instruction des filles et sur la vraie direction qu'il importe de lui imprimer! Les observations fines et les élans poétiques abondent. Tout est vivant et, en quelque sorte, vécu. Rappelons seulement, en terminant, ce joli portrait : « Pour l'enfant élevé avec l'affection indulgente et souriante, il se fait un fond de gaieté qui le suit dans la vie, qu'il retrouve partout quand même; l'enfant heureux est plus beau, plus aimant et plus aimable, plus spontané, plus ouvert, plus sincère. La vue de son sourire illumine et donne une joie profonde, sereine, comme une vérité qu'on découvre. » Tel était Guyau enfant. Tel il resta devenu homme, et nul n'a mieux mis en pratique le conseil qu'il donne quelque part en un admirable langage : « Il faut garder dans son cœur un coin de verdure et de jeunesse, un coin où l'on n'ait rien récolté, où l'on puisse semer toujours quelque plante nouvelle. Rester jeune longtemps, rester enfant même, par la spontanéité et l'affectuosité du cœur, garder toujours, non dans ses dehors, mais au fond même de soi, quelque chose de léger, de gai et d'ailé, c'est le meilleur moyen de dominer la vie, car quelle force plus grande y a-t-il que la jeunesse? »

APPENDICE

Les appréciations de la critique sur l'œuvre de Guyau et son influence

On connaît mieux la vraie physionomie d'un homme, on entrevoit mieux son âme à travers les lignes de son visage, quand on a de lui plusieurs portraits de divers peintres qui l'ont représenté sous des aspects différents. Il en est de même de la physionomie morale et intellectuelle. Depuis la mort de Guyau, bon nombre d'études lui ont été consacrées, non seulement en France, mais à l'étranger, et nous avons trouvé presque dans toutes des traits d'une ressemblance frappante. Ce sera donc, croyons-nous, un utile complément de notre propre travail que de citer les plus remarquables parmi les appréciations auxquelles a donné lieu l'œuvre de Guyau. Elles contribueront à marquer sa valeur véritable et son influence, comme penseur, comme moraliste et sociologiste, comme écrivain et comme poète.

I. — Les livres de Guyau ont toujours été accueillis avec une particulière estime par les Anglais, qui appréciaient en lui le sens positif et l'esprit psychologique en une étroite union avec les tendances idéalistes les plus élevées. Dans le *Mind* (1), M. Thomas Whittaker a apprécié l'œuvre de Guyau avec une très clairvoyante

(1) Juillet 1889.

sympathie. Quand on embrasse dans leur ensemble, dit-il, les résultats de l'activité si variée que déploya Guyau, « il reste l'impression d'une vue compréhensive des choses qui, tout à la fois, est un produit caractéristique de la pensée contemporaine et offre la marque d'une individualité distincte. L'individualité de Guyau, en effet, était imprimée dans tous ses ouvrages. Que ceux-ci fussent d'ailleurs les parties d'un seul plan et les expressions d'une vue philosophique définie, c'est ce qui est évident aujourd'hui. » Selon le critique anglais, ce qui frappe dans Guyau, c'est une ardeur de tempérament qui lui fit saisir avec enthousiasme, d'abord celles des idées de l'ancienne philosophie dont il avait fait l'objet de ses premières études, puis les modernes conceptions cosmiques. « Si nous voulons comprendre le développement intellectuel de Guyau et le lien qui relie ses œuvres, nous devons toujours avoir en vue son enthousiasme personnel pour une doctrine cosmique qui serait capable d'inspirer l'émotion morale. » La doctrine à laquelle il arriva finalement lui-même a, dit M. Whittaker, une couleur distinctement moderne. « Elle semble soutenir la même relation avec le naturalisme des Stoïciens que les théories pessimistes contemporaines soutiennent avec les doctrines orientales de l'émanation. Ce qui la rend spécifiquement moderne, c'est la conception d'une histoire progressive du monde et de l'avenir du monde comme d'un objet d'effort dans le présent. Cependant Guyau n'affirme pas cette conception comme une simple *déduction* de la théorie évolutionniste, ainsi qu'elle le semble à bien des modernes, mais plutôt comme une *extension* de cette théorie dans la direction suggérée par l'espérance. » La conclusion de M. Whittaker est que, quelques réserves qu'on puisse faire, il est une chose certaine : « *C'est que les plus caractéristiques aspirations de la pensée contemporaine, dans leur union avec le doute intellectuel qui les accompagne, et qui lui aussi est caractéristique, n'ont, par personne, été mieux exprimées que par Guyau.* »

C'est un jugement analogue que, dans le même recueil, a porté le psychologue anglais bien connu : M. James Sully. « Nous voyons maintenant, dit-il, que Guyau voulait reconstruire la religion, la métaphysique, l'éthique et l'esthétique, en y introduisant le point de vue sociologique; et, on le reconnaîtra, Guyau, en faisant cette tentative, était *sur la crête de vague la plus avancée* de la nouvelle pensée scientifique. »

Des jugements analogues ont été portés en Allemagne, principalement dans les *Monatshefte*, par MM. Schaarshmidt, Staudinger, etc.

Un des directeurs de la *Rivista di filosofia scientifica*, M. G. Tarozzi, a publié sur Guyau un remarquable travail d'ensemble, d'abord inséré dans la *Rivista*, puis édité à part sous ce titre : *Guyau e il naturalismo critico contemporaneo* (1).

« Un des esprits les plus vivaces, les plus chauds et les plus compréhensifs que la science nouvelle ait trouvés pour apôtres et novateurs, Guyau, représente le naturalisme critique parvenu à son stade le plus élevé et le plus fécond. Sa figure de philosophe et de poète s'élève au-dessus du scepticisme stérile et systématique de notre époque, qui est une réaction contre le vieux dogmatisme et un produit des prétendues aridités de la pensée moderne.

» Ce que Guyau apporte de nouveau et de personnel à la science est si important, qu'il mérite toute l'attention des penseurs. Comme Guyau avait au plus haut degré cette qualité qui est certes la plus précieuse chez un philosophe, la sincérité, il en résulte que, si chez lui on considère l'homme, ses conceptions philosophiques acquièrent encore de la lumière et de la valeur au lieu d'en perdre. »

M. Tarozzi fait ensuite du caractère de Guyau (que cependant il n'avait point connu) un portrait d'une rare fidélité : « Une sensibilité très fine, mais non particularisée, non limitée, ouverte à tout, à toutes les vibrations de la vie, en qui les sensations diverses s'équilibrent, se correspondent sans se paralyser, voilà le fond de son caractère; une *sensibilité sereine*, quoique ces deux paroles semblent presque toujours en contradiction; une sérénité stoïque, mais plus large, plus spontanée, plus ingénue que celle du stoïcisme antique et authentique, parce qu'elle n'est fermée à aucune des manifestations, même infimes, de la vie cosmique, parce qu'elle est ouverte à toutes les douleurs. »

Et M. Tarozzi ajoute une remarque très fine : « Cet imperturbable équilibre qu'Aristote conseillait pour la raison aux dépens du sentiment, se réalise au contraire, chez Guyau, dans le sentiment même. C'est un équilibre de sensations, où toutes vibrent, et toutes à l'unisson :

Un concours, un concert, telle est en moi la vie. »

M. Tarozzi fait observer qu'un caractère de cette nature est « souverainement apte à comprendre et à sentir l'infini; et Guyau, de fait, le comprend aussi intimement qu'il est possible ». Le sentiment de

(1) Un vol. in-8°, Milan, Dumolard.

l'infini semble lui être toujours présent, « quoique latent » quand il pense et écrit, surtout dans les *Vers d'un philosophe*.

Nous ne suivrons pas M. Tarozzi dans les détails de sa longue étude, où il analyse et discute la doctrine entière de Guyau. Il y voit le meilleur exemple de la philosophie qui, selon lui, a devant elle l'avenir, et qu'il appelle le « naturalisme critique », par opposition au pur positivisme de la période antérieure. Selon lui, « l'école de Comte n'a plus aujourd'hui de raison d'être que comme point de départ », et le mot de positivisme ne désigne que « la méthode de la nouvelle philosophie qui devait naître autour de Comte et après lui ». A Comte l'esprit moderne répond : « Nous savions cela, et nous voulons savoir quelque chose de plus. » C'est donc la *critique*, une nouvelle critique, plus largement et plus profondément entendue, qui donne aujourd'hui sa forme à la pensée, une critique qui ne demande pas ses moyens à des « catégories préétablies », mais à la nature elle-même, comme à une logique vivante, changeante et pourtant éternellement vraie, parce que la vérité est dans son sein même. Il n'est pas exact, comme le croit Kant, que le sens et l'expérience, avec leurs impressions subjectives, nous fournissent seulement « les matériaux » de notre science. C'est précisément dans ce que le sens nous donne de subjectif que la nature *vit* en nous. Ce n'est pas dans nos idées abstraites qu'est la réalité, c'est dans le sentir et l'agir. « Le vrai penseur sait qu'en lui la nature se contemple elle-même. » Quant au concept d'évolution, il désigne l'attribut essentiel de la nature et, en même temps, sa manière d'être, qui est d'épuiser, par son mouvement propre, toute la série des phénomènes. Il faut donc, dans une notion large de la nouvelle philosophie, faire la synthèse du positivisme, de Kant, de Hegel et de l'évolutionnisme.

M. Tarozzi conclut ainsi son étude : « Dans la trilogie : *vie, conscience, action*, se trouve le fondement de la doctrine psychologique et morale de Guyau. La conscience s'engendre naturellement du sein de la vie, qui *sent*, se *meut* et, parvenue à un certain degré d'organisation, se *sent mouvoir*. Cette vie consciente a sa condition dans l'action, comme nous l'avons vu dans l'*Esquisse d'une morale*. La vie est donc *un seul et même devenir*, dont les trois moments sont son *être initial*, son *sentiment d'être*, enfin son *être réel*, qui est l'agir, parce que la vie est telle et ne se sent être telle que dans l'agir. Nous sommes ainsi arrivés, et non illogiquement, je crois, à une phase de pensée, à un système dont Guyau ne s'occupe qu'un petit nombre de fois en passant, et pour qui il ne dissimule pas son peu de goût : nous sommes arrivés à Hegel. Avec cette différence pourtant, que, dans Guyau, le *process* n'est pas du tout abstrait; il est, au contraire, devenu concret, en s'illuminant des clartés de la science expérimentale. Mais l'attitude, la forme de la pensée est cependant toujours semblable. La vérité est que l'hégélianisme, à coup sûr, est inacceptable à la science, à cause de sa définitive et systématique abstraction; dans l'hégélianisme, a dit d'Ercole, l'Idée ne rejoint pas la nature, ne se naturalise pas, ne s'objective pas. Et cependant la science expérimentale, si dans l'esprit d'un penseur elle ne reste pas inerte et lettre morte, se compose graduellement et se coordonne sous des formes hégéliennes. La vérité est encore que le génie de Hegel a élevé une superbe construction idéale, où fait écho une grande voix de philosophe; mais c'est l'écho du vide, et les générations suivantes y ont cherché, recherché en vain un contenu concret; pourtant, la construction reste, pour rappeler que Hegel savait deviner les *formes* sous lesquelles, à travers un long espace d'avenir qui n'est pas encore épuisé, devait se développer l'intelligence humaine. Et quand cette intelligence humaine arrive, chez certains individus, à un degré de merveilleux développement, quand elle arrive à comprendre positivement en soi ou à embrasser d'intuition un immense et concret matériel de science, ce sont précisément les formes devinées par Hegel qui imposent alors une unité systématique et, conséquemment, une autorité logique à certaines hypothèses très hardies, mais pleines d'avenir, — comme à celle de l'immortalité fondée sur l'association des consciences dans le temps et l'espace infinis (1). Alors cette intelligence humaine marque réellement une période dans la science expérimentale, et elle peut véritablement dire aux contemporains : — La science est jusqu'à présent parvenue à ce point. Vous pouvez en avoir en moi une unité concrète; vous pouvez, en moi et par moi, la discuter, la développer. — Et c'est ce qui arrive précisément pour Guyau (2). »

Si nous revenons maintenant aux nombreuses appréciations qui ont paru en France, nous en trouvons quelques-unes qui méritent un examen particulier.

M. Marion, dans la *Revue bleue* du 23 mai 1891, a publié une belle

(1) Voir, dans *l'Irréligion de l'avenir*, le développement de cette hypothèse de Guyau : *Conclusion*.
(2) *Guyau e il naturalismo critico contemporaneo*, p. 61 et 62.

étude sur Guyau. M. Marion était un de ces « amis inconnus » que faisaient naître partout les livres du philosophe poète. « Une perte publique, c'est dire beaucoup, je le sais; mais, plus on y pense, moins on peut s'empêcher de regarder comme telle la disparition d'un homme qui, à cet âge, avait à ce point marqué comme penseur et comme écrivain..... L'éducation de Guyau avait été profondément idéaliste : de là (sans parler de l'hérédité, facteur sans doute capital de son esprit et de son caractère), cette poésie de la pensée, cette hauteur d'inspiration morale qui ne le quitteront jamais, même quand il aura dépouillé toute religion et dit adieu à tout dogmatisme. »

M. Marion marque ensuite ce qui fait « l'originalité propre » de Guyau. C'est, dit-il, « de pousser la critique plus loin peut-être qu'on n'avait encore fait, en morale notamment et en religion — où sa hardiesse paraissait à Schérer une des caractéristiques de notre époque; — puis de trouver, en même temps, dans les données de la science les éléments d'un système de croyances plus discret à la fois et plus cohérent selon lui, un système, en tout cas, d'une haute valeur esthétique et pratique... Deux choses sont pour Guyau d'une valeur souveraine et d'un intérêt qui résiste à toute critique : la vie et la beauté. Et comme la vie ne s'épanouit entièrement que dans les sociétés, comme l'art, d'autre part, ne peut fleurir que dans la vie sociale, l'idée de société est une troisième idée fondamentale dans sa philosophie, et elle en devient bientôt l'idée dominante et centrale........ Nul n'aura plus contribué à montrer les rapports de la sociologie avec tout le reste du savoir humain, sa place unique entre les sciences et son suprême intérêt. Tous les problèmes philosophiques sont par lui rajeunis et simplifiés, par le seul fait d'être posés en termes sociaux; le problème moral, en particulier, inextricable quand l'individu se considère seul, devient relativement simple dès qu'il se considère comme partie vivante d'un tout vivant, comme membre d'un corps dont la solidarité est la loi et l'harmonie le souverain bien. »

Guyau, remarque M. Marion, fut de ceux qui croient qu'il appartient à la philosophie « de guider, d'éclairer les peuples comme les individus dans leurs efforts vers une condition meilleure, en tirant des données scientifiques la solution au moins provisoire des problèmes qui s'imposent à chaque époque. Grand service à rendre, que de restaurer aujourd'hui cette conception, qui fut celle de tous les temps où la philosophie fut vivante. Service à rendre à la philosophie, qui, sans ce vif sentiment de sa force et de ses responsabilités, n'est plus qu'un exercice d'école; service à rendre à l'activité pratique sous toutes ses formes, qui gagne en ampleur et en dignité, à mesure qu'elle s'élève au-dessus de l'empirisme en s'inspirant de vues plus larges et plus désintéressées. » Ce qui est certain, c'est que « le souci de la destinée humaine, non pour lui-même, mais pour l'espèce, souci qui est le fond même du sentiment religieux dans ce qu'il a de plus élevé », fut la pensée constante de Guyau, « fit l'intérêt dramatique, non de sa doctrine seulement, mais de sa vie et de sa mort..... Rien n'égale, on peut le dire, la douceur que Guyau montra envers la mort, et rien peut-être ne surpasse la beauté des pages qu'elle lui inspira. ...... Ces pages, comme elles sont tristes ! Elles sont humaines dans leur hauteur, et c'est ce qui en fait le charme pénétrant. Elles font que, tout en envisageant de plus haut et d'un cœur plus ferme sa propre destinée, on est profondément ému de celle de l'auteur..... C'est ainsi que, dans Guyau, sous l'écrivain on sent partout l'homme; une âme vivante et vibrante anime et colore, dans tous ses écrits, et de plus en plus à mesure qu'on approche des derniers, une pensée hardie, subtile, étonnante à la fois de souplesse et d'ampleur. »

M. Marion voudrait qu'on recueillit et condensât les idées semées dans les ouvrages de Guyau, « je ne parle que des siennes et de celles qu'il a tout à fait renouvelées », pour se rendre compte de sa place parmi les philosophes de ce temps et de son rôle dans les crises de la pensée contemporaine. « On peut prendre pour acquis que toute idée a, chez lui, en général, par la vertu de l'expression, son maximum de force. Des publications étrangères ont déjà procédé à cet inventaire des questions que Guyau a posées ou dont il a modifié les termes, fait avancer ou reculer la solution. Dans une petite revue de Madrid, organe d'une vaillante société qui fait des prodiges pour la diffusion des lumières et le progrès de l'éducation publique en Espagne, la *Institucion libre de Enseñansa*, j'ai été tout surpris de trouver une étude fort bien faite de l'œuvre entière de notre compatriote, à propos et au point de vue spécial de ses contributions à la théorie de l'éducation...

« L'écrivain et le penseur, chez Guyau, ne faisaient qu'un. Un des meilleurs exemples qu'il donnait aux jeunes gens, c'était, lui poète, lui artiste amoureux de la forme, sensible autant que pas un à la musique des mots et maître de toutes les ressources de la langue, de ne jamais prendre la forme pour une fin, de ne se servir de la plume que pour mettre en pleine valeur des pensées et des sentiments. Sa prose large, animée, pittoresque, naturellement éloquente, ses vers, souvent d'une rare beauté, atteignent aux plus grands effets sans les chercher. On n'y sent jamais l'effort... Sa langue, si habile qu'elle soit, doit partout à la pensée bien plus encore qu'elle ne lui prête. »

Et M. Marion conclut en ces termes : « Bien que sa vie, tout entière consacrée à écrire, ne l'ait pas appelé à déployer sous les formes habituelles les qualités d'action qui font dire d'un homme : — c'est un caractère, — c'en était un, cependant, sa mort l'a fait voir. C'était un homme assurément; et quand on pense de quels regrets cet homme serait digne par l'intelligence seule, par ses dons de dialecticien, de penseur et d'écrivain, comment se défendre de ce sentiment que le pays même le plus riche en talents doit être inconsolable d'une telle perte (1)? »

Non moins sympathique est l'appréciation de M. Tarde, dans sa très remarquable étude de la *Revue philosophique*. « Partout, dit-il, Guyau nous apparaît comme une âme jeune, mais infiniment pénétrante, qui, voulant prendre tout au sérieux, cherche le sérieux de tout, s'attriste à ne pas le trouver, puis se rassérène à penser qu'il y a espoir de le découvrir un jour et s'endort pour l'éternité dans cette espérance. Guyau n'était pas un piétiste ni un quiétiste, il s'en faut; c'était un penseur de ferme raison ; mais l'idée maîtresse qui anime et domine toutes ses recherches et qui lui a paru la plus propre, non sans motifs, à embrasser l'art, la morale, la religion sous un même point de vue, ne lui a-t-elle pas été inspirée par son âme généreuse? La nécessité interne qui pousse toute vie à s'épancher, à se dépenser en dehors et en autrui, ne serait-ce que pour faire le meilleur placement d'elle-même, le meilleur ensemencement plutôt : telle est la force universelle à laquelle il demande l'explication du beau, du bon, du vrai, du social, en tout et partout. Je ne le contredirai pas en ceci; le fond de tout être est assurément une ambition extraordinaire qui l'oblige à sortir de soi, et rien ne lui est plus essentiel que de viser au delà de son essence même. Tout vient de l'infinitésimal et tend à l'infini; tout ce qui est le plus généralement répandu a commencé par être une petite particularité qui s'est universalisée par degrés et n'a pu y parvenir qu'en bondissant bien des fois par-dessus sa limite (2). »

(1) *Revue bleue*, 23 mai 1891.
(2) *Revue philosophique*, août 1889.

Selon M. Boirac, dans un travail très approfondi qu'a également publié la *Revue philosophique* (1), la méthode de Guyau, « nullement dogmatique et didactique comme celle de la plupart des faiseurs de traités, » est « infiniment plus souple et plus féconde en sa libre variété ». Guyau l'a toujours pratiquée dans les livres où il exposait ses idées (ainsi, dans les *Problèmes de l'esthétique contemporaine*, dans l'*Esquisse d'une morale sans obligation ni sanction*, etc.). « Ils lui doivent sans doute une partie de leur valeur artistique, ce qu'on pourrait appeler leur valeur *sociale*. C'est pourquoi ces livres ne sont pas seulement des œuvres philosophiques : ce sont des œuvres littéraires, ce sont, dans toute la force du terme, des œuvres d'art. Là est, sans parler encore des qualités d'invention et de style, le secret du charme singulier qu'elles exercent sur *tous* ceux qui les lisent. Nul peut-être, parmi les modernes, n'avait encore rendu la philosophie si aimable, si insinuante, si persuasive, sans cependant lui faire rien perdre de sa profondeur. Sa manière rappelle parfois celle de Platon, avec plus d'émotion et moins de subtilité. Il y aurait, ce semble, une sorte d'impropriété morale à lui comparer, parmi les contemporains, M. Renan, bien que l'auteur des *Dialogues philosophiques* personnifie sans doute aux yeux de bien des gens ce mode de philosopher : il faudrait plus de sincérité, plus de sérieux, plus de solidité aussi, de l'un des côtés, pour que la comparaison fût possible. »

La nouvelle *Année philosophique*, publiée par MM. Pillon et Renouvier (1891), a consacré à Guyau un de ses grands « articles de fond », dû à M. Dauriac. On remarquera d'ailleurs que la *Critique philosophique* accueillit toujours avec une vraie sympathie tous les livres de Guyau, malgré l'énorme divergence des idées entre M. Renouvier et le jeune philosophe, tant ce dernier exerçait, même sur ses adversaires, une sorte de charme irrésistible.

« Guyau, dit M. Dauriac, n'aura fait que passer parmi nous. Mais que d'idées n'aura-t-il pas semées !... Il n'est pas, si l'on peut dire, un seul des sommets de la philosophie où il n'ait hardiment posé le pied, où il n'ait entrepris des explorations mémorables. Dans cette génération de penseurs ou d'amis de la pensée dont les aînés ont fini de compter parmi les jeunes, il n'en est aucun de comparable à Guyau, aucun qui ait, comme lui, touché aux grands problèmes non pas simplement pour le besoin de placer son mot et de signer à

(1) 1890.

côté, mais pour céder à une nécessité bien autrement impérieuse, celle de remanier les formules et de renouveler les aspects des questions. Il a travaillé dans toutes les grandes avenues de la pensée philosophique. Son nom durera, ses idées auront fait brèche, car elles s'annoncent comme étant les idées d'avant-garde du siècle futur.

» En lui, la précocité et la fécondité philosophiques — à ne le comparer qu'à ceux de sa génération et de son temps — sont vraiment hors de pair. Je ne connais pas non plus de philosophe dont les attitudes négatives soient plus franches : avec lui, on sait où il ne faut pas aller. Les titres de ses deux œuvres maîtresses sont, à cet égard, des plus significatifs : *Esquisse d'une morale sans obligation ni sanction*, *l'Irréligion de l'avenir*. Et je ne connais guère de philosophe dont les échappées soient plus suggestives.

» Par sa répugnance instinctive et invincible pour toute tradition de pensée ou de dogme, Guyau était de la génération hier encore montante, aujourd'hui presque sur le point d'arriver. Mais, — et en cela il se distingue de cette génération, — tandis que chez un trop grand nombre et par l'effet d'une rare incohérence d'âme, la répulsion pour les croyances d'antan se double du regret de les éprouver indomptables et s'exaspère par ce regret même, chez Guyau, elle se sentait trop consciente de ses raisons d'être pour troubler le chercheur dans sa sérénité. A l'abri de ces retours offensifs de la foi dont il n'est pas certain que beaucoup, parmi les jeunes de notre temps, en les redoutant ne les espèrent, Guyau marchait droit vers l'avenir. »

Il est, selon M. Dauriac, à tout le moins « deux convictions sur lesquelles jamais Guyau n'hésite : il est sincèrement attaché à la doctrine de l'évolution et il croit à la réalité profondément vivante de l'organisme social »... « Entre les membres du corps social il excellait à découvrir, non pas seulement des liens tout métaphoriques de sympathie ou d'amour, mais encore de véritables attaches psychiques et même biologiques. »

M. Dauriac caractérise excellemment la manière et le style de Guyau : « A de certaines heures, Guyau a dû éprouver cette sensation étrange, indescriptible, qui fait que, sans cesser de se sentir soi-même, on se sent autrui. — Insensé, aurait-il dit avec notre grand poète, qui crois que je ne suis pas toi ! — Mais cela, Victor Hugo l'écrivait en un moment d'inspiration, c'est-à-dire, après tout, en un moment de crise. Cela, Guyau l'écrivait presque chaque fois qu'il prenait la plume, et tout le temps qu'il pensait, il l'éprouvait et l'attestait. Ces idées qui s'étalent, ces raisonnements qui se développent sont aussi des confidences, qui, parties de l'intimité de l'homme, vont droit à ce qui en nous est le plus intime, et cela nous émeut étrangement. » Une « croyance vécue » a un pouvoir d'invasion dans les âmes. Ce pouvoir d'invasion, dit M. Dauriac, « nous l'avons senti plus d'une fois en lisant Guyau, et nous n'avons pas été longtemps sans comprendre quelles séductions devait offrir aux jeunes esprits, encore incertains de la route à suivre, cet incomparable talent de penser et d'écrire, cet art presque magique de persuader avant que de convaincre et de gagner à soi les intelligences après s'être tout d'abord assuré de la sympathie des âmes... Dans les œuvres de Guyau, l'esprit et l'âme sont tellement mêlés l'un à l'autre, qu'à l'écouter, on se surprend à le regarder vivre. »

II. — Comme poète, Guyau n'a pas été moins apprécié à l'étranger qu'en France, grâce à la plénitude de pensée et de sentiment qui caractérise ses poésies. Les *Vers d'un philosophe* ont excité l'enthousiasme de M. Schaarshmidt. Ils ont été en partie traduits dans l'*Open Court* des Etats-Unis. M. Stout, un des directeurs du *Mind*, dans la belle introduction qu'il a écrite pour la traduction anglaise d'*Education et hérédité*, dit que « les *Vers d'un philosophe* manifestent une veine unique de génie. Ils représentent, dans le plus clair et le plus simple langage, l'aspect émotionnel de la philosophie ; ils justifient leur titre au sens le plus plein ; ils sont les vers d'un *philosophe* qui était, dans sa nature intime, un vrai poète » (1).

M. Tarozzi compare les *Vers d'un philosophe* aux poèmes de Leopardi : « Il y a, chez Guyau, la même voix mélancoliquement solennelle qui résonne dans plusieurs vers de l'*Infinito* de Leopardi ; avec cette différence pourtant que, chez le poète italien, c'est l'univers qui parle par l'esprit d'un homme qui y perd presque la conscience de sa vie propre, qui se veut mort ; dans Guyau, c'est l'homme qui parle et fait vibrer tout ce qui, de l'Infini, vibre dans sa vie propre, pleinement consciente... La preuve que le sentiment de l'infini, si « sombre » soit-il (selon le mot de Guyau lui-même), le pénètre tout entier, devient pour ainsi dire son âme même, c'est que ce sentiment peut lui inspirer des « ivresses » et des douleurs, et en même temps le rendre en quelque sorte *sociable*. Quand le sentiment de l'infini produit l'ascétisme, c'est-à-dire sépare l'homme de la société, il n'a

(1) Introduction à *Education and heredity*.

pas sa plénitude, il n'est pas absolument vrai : ou il est personnifié, par conséquent limité et faussé; ou il est vide, inerte, mort. » Souvent aussi, dit M. Tarozzi, il arrive que l'on confond l'illusion du néant avec le sentiment de l'infini vivant. Dans Guyau, au contraire, c'est ce dernier sentiment qui donne la vie à la pensée et au cœur. Le sentiment de l'infini, chez lui, s'accordait avec l'autre heureux don de tous les vrais poètes : se sentir, en quelque sorte, frère de toutes choses. M. Tarozzi ne pouvait manquer, à ce sujet, de se rappeler François d'Assise, et « ce divin sentiment auquel, plus ou moins, tous les vrais poètes participent ». Mais, chez l'homme moderne, le savoir conscient se substitue « au Dieu du *poverello* du douzième siècle. Tout était fraternité pour le frère d'alors, parce que le commun père était Dieu ; tout est fraternité pour l'homme moderne, parce que dans tous les êtres la Nature est une. »

> Je ne m'appartiens pas, car chaque être n'est rien
> Sans tous, rien par lui seul ; . . . .
> . . . .
> Une joie, ici-bas, est d'autant plus profonde
> Qu'elle est plus large : un jour, je le crois, doit venir
> Où nul ne pourra seul ni jouir ni souffrir.
> . . . .
> Vibrant avec le tout, que me sert de poursuivre
> Ce mot si doux au cœur et si cher : Liberté?
> J'en préfère encore un; c'est : Solidarité.
> Un concours, un concert, telle est en moi la vie.
> Il est beau de sentir dans l'immense harmonie
> Les êtres étonnés frémir à l'unisson,
> Comme on voit s'agiter dans un même rayon
> Des atomes dorés par la même lumière [1].

Ainsi, la Nature étant conçue comme une société universelle, l'enthousiasme pour la Nature devient, dit M. Tarozzi, un « enthousiasme social ». C'est que, pour Guyau, la sociologie même n'a pas « une valeur purement humaine » comme pour Auguste Comte, mais « une portée universelle et cosmique ».

Selon M. Tarde, qui est lui-même un poète de talent (2), « Guyau souffre et pense en vers, comme il pense et souffre en prose, à cela près qu'il développe et analyse en vers non sa pensée, mais les douleurs chères et subtiles qu'elle lui cause. Ses poésies ont une grâce adoles-

(1) *Vers d'un philosophe*. Solidarité.
(2) Voir le volume de poèmes qu'il a publié.

cente, à la Musset, mais d'un Musset grave, sans solution de continuité, ni caprices » ; son inspiration est « paisible encore en ses plus sublimes et ses plus naturels soulèvements, comme une vague méditerranéenne, docile à l'attrait d'un astre, non au souffle du vent ». Dans ses vers philosophiques, « il subordonne tout à la sincérité et à la transparence de l'expression. Jamais poète de talent, jamais prosodiste initié à tous les secrets du métier, comme il l'a si bien démontré dans son admirable étude sur le vers français moderne (1), ne s'est moins *joué* avec les mots et les rythmes, malgré ses dispositions à exceller en ce jeu, qui n'est point si frivole... Je donnerais bien des volumes de nos jongleurs rythmiques pour un de ses beaux vers, si nombreux, où toute sa pensée et toute son âme se condensent. » Parmi les plus belles pièces à son gré, M. Tarde cite particulièrement *le Luxe, le Rémouleur*, surtout *l'Analyse spectrale*. « Mais plutôt faudrait-il chercher parmi ses morceaux de plus mol abandon, d'élégiaque lyrisme, ceux où il a mis le fond de son cœur. »

III. — La place qu'aura l'œuvre de Guyau dans l'histoire de l'esthétique a été déterminée avec une précision supérieure par M. E. Boirac, dans l'étude magistrale qu'il a consacrée à l'auteur de *l'Art au point de vue sociologique* (2). M. Boirac distingue trois ères principales : l'esthétique de l'idéal (Platon), l'esthétique de la perception (Kant), et enfin l'esthétique fondée sur le principe de la sympathie sociale. Nous proposerions pour notre part, en poussant jusqu'au bout la même pensée, d'admettre dans la science de l'art une ère métaphysique, une ère psychologique et physiologique, enfin une ère sociologique. De plus, nous croyons que la première est essentiellement objective, la seconde, subjective, et que la troisième est la synthèse des deux autres à un point de vue supérieur. N'est-ce pas dans *des objets*, et principalement dans des objets intelligibles, que Platon, Aristote et Plotin cherchent l'explication du beau ? Pour le platonisme, le beau est l'expression d'un idéal supérieur qui est, en même temps, la vraie réalité. La « raison » conçoit cet idéal : elle conçoit l'ordre, la grandeur, l'harmonie, qui ont une existence plus vraie que l'existence sensible. Des objets, les modernes retournent au sujet et cherchent dans sa constitution mentale ou cérébrale les raisons du plaisir que cause la beauté. Déjà, avec Descartes et ses successeurs, les qualités du monde ex-

---

(1) *Problèmes de l'esthétique contemporaine*, 3ᵉ partie.
(2) *Revue philosophique*, 1830.

torne, depuis les qualités sensitives, comme les couleurs et les sons, jusqu'aux qualités intelligibles, — comme l'ordre et l'harmonie, les genres ou les espèces, — et aux qualités esthétiques ou morales, comme le beau et le bon, tendent à rentrer en nous et à devenir notre propre point de vue sur l'univers. Toutes les qualités non mathématiques et non logiques sont, en effet, pour les cartésiens, relatives à notre constitution comme êtres sentants et pensants (1). Ce mouvement d'idées devait, selon nous, aboutir à l'esthétique de Kant, qui explique le plaisir du beau par l'exercice facile et libre de notre faculté de percevoir les formes. Schiller et l'école anglaise, développant cette théorie, rapprochent le plaisir esthétique et le plaisir du jeu. De là les conséquences que Guyau a si bien mises en lumière et si bien réfutées : l'art devient une sorte de jeu intellectuel, de plus en plus séparé de la *vie* même et de l'action; c'est un dilettantisme supérieur. De plus, il est tout subjectif, puisqu'il n'est que la conscience d'un déploiement facile de nos facultés sensitives et représentatives, ainsi que des organes auxquels elles sont attachées. D'où cette conséquence finale, que l'art est une grande illusion qui sert à nous consoler des réalités de la vie. L'esthétique aboutit à un pur formalisme et, en dernière analyse, à un scepticisme transcendant. Tel était l'état de la question quand parurent, d'abord les *Problèmes de l'esthétique contemporaine*, puis l'*Art au point de vue sociologique*. Le premier de ces deux livres, comme nous l'avons montré plus haut, oppose à l'idée du *jeu* celle de la *vie* et de l'action comme vrai fondement de l'art; le second, creusant plus avant encore, établit que c'est surtout la vie sociale, la vie sympathique et expansive avec ses conditions ou lois de toutes sortes, qui s'exprime par le beau et crée l'art. L'esthétique est alors, tout ensemble, éminemment subjective et éminemment objective. Un monde de sensibilités et de volontés, une société idéale ou réelle, s'étendant à l'univers, voilà le vrai domaine de l'art. Ce dernier reprend donc tout le sérieux non pas seulement de la vie individuelle, mais encore de la vie universelle. Ainsi s'ouvre pour l'esthétique une troisième ère, qui, croyons-nous, sera la synthèse des deux autres, l'ère sociologique. Les aspirations actuelles, en effet, sont éminemment *sociales*.

Pour revenir à M. Boirac, celui-ci a fort bien montré, avec Guyau, que la tâche du prochain siècle sera de suivre toutes les ramifications de l'idée sociologique à travers l'art, la science, la mo-

---

(1) Voir notre volume sur *Descartes*.

rale et la religion. Dans le principe posé par Guyau, M. Boirac voit « un principe nouveau et fécond qui, en même temps qu'il explique les plus hautes manifestations de l'art ancien, peut être considéré à juste titre comme la formule prophétique de l'art à venir. » Dans cette œuvre immense, Guyau aura la gloire, d'abord d'avoir vu et montré la grande idée qui doit en être l'inspiratrice, ensuite d'avoir lui-même étudié, parmi les innombrables applications de cette idée, non les plus immédiates et celles qui de prime abord frapperaient l'esprit le plus vulgaire, mais au contraire les plus profondes, les plus lointaines, celles qui ne pouvaient se révéler qu'à une intelligence délicate et pénétrante comme était la sienne. »

Tous les critiques ont remarqué les chapitres où Guyau applique ses principes d'esthétique à l'examen de nos romanciers et de nos poètes. Selon M. Boirac, les études que Guyau consacre à la littérature contemporaine (le roman psychologique et sociologique, les idées philosophiques et sociales dans la poésie, la littérature des déséquilibrés et des décadents), sont « de véritables modèles de critique littéraire. » M. Boirac signale les belles pages où Guyau revendique pour Victor Hugo « le titre de penseur que certains contemporains lui ont injustement contesté », et la solution très neuve que Guyau donne, dans sa *Conclusion*, au vieux problème de « la moralité dans l'art ».

M. Dauriac nous montre aussi Guyau, au moment où nous allions le perdre, « en possession d'une maîtrise nouvelle, celle de la critique psychologique appliquée aux œuvres de la littérature et de l'art ». A mesure qu'on avance dans la lecture de *l'Art au point de vue sociologique,* » on est charmé de découvrir chez le philosophe-poète un critique de haut vol, très apte à tout comprendre, et d'une extrême perspicacité ». M. Dauriac cite en exemple, à son tour, le chapitre sur Victor Hugo et le chapitre sur le roman psychologique, « où il semble, après l'avoir lu, que, jusqu'à Guyau, personne n'avait vu si loin, ni pénétré si avant. » C'est donc un nouvel aspect « de ce talent aux dons multipliés » que *l'Art au point de vue sociologique* nous présente.

M. Brunetière, qui s'est toujours préoccupé des rapports intimes entre l'art et la morale, ne pouvait manquer de trouver que le livre de Guyau « vient bien à son heure, dans le temps précis qu'il semble que les doctrines de l'art pour l'art et du dilettantisme critique ont plus de passé que d'avenir, moins de jeunes gens pour s'y attacher que de vieillards pour essayer d'en couvrir la retraite ». M. Brunetière, rappelant les idées sur l'art soutenues par Guyau dans la *Revue des Deux-Mondes*, en reconnaît, dans *l'Art au point de vue sociologique*,

« une application nouvelle, ingénieuse et hardie, généreuse surtout ». Mais ce qui a frappé principalement M. Brunetière, c'est moins le principe même de la théorie de Guyau, je veux dire l'essence sociologique de l'art, que la conséquence pratique qui en découle sur la fonction sociale de l'art. Selon Guyau, dit M. Brunetière, « l'art n'est pas uniquement un jeu pour l'artiste et un divertissement pour le public; étant fait pour l'homme, et non pas l'homme pour lui, l'art a un rôle, ou, pour mieux dire, une fonction sociale; et c'est ce rôle qu'essaie de préciser l'auteur de l'*Art au point de vue sociologique* ». Ailleurs, M. Brunetière montre que « la littérature n'est pas un amusement d'oisifs ou un divertissement de mandarins; qu'elle est à la fois un instrument d'investigation psychologique et un moyen de perfectionnement moral »; il ajoute avec raison qu'écrire, « ce n'est pas seulement rêver, ou sentir, ou penser, c'est agir »; n'est-ce pas la condition même de l'œuvre écrite « qu'elle se détache de son auteur, et que, vivant d'une vie propre et indépendante, elle dure d'âge en âge pour être aux hommes un modèle qu'ils imitent, une conseillère qu'ils consultent, et une institutrice qu'ils écoutent »? M. Brunetière estime que ce principe a « des suites infinies », et c'est ce principe, dit-il, qui, « hier encore, inspirait tout un livre à Guyau, l'auteur assez libre, je pense, assez indépendant, assez audacieux même de l'*Irréligion de l'avenir* et de l'*Esquisse d'une morale sans obligation ni sanction* » (1).

IV. — Comme moraliste, Guyau a été apprécié dans des travaux nombreux et même dans des livres, tels que celui de M. Henri Lauret intitulé : *Critique de la morale sans obligation ni sanction* (2). Bornons-nous à citer quelques jugements plus récents, et d'abord celui de M. Whittaker. « L'éthique de Guyau, comme son esthétique, est une tentative pour établir une nouvelle doctrine sur l'idée de l'évolution, conçue comme un processus de continuelle *expansion de vie* en des formes qui deviennent de plus en plus sociales ». M. Whittaker, avec une rare pénétration, montre l'harmonie finale que Guyau a établie entre deux de ses doctrines qui pouvaient sembler discordantes : 1° l'effet dissolvant de la réflexion analysant l'instinct; 2° l'instinct moral ayant ses racines dans le désir de la vie. Les instincts que la réflexion peut dissoudre, ce sont ceux qui, au cours de l'évolution, peuvent apparaître comme n'étant pas en connexion nécessaire et

(1) Voir *Revue des Deux-Mondes*, 1er mars 1890 et 1er août 1889.
(2) Paris, Alcan, in-8°.

permanente avec le radical désir de la vie la plus pleine et la plus haute. Mais, dit M. Whittaker, le désir de la vie étant, selon Guyau, normalement impossible à déraciner, « tout genre d'action qui peut être rattaché à ce désir, comme à sa source éternelle, devient inaccessible à l'influence destructive de l'analyse scientifique ». Quand la réflexion se porte sur ceux des instincts qui sont vraiment des formes de l'expansion de la vie « et qui ne perdent pas leur connexion avec elle dans le cours de leur évolution, mais la manifestent de plus en plus », elle rend simplement conscient ce désir de la vie qui est à la racine de toute expansion. Or les instincts moraux et artistiques, à la lumière de la théorie de l'évolution, apparaissent comme des formes de l'expansion vitale. « C'est pourquoi l'évolutionniste peut, sans crainte, permettre à la réflexion de prendre la place de l'instinct. La permanence de l'art et de la moralité, et non pas seulement leur permanence, mais leur progrès indéfini, est finalement, pour l'évolutionniste qui a pénétré jusqu'au centre de sa propre doctrine, un objet de sécurité. »

Dans la Revue russe : *Voprosy filosofii i psichologii* (1), M. K. Wentzel a publié deux importants articles sur *la Morale de la vie et du libre idéal*, où il s'inspire des doctrines de Guyau. Les idées morales sont, selon M. Wentzel, le produit d'une longue évolution de « tous les facteurs sociaux ». A certaines époques — et la nôtre est de ce nombre — « divers systèmes de morale se heurtent et s'entre-choquent ». Ainsi, nous avons actuellement la morale du « devoir objectif », fruit d'un temps « où dominait la force extérieure, l'autorité naturelle ou surnaturelle »; la morale de l'utilité ou du plaisir, « qui répond aux préoccupations matérielles et même mercantiles des sociétés contemporaines ». Que sera la « morale de l'avenir »? Celle de « l'amour désintéressé pour l'humanité et même pour l'animalité », la morale du « libre développement de la vie » et de « l'idéal ». Ce type supérieur de morale « a trouvé son expression chez Guyau », que l'auteur russe admire et dont il analyse longuement les deux ouvrages : *la Morale anglaise contemporaine* et l'*Esquisse d'une morale sans obligation ni sanction*.

V. — Depuis la mort de Guyau, deux grandes préoccupations, qu'il avait ressenties lui-même au plus haut degré, n'ont fait que s'accroître chez les générations nouvelles : nous faisons allusion à la

(1) 1892.

question religieuse et à la question sociale. Guyau a, pour sa part, beaucoup contribué au mouvement idéaliste qui se produit sous nos yeux et qui est un effort pour chercher ce qu'il appelait des « équivalents » à la diminution graduelle de la foi théologique. Guyau avait le culte de la science sans en avoir la superstition : il comprenait la puissance et l'inévitable triomphe des sciences positives, mais il comprenait aussi leurs limites et la nécessité de la libre spéculation sur l'idéal. C'est ce double sentiment, porté chez lui à son plus haut degré, qui faisait l'originalité même de son esprit : car, nous l'avons vu, il était à la fois très positif et très poète, très naturaliste et très idéaliste :

> Si le monde à lui-même un jour se dévoilait,
> Il serait effrayé de se voir tel qu'il est ;
> Il voudrait se mirer dans le regard des hommes,
> De nos illusions vêtir sa nudité :
> L'idéal n'est-il pas, sur la terre où nous sommes,
> Plus fécond et plus beau que la réalité (1) ?...

> Tout ici-bas
> Nous trompe ; seule la tendresse
> A la beauté qui ne ment pas (2).

Son sens pratique lui eût fait rejeter les essais trop chimériques de réformation religieuse auxquels se complaisent aujourd'hui des esprits un peu naïfs, mais il applaudissait d'avance à toute association en vue des besoins moraux de notre espèce. Dans son *Éducation et hérédité*, revenant sur la question religieuse, il répète que les religions ont « une partie mythique, dogmatique et rituelle destinée à disparaître », mais que, « dans l'état idéal d'*anomie* religieuse vers lequel nous paraissons aller, toutes les tendances de tempérament ou de race n'en pourront pas moins trouver à . satisfaire ; et il faut que le *culte de l'idéal* y ait sa place ». Pour sa part, ajoute-t-il, il ne tient nullement à détruire, et il croit même qu'on ne peut rien détruire absolument parlant : « dans la pensée humaine comme dans la nature, toute destruction n'est qu'une transformation ». Son « irréligion idéale », tout en étant pour lui la négation des dogmes et des superstitions de notre temps, n'est nullement exclusive « d'un sentiment religieux renouvelé, identique à ce sentiment qui correspond toujours en nous à toute libre spéculation sur l'univers, identique au sentiment philosophique, lui-même ».

(1) Vers d'un philosophe, *Illusion féconde*.
(2) *Ibid. Poésie et réalité*.

M. Paulhan a publié un substantiel livre sur le *Nouveau mysticisme*, où il a cherché les origines du mouvement qui s'accomplit sous nos yeux. Nous ne saurions, pour notre part, accepter l'expression de « nouveau mysticisme » comme une caractéristique exacte de ce qui, à notre époque, se passe dans les esprits. Le mysticisme n'est que la déviation d'un légitime idéalisme, lequel est conciliable, selon nous comme selon Guyau, avec le naturalisme même. Quoi qu'il en soit, M. Paulhan a fort bien montré l'influence exercée par Guyau, influence qui n'a fait que croître, semble-t-il, depuis que nous l'avons perdu. « Guyau, dit M. Paulhan, cherche à suppléer aux croyances qu'il rejetait sur l'obligation morale et sur la sanction, puis à la religion elle-même, dans un beau livre qui mérite de rester comme un témoignage des doutes, des négations et des croyances, des aspirations d'un esprit supérieur en qui ont pris conscience bien des tendances contemporaines. Guyau réunissait, en effet, quelques-uns des plus beaux et des meilleurs côtés du mouvement intellectuel le plus récent ; il savait la valeur de l'esprit scientifique, et que tout ce qu'on essayera dorénavant de fonder sans lui sera caduc ; il savait aussi que la science ne sait pas tout, et qu'il faut à la fois respecter les anciens abris qui tiennent encore et en construire à la hâte de nouveaux, — pas aussi solides qu'on le voudrait — pour ceux dont les anciennes croyances se sont écroulées ; par-dessus tout, on remarquait dans ses écrits cette générosité de sentiments, cette chaleur de cœur, ce besoin d'union et d'harmonie qui lui ont fait de beaucoup de ses lecteurs autant d'amis inconnus. Son irréligion était plus religieuse, en un sens, que la plupart des doctrines qu'il combattait. »

Avec Guyau, M. Paulhan pense que le catholicisme, « pas plus que les autres branches du christianisme », ne pourra garder la direction des esprits ; si les religions existantes se sont montrées impuissantes à satisfaire l'intelligence de l'homme moderne, « elles n'ont pas été moins impuissantes à contenter son cœur ». Ou les religions se déformeront au point de n'être plus elles-mêmes, ou bien elles seront toujours combattues par les exigences de l'esprit comme par celles de notre conscience. « Le livre de Guyau, sur ce point, ajoute M. Paulhan, sera longtemps vrai ; sa critique reste, et si elle nous montre en quoi les religions anciennes ne nous satisfont plus, elle nous montre aussi en quoi les nouvelles ne peuvent nous satisfaire. C'est folie que de vouloir adapter à des idées modernes des formes anciennes qui, séparées des croyances qui les font vivre et de leur sens historique, employées sciemment dans le but d'augmenter le prestige d'une institution quelconque, deviennent simplement grotesques. On aurait beau faire jouer les orgues à un enterrement civil, on ne lui donnerait pas le caractère particulier d'une cérémonie religieuse; mais il est possible, par la dignité, le sérieux, de lui donner un caractère différent, de valeur égale. Des parodies comme le sécularisme, « religion pure» ment athée et utilitaire, dit Guyau, ayant conservé le plus possible » le rituel de l'Église anglicane » (1), n'ont aucune valeur. »

« La religion, comme l'a dit encore Guyau, doit être non seulement humaine, mais cosmique. L'homme désire ou veut se sentir relié aux lois générales de coordination du monde, c'est-à-dire qu'il poursuit, en théorie comme en pratique, la synthèse la plus large possible des phénomènes, le maximum de finalité. L'association, Guyau y voyait, à juste titre, la raison d'être des religions; c'est à elle aussi qu'il s'adressait pour les remplacer. (2) »

Guyau avait, en effet, la foi la plus grande dans la puissance de l'association, et c'est là qu'il cherchait la solution non seulement de la question religieuse, mais encore de la question sociale. Les problèmes sociaux qui nous tourmentent paraissaient à Guyau des plus complexes et des plus obscurs : on peut, disait-il, discuter à perte de vue sur l'avenir, « nous n'avons pas le miroir magique où Macbeth voyait passer, avec un serrement de cœur, la file des générations futures, et nous ne pouvons lire d'avance le bonheur ou la misère sur le visage de nos fils ». Cependant, avec cette raison calme qui ne l'abandonnait jamais, Guyau croyait que les optimistes ont autant et plus de droit à envisager le problème avec tranquillité que les pessimistes à le déclarer insoluble, « alors surtout qu'il n'est posé d'une manière un peu moins obscure à la conscience humaine que depuis environ un demi-siècle ». Guyau divisait le problème social en deux questions distinctes, l'une relative aux « conflits des intérêts », l'autre aux « conflits des volontés ennemies ». Il croyait que le côté économique du problème social sera résolu le jour où l'accroissement simultané de la crise sociale et de la connaissance scientifique aura amené les classes aisées à cette conviction « qu'elles risquent de tout perdre en voulant tout garder », et les classes inférieures à cette conviction correspondante, « qu'elles perdraient tout en voulant tout prendre, qu'elles verraient se fondre entre leurs mains les richesses convoitées, qu'en partageant à l'excès le

---

(1) Guyau, *Irréligion de l'avenir.*
(2) Paulhan, *le Nouveau mysticisme* (Alcan).

capital on le stérilise, comme on tue un germe en le divisant ». Le socialisme, selon Guyau, a son remède dans la science, alors même que l'instruction contribuerait au contraire, pendant un temps, à répandre les illusions socialistes. De l'intensité même de la crise sortira l'apaisement. « C'est au moment précis où les intérêts sont le plus parfaitement conscients de leurs réelles oppositions qu'ils sont le plus près d'arriver à un compromis : la guerre n'est jamais que le résultat d'une science incomplète sur la valeur comparative des forces et des intérêts en présence; on se bat faute de calculer, mais les coups de canon ne sont eux-mêmes que des chiffres en mouvement, de tonnantes équations. » Le conflit des intérêts, une fois apaisé par le compromis des intelligences, se terminera par l'union progressive des volontés. « La solution la plus complète de la question sociale se trouve dans la sociabilité même de l'homme. Les aspérités des intérêts s'adouciront nécessairement par l'incontestable progrès de la sympathie sociale et des sentiments altruistes (1). »

Guyau croyait que l'association, entravée jusqu'ici par les lois, l'ignorance, les préjugés, les difficultés des communications, qui sont une difficulté de rapprochement, etc., montrera dans le siècle prochain toute sa puissance; qu'un jour des associations de toute sorte couvriront le globe, et que tout, pour ainsi dire, se fera par association. « Dans le grand corps social, des groupes sans nombre, de l'aspect le plus divers, se formeront, se dissoudront avec une égale facilité, circuleront sans entraver en rien la circulation générale. » Le type dont toute association doit chercher à se rapprocher lui paraissait être celui qui unirait à la fois l'idéal du socialisme et l'idéal de l'individualisme, « c'est-à-dire celui qui donnerait à l'individu le plus de sécurité dans le présent et dans l'avenir, tout en lui donnant aussi le plus de liberté ». Dès maintenant, toute assurance est une association de ce genre : « d'une part, elle fait protéger l'individu par une immense force sociale mise en commun; d'autre part, elle n'exige de l'individu qu'un minimum de contribution, elle le laisse libre d'entrer ou de sortir à son gré de l'association, le protège enfin sans rien lui imposer (2). »

VI. — En somme, Guyau a parcouru le cycle des grandes questions philosophiques, morales et sociologiques qui nous préoc-

(1) *Irréligion de l'avenir*, p. 411.
(2) *Irréligion de l'avenir*, p. 340.

cupent de plus en plus. Aussi tous les critiques s'accordent-ils à noter l'influence croissante exercée par l'œuvre de Guyau. M. Tarde le compare à ces jeunes peintres dont l'œuvre, déjà grandement louée de leur vivant, fait après leur mort son « assomption glorieuse ». « Le moment est venu, ajoute-t-il, pour cette haute pensée, pour cette âme noble entre toutes, de rayonner de tout son éclat et de susciter ses pareilles ». M. Dauriac parle aussi de cette « âme extraordinairement riche en harmonies intérieures, et qui, chaque fois qu'elles résonnent, nous disposent à la résolution virile et aux *Sursum corda*. Bien peu, j'en donnerais presque l'assurance, sont sortis d'une lecture de Guyau sans éprouver le contentement de vivre et sans croire à la puissance éternellement fécondante de la sympathie..... Les doutes qu'il a si sincèrement et si poétiquement exprimés méritent de secouer la torpeur dogmatique des uns, le scepticisme indolent des autres; à tous, les méditations de Guyau seront profitables, à ceux-là surtout qui pensent autrement qu'il n'a voulu penser. »

M. Lévy-Bruhl, à son tour (1), rend ample justice à « l'éclatant mérite de ce penseur si prématurément enlevé à la France, à l'originalité de ses idées, à son style brillant et ailé, à son imagination de poète, à sa noble passion pour les questions suprêmes. L'œuvre de Guyau, ajoute-t-il, exerce une influence vivifiante sur les jeunes âmes. Le secret en est dans la franchise de sa pensée, dans sa foi en la puissance de la sympathie et de la solidarité humaine, et aussi dans le charme de sa jeunesse. Ce qui fait, selon nous, la saveur originale, unique, des œuvres de Guyau, c'est l'union en lui des qualités de l'artiste avec le sentiment le plus vif et le plus intelligent de la science moderne. Il pense et il écrit avec l'heureuse liberté d'un Athénien pour qui la vérité ne fait qu'un avec l'harmonie et la beauté : de là, en partie du moins, son aversion instinctive pour le dogmatisme d'appareil lourd et pédantesque. Mais c'est un Athénien familier avec Comte, avec Darwin et Spencer, qui se passionne pour les grands problèmes de la vie et de la société. Cette passion est communicative. L'ardeur de Guyau est contagieuse. Et l'on ne peut s'empêcher de conclure qu'en perdant Guyau, nous avons décidément perdu un bienfaiteur de la pensée contemporaine. »

(1) *Revue philosophique*, janvier 1892.

FIN

TABLE DES MATIÈRES

Introduction.. v

PREMIÈRE PARTIE

Chapitre premier. — Une évolution intellectuelle. . . . 1
Chapitre II. — La conscience de la vie intense et expansive, comme principe commun de la morale, de l'art et de la religion. 17
Chapitre III. — L'expansion de la vie, comme principe de l'*art*. 24
Chapitre IV. — L'esthétique appliquée. Les *Vers d'un philosophe*. 41
Chapitre V. — L'expansion de la vie, comme principe de la *morale*. 80
Chapitre VI. — La vie intense et expansive dans la moralité. 94
Chapitre VII. — L'éducation. 122
Chapitre VIII. — L'expansion de la vie sociale, comme principe de la *religion*. 128
Chapitre IX. — L'expansion de la vie, comme principe de la *métaphysique*. 151
Conclusion. 191

DEUXIÈME PARTIE

Chapitre premier. — Les œuvres posthumes de Guyau. — *L'Art au point de vue sociologique*. . . 197
Chapitre II. — *Éducation et hérédité*. 219
Appendice. — Les appréciations de la critique sur Guyau et son œuvre. 227

SAINT-CLOUD. — IMPRIMERIE BELIN FRÈRES.

3 Juillet   13
 92   14   6

www.ingramcontent.com/pod-product-compliance
Lightning Source LLC
Chambersburg PA
CBHW070627170426
43200CB00010B/1934